DENKEN UND RECHNEN

3

Erarbeitet von:
Angelika Elsner
Dieter Klöpfer
Stefanie Mayr-Leidnecker
Peter Sandmann
Marion Weigl

unter Beratung von:
Andrea Brenninger
Siegfried Herrmann
Siegfried Müller
Sandra Schütz
Roswitha Seidler

Illustriert von:
Friederike Großekettler
Christine Kleicke
Elisabeth Lottermoser
Martina Theisen

westermann

Inhaltsverzeichnis

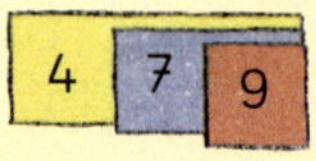

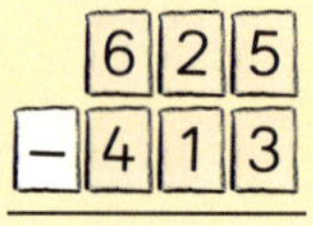

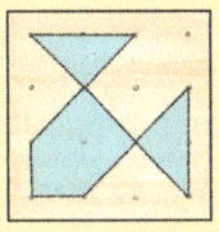

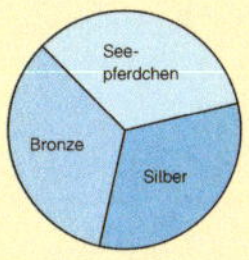

Zahlen und Operationen
Raum und Form
Größen und Messen
Daten und Zufall

Zusätzliches Üben

Höhere Anforderung; alle Kinder können probieren

Kombi – Jahrgangskombiniertes Arbeiten

starke Päckchen – Zusammenhänge zwischen den Aufgaben untersuchen und nutzen

zum Knobeln – Knacknüsse zum Nachdenken und Probieren

Forschungsauftrag – Hier wird geforscht

Mein Lernweg – Über den eigenen Lernstand sprechen

Rechenkonferenz – Über individuelle Vorgehensweisen oder über Entdeckungen austauschen

Partnerarbeit

FERMI – Fermi-Aufgaben

1

Wir wollten den Zug um 10:10 Uhr nehmen.

Yazin

a) Löse die Rechengeschichte mit Frage, Pfeilbild und Antwort.

b) Schreibe Rechengeschichten aus deinen Ferien mit Zeitangaben.

2

Ich musste an der Gondelbahn Schlange stehen. Vor mir standen 26 Personen.

Mara

a) Löse die Rechengeschichte mit Frage, Rechnung und Antwort.

b) Schreibe Rechengeschichten aus deinen Ferien.

3

Für meine Sammlung habe ich eine 80-Rappen-Briefmarke gekauft.

Ines

a) Zeichne verschiedene Möglichkeiten, wie Ines bezahlen könnte.

b) Hast du Geld aus anderen Ländern? Erfinde damit Aufgaben.

4

Wenn man die Wettertafel anschaut, kann man vermuten, wann ich ins Museum ging und wann ich beim Baden war.

Tom

a) Schreibe auf, an welchem Tag Tom im Museum und an welchen Tagen er beim Baden war. Begründe.

b) Schreibe in einer Tabelle auf, wie oft du in den Ferien im Museum, beim Baden, im Zoo... warst.

5

Ich habe viele Muscheln gesammelt.
Am 1. Tag 20,
am 2. Tag 33 und
am 3. Tag 38.
Ich wollte 100 Muscheln haben.

Sara

a) Löse Saras Rechengeschichte mit Frage, Rechnung und Antwort.

b) Schreibe Rechengeschichten vom Sammeln.

6

Ich habe das Muster am Tempel abgemalt.

Anton

a) Zeichne Antons Muster weiter.

b) Erfinde eigene Muster.

7

Ich habe aus der Türkei einen Teller mit geometrischen Formen mitgebracht.

Esra

a) Welche Formen sind auf dem Teller von Esra?

b) Wie viele sind es von jeder Form?

c) Zeichne Teller mit geometrischen Formen.

8

Ich war mit meinen Eltern und meinen zwei Schwestern im Zirkus. Mein Vater hat mit einem 50-€-Schein bezahlt.

Anton

a) Löse die Rechengeschichte von Anton.

b) Schreibe Rechengeschichten mit Geld.

1 Wie rechnest du? Vergleicht und besprecht die Rechenwege.

Rechenkonferenz

56 + 29
addieren

Lisa:
56 + 29
56 + 30 = 86
86 − 1 = 85

Daniel:
56 + 29
56 + 20 = 76
76 + 9 = 85

2 Rechne auf deinem Weg.

a) 27 + 19 b) 46 + 25 c) 37 + 48 d) 59 + 23 e) 74 + 18

3

a)	b)	c)	d)	e)
15 + 15	25 + 25	18 + 18	5 + 6	8 + 9
15 + 16	25 + 26	18 + 19	25 + 16	48 + 39
15 + 14	26 + 26	18 + 17	26 + 15	49 + 38

4 a) Addiere zu 30 die Zahl 69.
b) Addiere zu 57 die Zahl 25.
c) Welche Zahl musst du zu 40 addieren, um 88 zu erhalten?
d) Welche Zahl musst du zu 38 addieren, um 72 zu erhalten?

a) 30 + 69 =

5 Rechne und setze fort.

Forschungsauftrag
starke Päckchen

a)	b)	c)	d)
16 + 7	9 + 18	7 + 8	▢ + ▢
16 + 27	19 + 18	17 + 18	▢ + ▢
16 + 47	29 + 18	27 + 28	▢ + ▢
16 + ▢	39 + ▢	37 + 38	▢ + ▢
▢ + ▢	▢ + ▢	▢ + ▢	▢ + ▢

e)

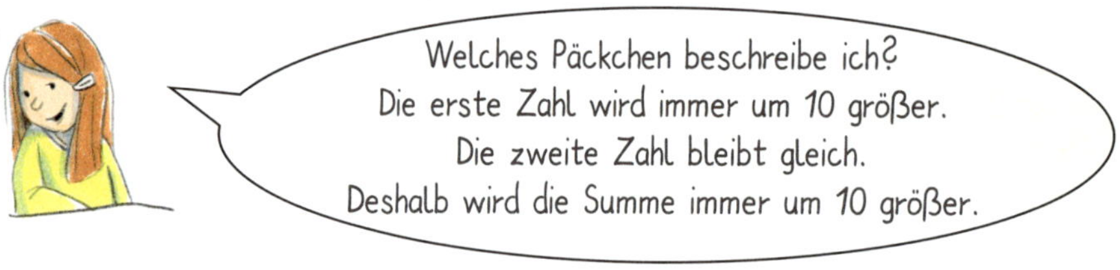

f) Sucht andere Päckchen aus und beschreibt sie euch gegenseitig.

6

Forschungsauftrag
starke Päckchen

16 + 15
▢ + ▢
▢ + ▢
▢ + ▢
▢ + ▢

Tim beschreibt sein Päckchen so:

a) Setze Tims Päckchen fort. Rechne.

b) Erfindet eigene Päckchen. Beschreibt sie euch gegenseitig.

1 Eigene Lösungswege durch sinnvolle und nachvollziehbare Notizen darstellen.
5 d) und 6 Offene Aufgaben. Unterschiedliche Lösungen möglich.
Forscherheft zur Dokumentation für individuelle Strategien und Lernentwicklungen anlegen.

1 Wie rechnest du? Vergleicht und besprecht die Rechenwege.

76 − 59
subtrahieren

Das Ergebnis beim Subtrahieren heißt **Differenz**.

Tim:
76 − 59
76 − 9 = 67
67 − 50 = 17

Malin:
76 − 59
76 − 60 = 16
16 + 1 = 17

2 Rechne auf deinem Weg.

a)	b)	c)	d)	e)
80 − 30	50 − 23	44 − 26	45 − 27	65 − 29
80 − 35	51 − 23	54 − 25	62 − 18	93 − 68
85 − 35	52 − 23	64 − 24	81 − 25	74 − 36

18 18 25 27 28 29 29 36 38 40 44 45 50 50 56

3 a) Subtrahiere von 70 die Zahl 20.
b) Subtrahiere von 95 die Zahl 42.
c) Welche Zahl musst du von 50 subtrahieren, um 10 zu erhalten?
d) Welche Zahl musst du von 68 subtrahieren, um 48 zu erhalten?

a) 70 − 20 =

4 Rechne. Welches sind starke Päckchen?

a)	b)	c)	d)	e)
25 − 18	36 − 29	93 − 34	82 − 24	100 − 55
34 − 18	47 − 29	83 − 35	73 − 25	110 − 55
43 − 18	58 − 29	73 − 36	64 − 26	120 − 55
52 − 18	89 − 29	63 − 37	54 − 28	130 − 55
61 − 18	95 − 29	43 − 38	44 − 29	140 − 55

5 Rechne und setze fort.

a)	b)	c)	d)
52 − 20	80 − 30	45 − 29	▢ − ▢
52 − 22	81 − 31	55 − 29	▢ − ▢
52 − 24	82 − 32	65 − 29	▢ − ▢
52 − ▢	83 − ▢	75 − ▢	▢ − ▢
▢ − ▢	▢ − ▢	▢ − ▢	▢ − ▢

e) Beschreibt das erste Päckchen. Verwendet die Satzanfänge.

Die erste Zahl bleibt … .
Die zweite Zahl wird immer um … .
Deshalb wird die Differenz immer um … .

6 Erfinde ein Päckchen, das zu Gretas Beschreibung passt.

Die erste Zahl wird immer um 2 kleiner.
Die zweite Zahl bleibt gleich.
Deshalb wird die Differenz immer um 2 kleiner.

▢ − ▢
▢ − ▢
▢ − ▢
▢ − ▢
▢ − ▢

1 Eigene Lösungswege durch sinnvolle und nachvollziehbare Notizen darstellen.
5 d) und 6 Offene Aufgaben. Unterschiedliche Lösungen möglich.
Forscherheft verwenden.

5 · 4
multiplizieren

1
a) Multipliziere die Zahl 3 mit der Zahl 2.
b) Multipliziere die Zahl 2 mit der Zahl 5.
c) Multipliziere die Zahl 5 mit sich selbst.
d) Mit welcher Zahl musst du die Zahl 2 multiplizieren, um das Ergebnis 6 zu erhalten?

2 Rechne die Kernaufgaben.

a)	b)	c)	d)	e)
1 · 4	1 · 5	1 · 7	1 · 1	1 · 9
2 · 4	2 · 5	2 · 7	2 · 1	2 · 9
10 · 4	10 · 5	10 · 7	10 · 1	10 · 9
5 · 4	5 · 5	5 · 7	5 · 1	5 · 9

3 Rechne Aufgabe und Tauschaufgabe.

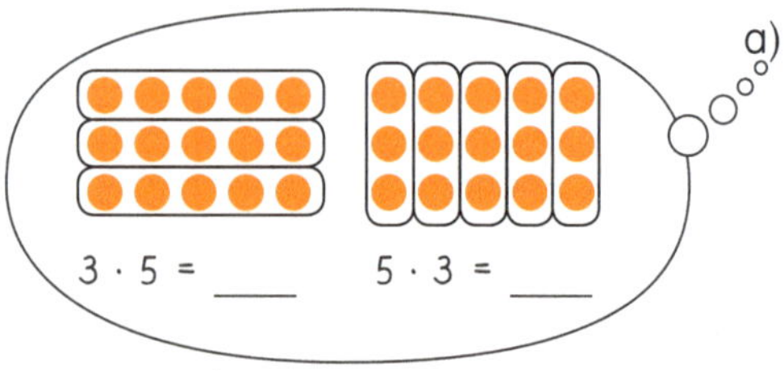

a)	b)	c)	d)	e)
3 · 5	8 · 2	7 · 5	9 · 10	6 · 2
6 · 5	8 · 10	1 · 5	6 · 10	9 · 2
9 · 5	8 · 5	4 · 5	7 · 10	8 · 2
2 · 5	8 · 1	5 · 5	4 · 10	2 · 2

4 Welche Ziffern sind bei diesen Quadratzahlen verdeckt?
Schreibe die passenden Quadrataufgaben.

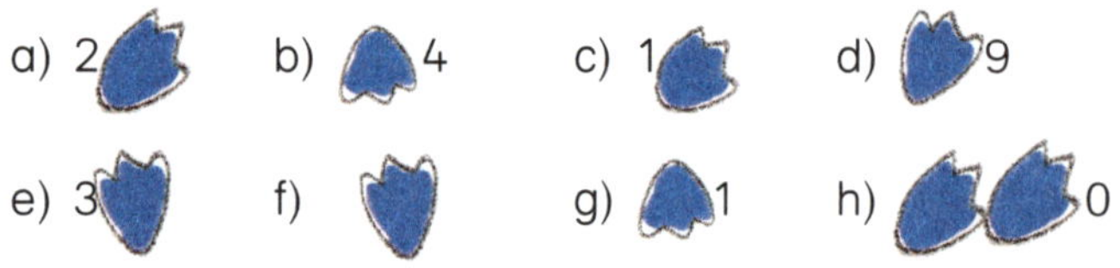

a) 5 · 5 = 25

1 · 1	6 · 6
2 · 2	7 · 7
3 · 3	8 · 8
4 · 4	9 · 9
5 · 5	10 · 10

5 Wie rechnest du? Vergleicht und besprecht die Rechenwege.

9 · 4

9 · 4
10 · 4 – 1 · 4 = 36
(40) (4)
Paul

9 · 4
5 · 4 + 4 · 4 = 36
(20) (16)
Carina

9 · 4
Ich rechne 4 · 9
4 · 9 = 2 · 9 + 2 · 9 = 36
(18) (18)
Johannes

6 Multipliziere auf deine Weise.

a) 6 · 7	b) 9 · 5	c) 3 · 7	d) 8 · 4	e) 9 · 8	f) 8 · 6
g) 3 · 8	h) 6 · 3	i) 4 · 8	j) 7 · 3	k) 8 · 8	l) 9 · 3
m) 6 · 5	n) 3 · 4	o) 8 · 7	p) 4 · 7	q) 8 · 2	r) 9 · 6

4 f) Mehrere Lösungen sind möglich.
5 und 6 Günstige Rechenstrategien überlegen und nutzen.

1 Schreibe die Einmaleinsreihen ins Heft und rechne. Vergleiche.

a)
0 · 3 = 0
1 · 3 = 3
2 · 3 = 6
3 · 3 = 9
4 · 3 =
5 · 3 = 15
6 · 3 =
7 · 3 =
8 · 3 =
9 · 3 =
10 · 3 = 30

b)
0 · 6 =
1 · 6 = 6
2 · 6 = 12
3 · 6 =
4 · 6 =
5 · 6 = 30
6 · 6 = 36
7 · 6 =
8 · 6 =
9 · 6 =
10 · 6 = 60

c)
0 · 9 =
1 · 9 = 9
2 · 9 = 18
3 · 9 =
4 · 9 =
5 · 9 = 45
6 · 9 =
7 · 9 =
8 · 9 =
9 · 9 =
10 · 9 = 90

d) Schreibe auch die Einmaleinsreihen mit 2, 4, 8 und 5, 10 und 7.

e) Vergleiche die Fünferreihe mit der Zehnerreihe. Was fällt dir auf?

2 Wie oft?

Starke Päckchen

a) · 3 = 6; · 3 = 12; · 3 = 24
b) · 3 = 3; · 3 = 9; · 3 = 18
c) · 6 = 12; · 6 = 24; · 6 = 36
d) · 9 = 27; · 9 = 54; · 9 = 81
e) · 2 = 8; · 4 = 16; · 8 = 32
f) · 3 = 6; · 6 = 12; · 9 = 18
g) · 2 = 16; · 4 = 32; · 8 = 64
h) · 3 = 21; · 6 = 42; · 9 = 63

3 Setze fort.

a) 2 | 4 | 6
b) 6 | 12 | 18
c) 4 | 8 | 12
d) 3 | 6
e) 5 | 10
f) 20 | 30
g) 14 | 21
h) 16 | 24
i) 27 | 36
j) 2 | 3

4 Multipliziere in der Rechentafel.

a)

·	2	4	8
8			
5		20	

40 10 16 64 32

b)

·	2	4	8
4			
8			

c)

·	5	1	10
7			
9			

d)

·	5	6	7
2			
3			

e)

·		10	
5	15		0
		100	

5 Suche viele Malaufgaben zu diesen Ergebnissen.

a) 24 b) 16 c) 36 d) 0

1 a)

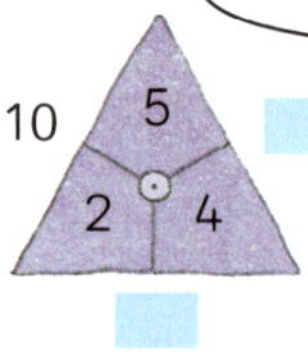

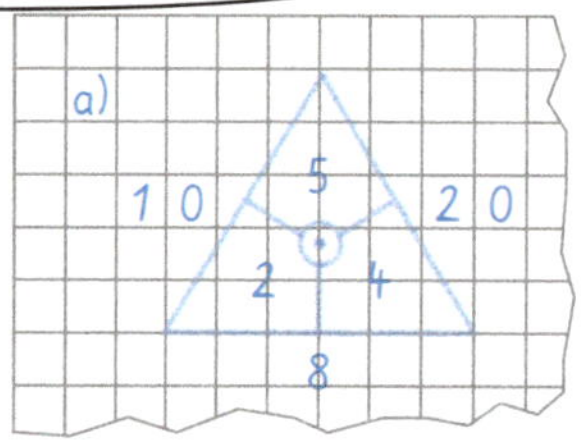

b)

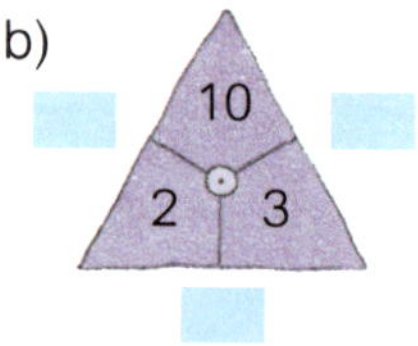

c)

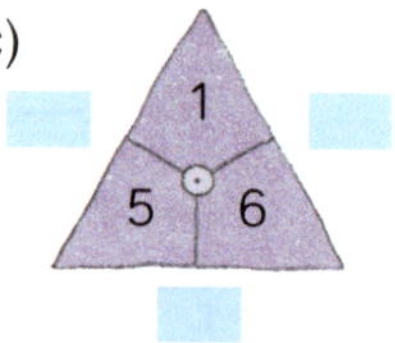

d)

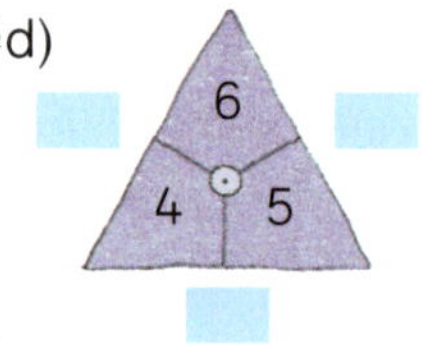

e)

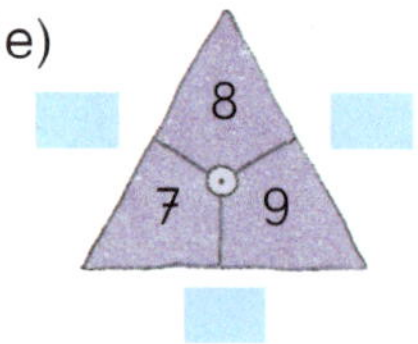

f)

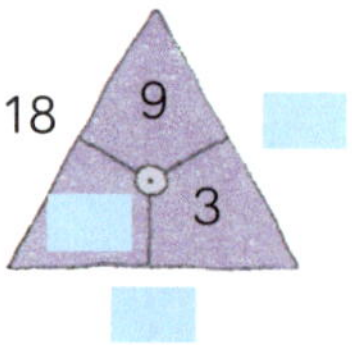

g)

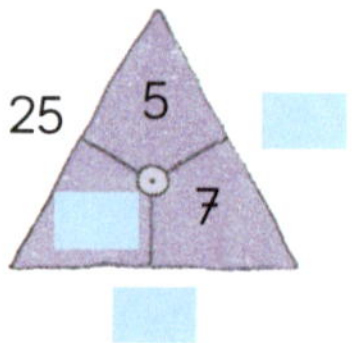

h)

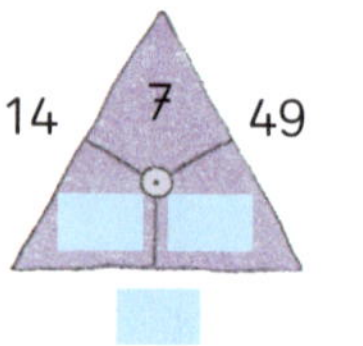

2

a)	b)	c)	d)	e)
3 · 2	6 · 2	9 · 8	8 · 8	7 · 2
3 · 4	6 · 4	9 · 4	8 · 4	7 · 4
3 · 8	6 · 8	9 · 2	8 · 2	7 · 8

f)	g)	h)	i)	j)
3 · 3	3 · 9	10 · 2	2 · 7	1 · 7
6 · 3	6 · 9	9 · 2	4 · 7	2 · 7
9 · 3	9 · 9	8 · 2	8 · 7	3 · 7

3 Setze die Aufgabenmuster fort und rechne.

a)	b)	c)	d)	e)
0 · 2	10 · 10	0 · 1	10 · 0	2 · 10
1 · 2	10 · 9	1 · 2	9 · 1	3 · 9
2 · 2	10 · 8	2 · 3	8 · 2	4 · 8
3 · 2	10 · 7	3 · 4	7 · 3	5 · 7
4 · 2	10 · 6	4 · 5	6 · 4	6 · 6
5 · ☐	☐ · ☐	☐ · ☐	☐ · ☐	☐ · ☐

4 Welche Rechengeschichte passt zur Aufgabe? Frage, rechne und antworte.

a)	6 · 4	Im Klassenraum der 3b stehen sechs Vierertische.	Sechs Kinder sitzen im Zimmer. Vier Kinder kommen herein.
b)	3 · 7	Drei von sieben Kindern sind schon acht Jahre alt.	In jeder der drei Gruppen sind sieben Kinder.
c)	9 · 6	Neun Aufgaben haben die Kinder gelöst. Sechs Aufgaben fehlen noch.	Als Hausaufgabe rechnen die Kinder neun Päckchen. Jedes Päckchen hat sechs Aufgaben.

5 Schreibe zu einer Malaufgabe eine Rechengeschichte. Gib sie deinem Partner zum Lösen.

Rechendreiecke zur Verfügung stellen.

1 Für wie viele Tage reichen die Äpfel? Überlege. Sprecht über eure Lösungen.

12 : 4
dividieren

2 a) Dividiere die Zahl 15 durch 3.

b) Dividiere die Zahl 18 durch 3.

c) Durch welche Zahl musst du 15 dividieren, um 3 zu erhalten?

d) Welche Zahl musst du durch 5 dividieren, um 4 zu erhalten?

3 Rechne auch die Umkehraufgabe.

a)	b)	c)	d)	e)
12 : 3	16 : 4	24 : 8	14 : 7	25 : 5
18 : 3	32 : 4	48 : 6	9 : 1	45 : 9
27 : 3	36 : 4	16 : 2	50 : 5	36 : 9
21 : 3	24 : 4	32 : 8	0 : 6	54 : 6
15 : 3	0 : 4	35 : 7	64 : 8	49 : 7
3 : 3	20 : 4	42 : 6	56 : 7	72 : 8

gleich 4, denn 4 · 3 = 12

4 Finde jeweils die passende Rechnung und löse sie.

a)

b)

c)

d)

e)

f)

g)

h)

i)

5 Untersuche. Welche Zahlen kannst du ohne Rest durch 2 dividieren?

13 18 16 17 15
10 12 11 14

Tipp
Achte auf die Einerstelle.

Stelle deinen Lösungsweg im Forscherheft dar. Du kannst schreiben, malen oder rechnen.

5 Forscherheft verwenden.

1 Der Vater will gerecht verteilen.

2 Verteile immer an fünf Kinder.

a)  b)  c)  d) 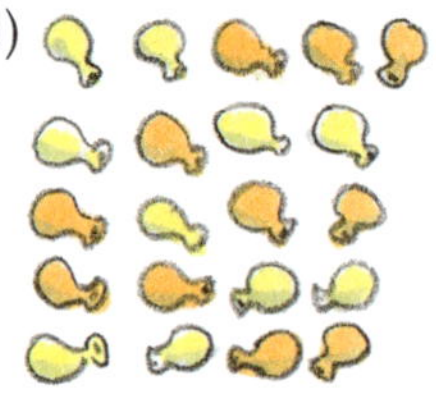 e) 

3 Dividiere. Was fällt dir auf?

a)
10 : 2
11 : 2
12 : 2
13 : 2
14 : 2
15 : 2

b)
20 : 5
21 : 5
22 : 5
23 : 5
24 : 5
25 : 5

c)
30 : 6
31 : 6
32 : 6
33 : 6
34 : 6
35 : 6

d)
9 : 3
10 : 3
11 : 3
12 : 3
13 : 3
14 : 3

e)
20 : 4
21 : 4
22 : 4
23 : 4
24 : 4
25 : 4

4 Dividieren mit und ohne Rest.

a) 25 : 5
27 : 5
29 : 5

b) 36 : 6
38 : 6
40 : 6

c) 16 : 4
18 : 4
20 : 4

d) 50 : 10
54 : 10
58 : 10

e) 45 : 5
47 : 5
49 : 5

5

a) (24 : 3)
25 : 3
26 : 3
28 : 3

b) (16 : 8)
17 : 8
18 : 8
21 : 8

c) (27 : 9)
29 : 9
32 : 9
35 : 9

d) 13 : 6
14 : 6
17 : 6

e) 71 : 7
72 : 7
75 : 7

6 Teile jede Zahl durch 2, durch 3, durch 4 und durch 5.

a) 10

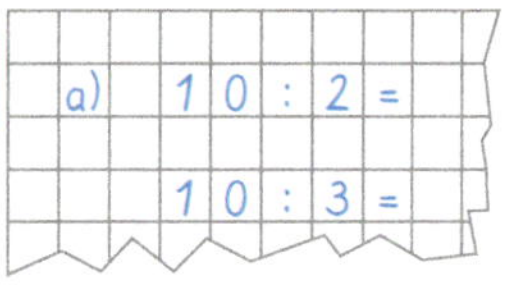

b) 15 c) 16 d) 13 e) 24 f) 30

1 und 2 Evtl. Gegenstände in der Tischgruppe gleichmäßig verteilen.
3 Muster erkennen und beschreiben.
6 Als Differenzierung durch weitere Zahlen teilen.

1 Rechne im Kopf. Schreibe nur die Aufgaben auf, deren Ergebnis größer als 20 ist.

a) 5 · 5
3 · 5
6 · 5

b) 7 · 3
7 · 7
7 · 0

c) 2 · 8
3 · 8
5 · 8

d) 9 · 2
4 · 9
9 · 9

2 In jeder Rechentafel sind vier Ergebnisse falsch. Schreibe diese Aufgaben richtig ins Heft.

a)

·	5	3	7
2	15	6	12
4	20	12	28
8	40	32	58

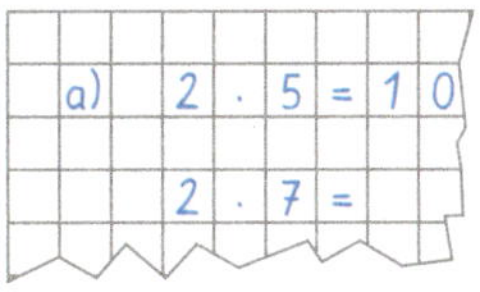

b)

·	3	6	9
3	9	18	27
6	16	32	54
9	27	36	82

c)

·	6	8	9
10	60	80	90
5	35	40	40
7	46	57	63

3 Schreibe immer vier Malaufgaben, für die folgendes gilt:

a) Das Ergebnis ist kleiner als 20.

b) Das Ergebnis liegt zwischen 20 und 30.

c) Das Ergebnis ist größer als 50.

d) Das Ergebnis ist genau 100.

4 Schreibe Aufgabenfamilien.

a) 20; 4, 5

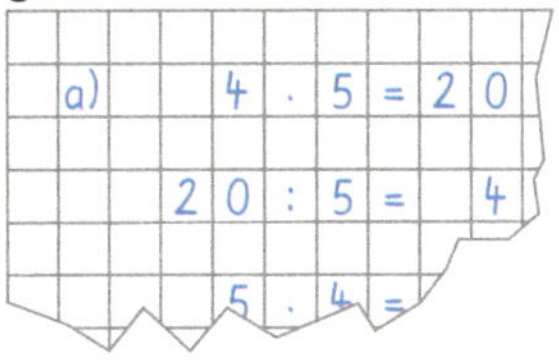

b) 54; 9, 6

c) 35; 7, 5

d) 32; 4

e) 16; 4

5 Vergleiche. > < = (ist größer als, ist kleiner als, ist gleich)

a) 6 · 7 ◯ 5 · 3
3 · 9 ◯ 9 · 3
7 · 5 ◯ 7 · 6

b) 5 · 7 ◯ 7 · 6
8 · 7 ◯ 5 · 6
5 · 9 ◯ 4 · 10

c) 15 : 3 ◯ 25 : 5
24 : 4 ◯ 24 : 8
56 : 8 ◯ 56 : 7

d) 4 · 2 ◯ 16 : 2
3 · 7 ◯ 21 : 3
7 · 0 ◯ 49 : 7

6 Wie heißt die Zahl? Finde die Malaufgabe und rechne.

a) Meine Zahl ist doppelt so groß wie die Zahl 7.

b) Wenn ich die Zahl 4 mit der Zahl 8 multipliziere, erhalte ich meine Zahl.

c) Wenn ich meine Zahl durch 8 dividiere, erhalte ich 8.

7 Setze Zahlen ein und rechne.

Wenn ich die Zahl ▭ mit der Zahl ▭ multipliziere, erhalte ich die Zahl ▭.

8 Konnte ich alle Aufgaben gut lösen? Wo brauche ich noch Hilfe?

8 Einführung: Den eigenen Lernstand einschätzen und im Heft notieren: vier Füße: Ich kann alles sicher. / drei Füße: Ich muss noch manchmal fragen. / zwei Füße: Ich brauche noch Hilfe. / ein Fuß: Ich muss noch oft fragen.

Multiplizieren, addieren und subtrahieren

1 Beschreibt und erklärt.

$3 \cdot 7 = 21$

$\underbrace{3 \cdot 7}_{21} + 2 = 23$

Punktrechnung · :
geht vor Strichrechnung + −

$\underbrace{8 \cdot 8}_{64} + 5$ $\quad 20 - \underbrace{2 \cdot 2}_{4}$ $\quad 10 + \underbrace{3 \cdot 3}_{9}$

2 starke Päckchen ?

a)	b)	c)	d)	e)
8 · 8 + 5	6 · 6 + 3	8 · 7 − 7	20 − 2 · 2	10 + 3 · 3
8 · 8 + 6	6 · 6 + 4	7 · 7 − 7	30 − 4 · 1	20 + 5 · 3
8 · 8 + 7	6 · 6 + 5	6 · 7 − 7	40 − 3 · 4	30 + 4 · 4
8 · 8 + 8	6 · 6 + 6	5 · 7 − 7	50 − 5 · 5	40 + 3 · 6
8 · 8 + 9	6 · 6 + 7	9 · 7 − 7	60 − 6 · 6	50 + 5 · 4

3 Beschreibt und erklärt.

$2 \cdot 3 = 6$

$\underbrace{2 \cdot 3}_{6} + \underbrace{4 \cdot 2}_{8} = 14$

4 Punktrechnung vor Strichrechnung.

a)	b)	c)	d)
2 · 9 + 3 · 4	2 · 4 + 3 · 6	5 · 4 − 3 · 3	8 · 7 − 5 · 3
5 · 9 + 7 · 6	8 · 5 + 6 · 4	7 · 7 − 5 · 8	9 · 6 − 8 · 2
8 · 4 + 3 · 7	7 · 3 + 9 · 2	9 · 5 − 7 · 3	6 · 5 − 4 · 3
6 · 7 + 4 · 4	6 · 2 + 5 · 6	3 · 8 − 4 · 6	7 · 7 − 6 · 4
3 · 9 + 4 · 8	8 · 3 + 7 · 4	6 · 5 − 9 · 3	9 · 8 − 5 · 6
5 · 7 + 8 · 3	5 · 6 + 8 · 4	8 · 7 − 4 · 4	6 · 7 − 2 · 3

0 3 9 11 18 24 25 26 30 36 38 39 40 41 42 42 52 53 58 59 59 62 64 87

1 a) Wie viele Würfel wurden für jede Pyramide benötigt?

1. Pyramide

1 + 9

2. Pyramide

1 + 9 + ▢

3. Pyramide

1 + 9 + ▢ + ▢

b) Wie viele Würfel werden für die 4. Pyramide benötigt?

2

a)
7 + 2
17 + 12
27 + 22
37 + 32
▢ + ▢

b)
76 − 4
76 − 14
76 − 24
76 − ▢
▢ − ▢

c)
6 + 23
16 + 23
26 + 23
36 + ▢
▢ + ▢

d)
85 − 11
83 − 11
81 − 11
79 − ▢
▢ − ▢

e)

Welches Päckchen beschreibe ich?
Die erste Zahl wird immer um 2 kleiner.
Die zweite Zahl bleibt gleich.
Deshalb wird das Ergebnis immer um 2 kleiner.

3 a) Rechnet. Erkennt ihr ein Muster? Setzt fort.

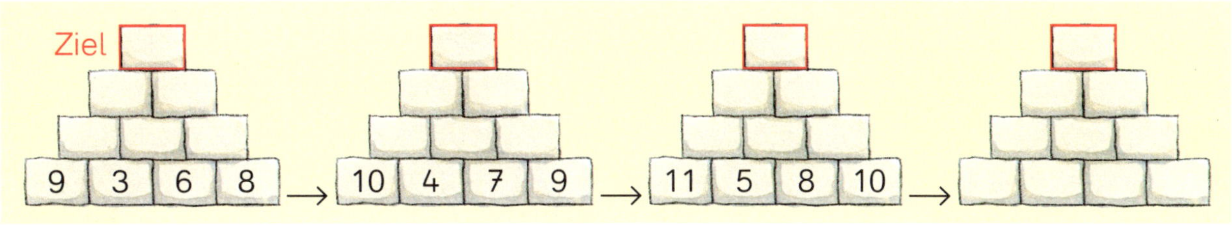

b) Beschreibt, wie sich die Zahlenmauern verändern. Erklärt, warum das so ist.

Die unteren Zahlen werden jeweils um eins größer.
Deshalb wird die Zielzahl … .

4

a)

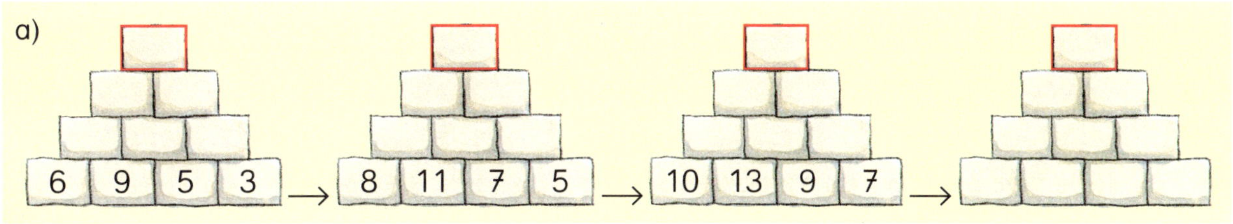

b) Beschreibt, wie sich die Zahlenmauern verändern. Erklärt, warum das so ist.

1 Evtl. nachbauen und fortsetzen.

1

Entscheide, welche Zahlen passen.
Besprecht und begründet eure Lösungen.

2 Finde jeweils fünf passende Malaufgaben.

a) ▢ · ▢ < 50 b) ▢ · ▢ < 40 c) ▢ · ▢ < 70 d) ▢ · ▢ < 20

3 Vergleiche. > < =

a) 3 · 8 ◯ 48
4 · 8 ◯ 48
5 · 8 ◯ 48
6 · 8 ◯ 48

b) 9 · 6 ◯ 30
7 · 6 ◯ 30
5 · 6 ◯ 30
3 · 6 ◯ 30

c) 5 · 7 ◯ 30
3 · 9 ◯ 27
4 · 6 ◯ 25
8 · 3 ◯ 30

d) 9 · 8 ◯ 7 · 10
8 · 6 ◯ 4 · 8
7 · 4 ◯ 3 · 10
5 · 9 ◯ 8 · 7

4 Welche Zahlen passen? Schreibe die Aufgaben.

a) Das Ergebnis von 8 – ▢ ist größer als 4.

b) Das Ergebnis von 25 + ▢ ist kleiner als 30.

c) Das Ergebnis von 9 · ▢ ist kleiner als 80.

5 Welche Rechenzeichen passen? + – · :

a) 6 ◯ 6 = 12
6 ◯ 6 = 36
6 ◯ 6 = 1
6 ◯ 6 = 0

b) 8 ◯ 8 = 64
8 ◯ 8 = 16
8 ◯ 8 = 0
8 ◯ 8 = 1

c) 7 ◯ 7 = 49
7 ◯ 7 = 0
7 ◯ 7 = 1
7 ◯ 7 = 14

6

a) 18 ◯ 6 = 4 ◯ 6
48 ◯ 6 = 12 ◯ 4

b) 8 ◯ 4 = 29 ◯ 3
50 ◯ 1 = 7 ◯ 7

c) 64 ◯ 8 = 5 ◯ 3
100 ◯ 10 = 2 ◯ 5

d) 30 ◯ ▢ = 60 ◯ ▢
▢ ◯ 8 = ▢ ◯ 10

e) 70 ◯ ▢ = ▢ ◯ ▢
▢ ◯ 6 = ▢ ◯ ▢

7 Hier fehlen immer zwei Rechenzeichen.

a) 9 ◯ 9 ◯ 9 = 90
9 ◯ 9 ◯ 9 = 72

b) 7 ◯ 7 ◯ 7 = 42
7 ◯ 7 ◯ 7 = 8

Eine Aufgabe ist nicht lösbar.

c) 8 ◯ 8 ◯ 8 = 8
8 ◯ 8 ◯ 8 = 32

1, 2 und 4 Meist mehrere Lösungen möglich.
6 d) und e) Offene Aufgaben. Forscherheft verwenden.

1 Zeichne ein Quadrat.
Schneide es aus und falte es dreimal.
Falte das Blatt auseinander und schneide entlang der Faltlinien.

Wie viele Dreiecke entstehen?

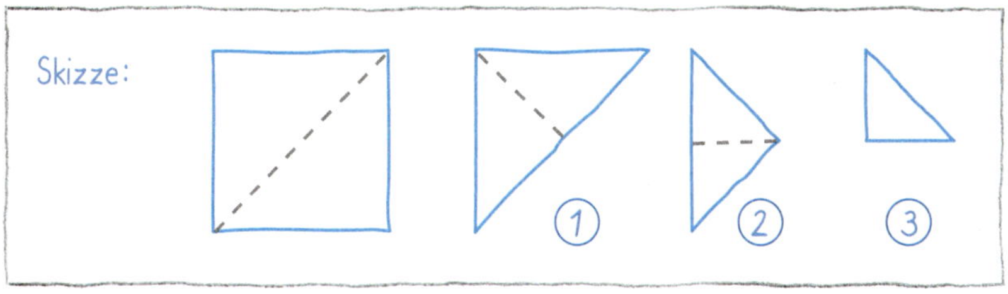

links, rechts, über, unter, zwischen, neben

2 Lege mit deinen acht Plättchen das Quadrat.
Durch Umlegen von 2 Plättchen entstehen aus dem Quadrat die anderen Figuren. Beschreibt.

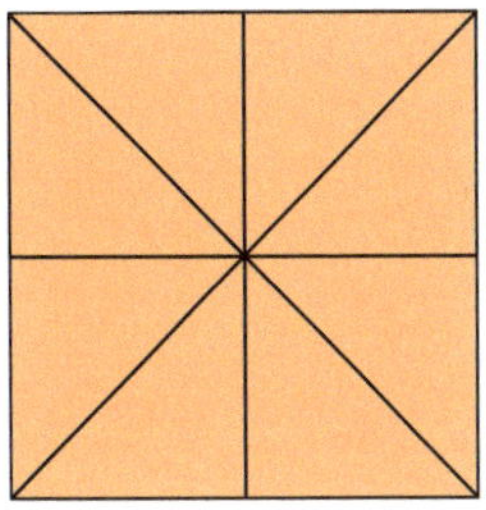

A

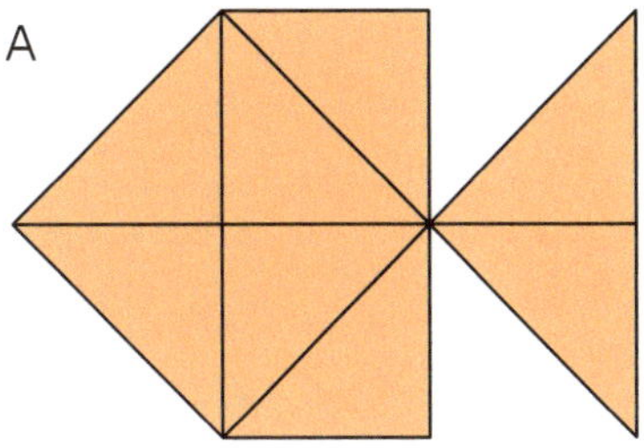

B

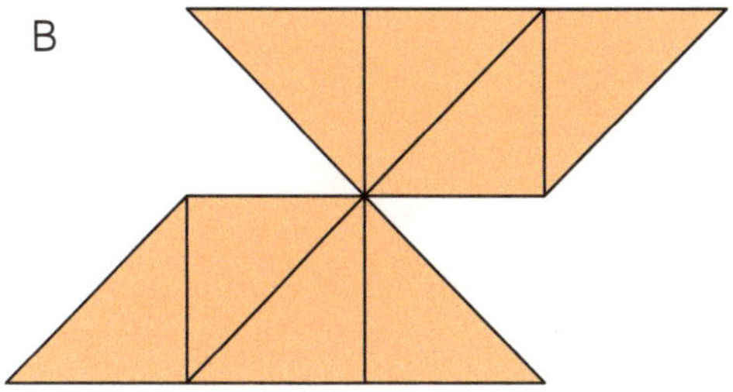

C

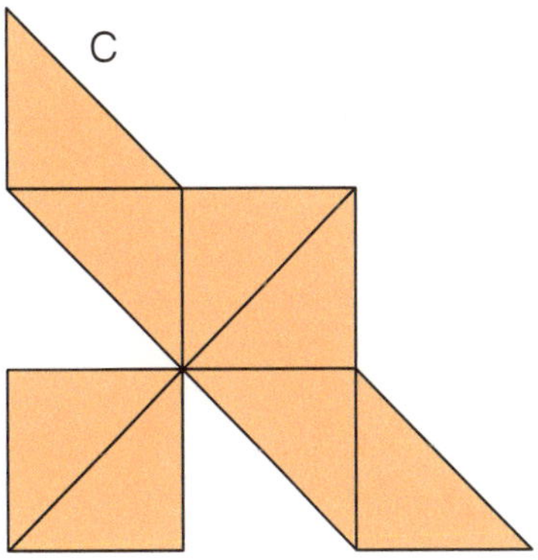

D

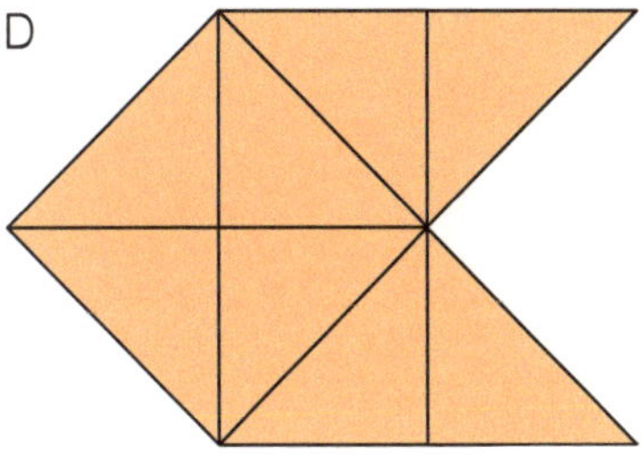

E

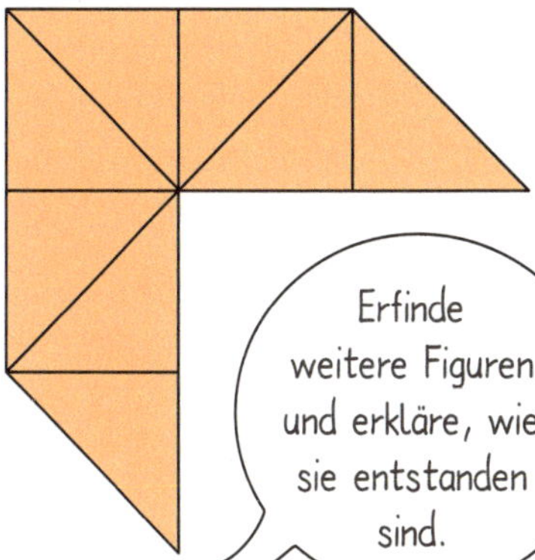

Erfinde weitere Figuren und erkläre, wie sie entstanden sind.

3

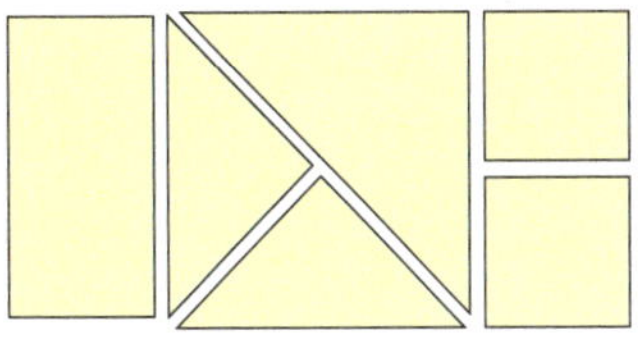

Leonhard hat nur diese Vierecke und Dreiecke.
Welche dieser Figuren kann er damit nicht nachlegen?
Begründet.

A

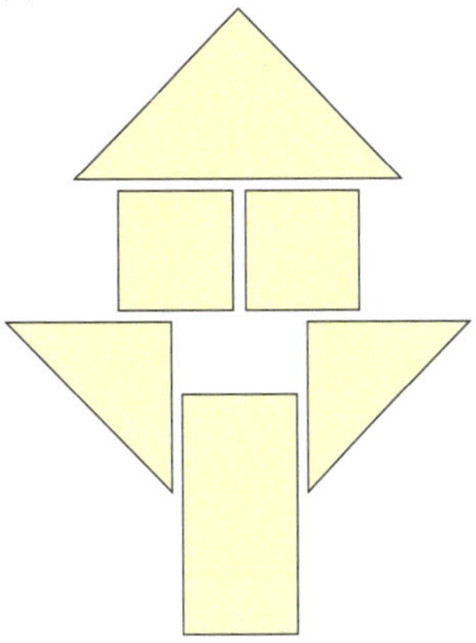

B

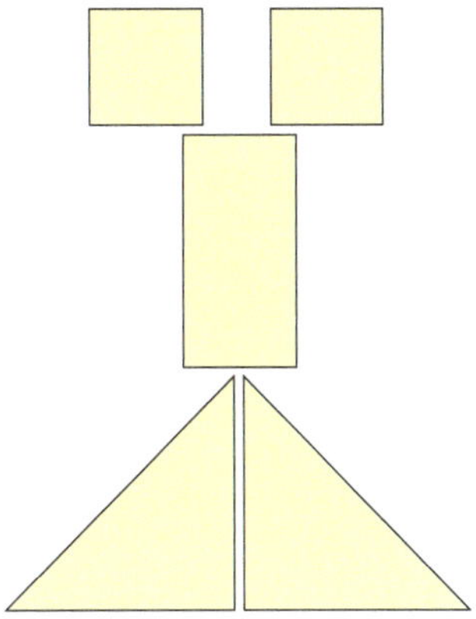

C

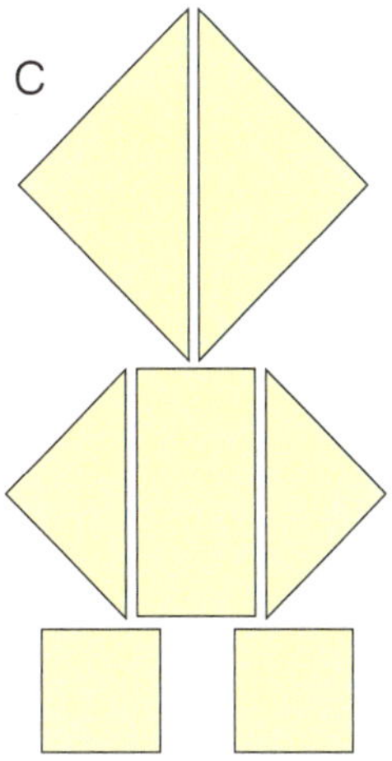

D

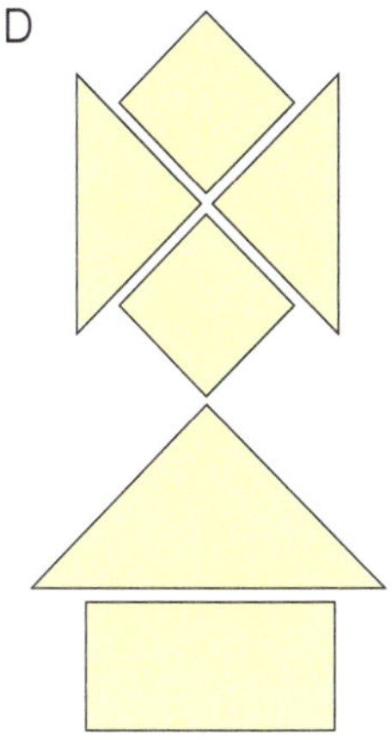

2 Mehrere Vorlagen herstellen und Figuren aufkleben.

1 Bauanleitung Faltschachtel

① Falte ein Quadrat in vier Dreiecke.

② Falte alle vier Ecken zum Mittelpunkt.

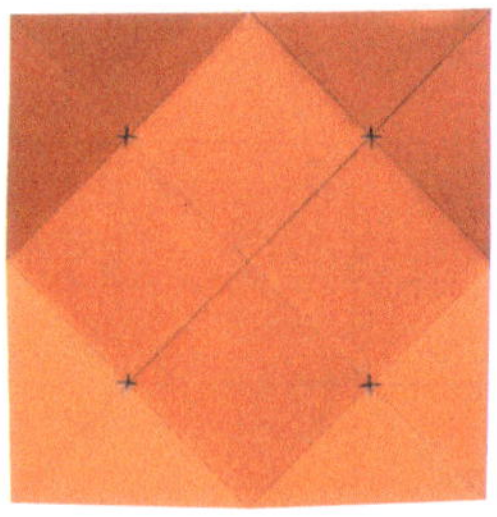

③ Falte auf. Markiere die angegebenen Schnittpunkte.

④ Falte jede Ecke auf die gegenüberliegende Markierung. Öffne wieder.

⑤ Falte jede Ecke auf die nächstliegende Markierung. Öffne wieder.

⑥ Übertrage die blauen Linien auf dein Faltblatt. Schneide auf diesen blauen Linien ein.

⑦ Falte die beiden nicht eingeschnittenen Ecken zweimal nach innen.

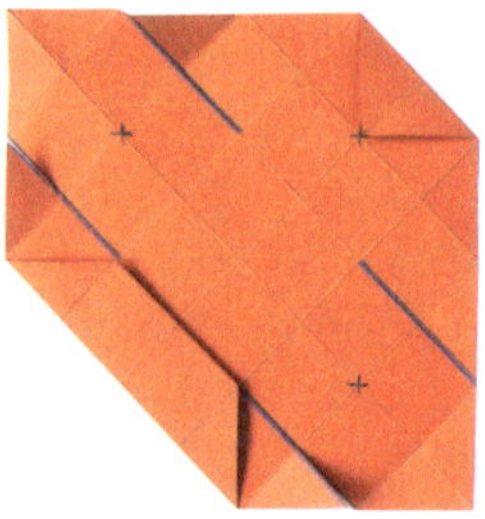

⑧ Knicke diese beiden Seitenwände nach oben.

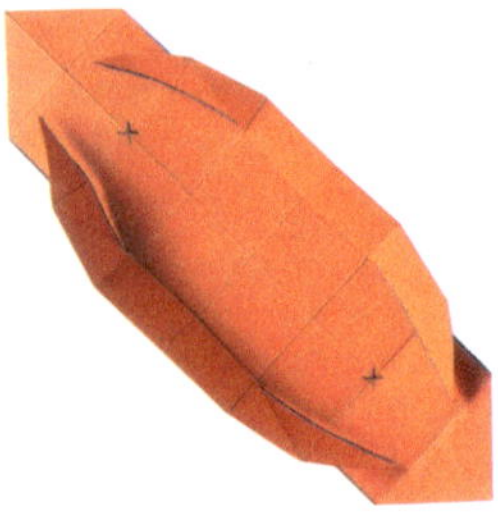

⑨ Falte die überstehenden Laschen nach innen.

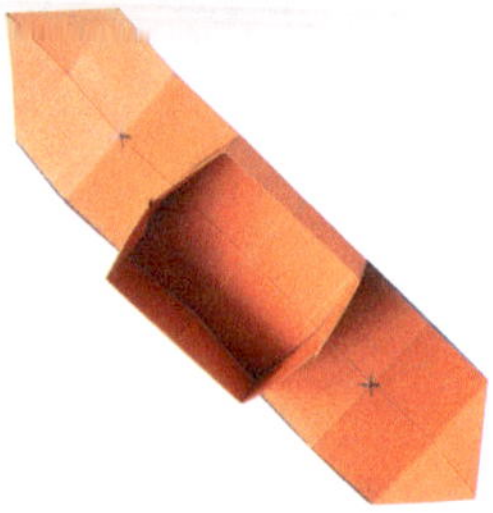

⑩ Falte jetzt die anderen Seitenwände nach oben und lege die Laschen nach innen.

2 Falte weitere Schachteln, auch mit Deckel. Was musst du beachten, damit der Deckel auf die Schachtel passt?

2 Forscherheft verwenden.

1 

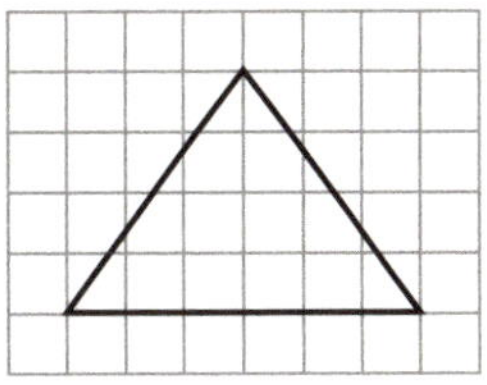

Die Kinder haben das Dreieck abgezeichnet.

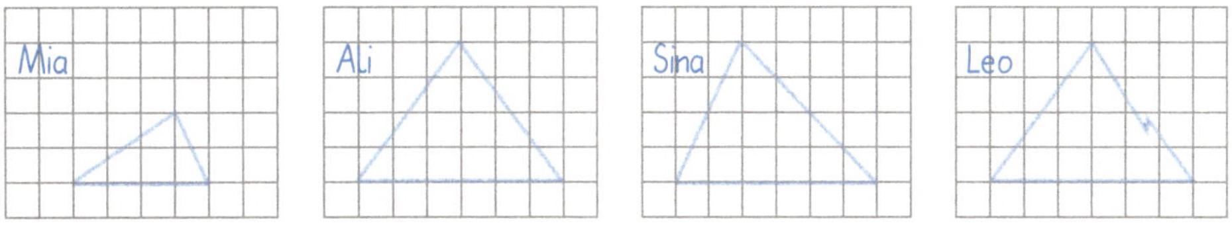

Welche Zeichnung ist genau? Erklärt.

2 Zeichne selbst mit dem Lineal.

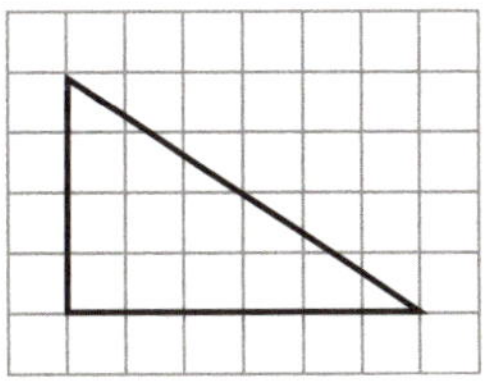

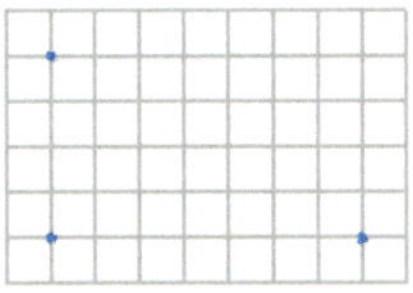

Sind die Kästchen richtig gezählt?
Liegen die Eckpunkte genau im Gitternetz?

Ist Platz für
die Bleistiftspitze?

3 Zeichne mit Lineal und spitzem Bleistift. Male dann aus.

a) 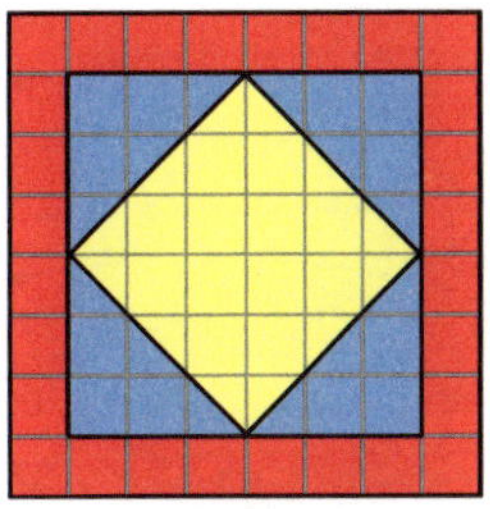

b) 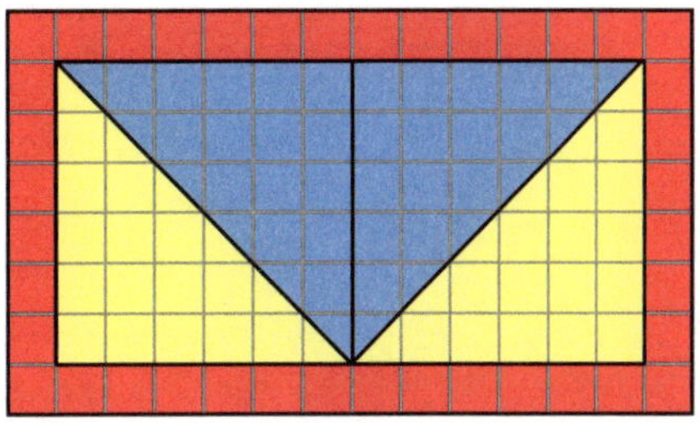

c) 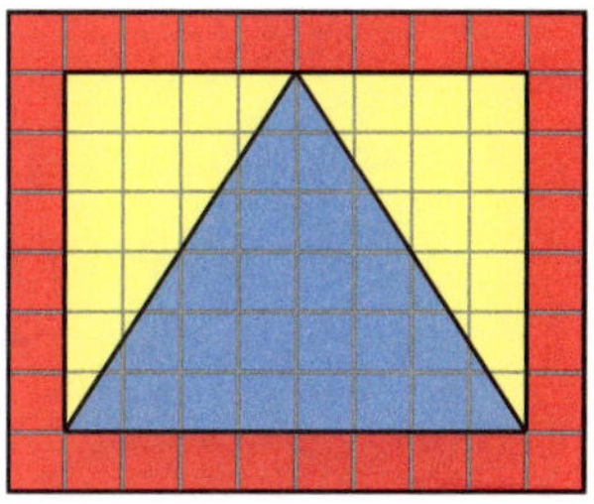

d) 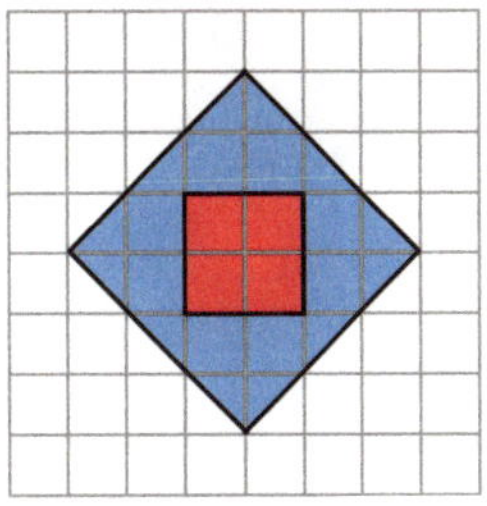

e) 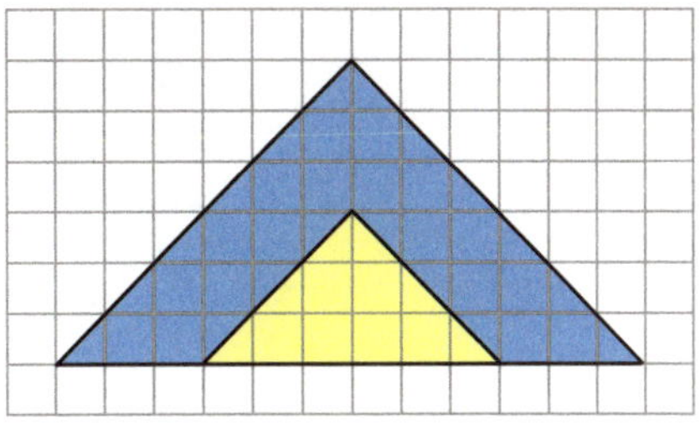

f) 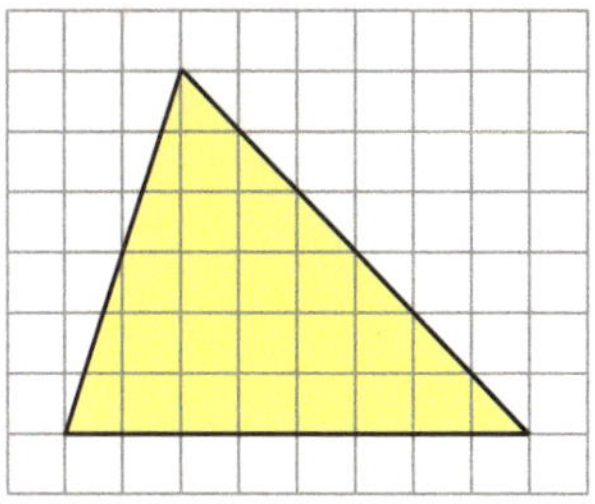

4 a) Zeichne ab und ergänze jeweils die vierte Figur.

A 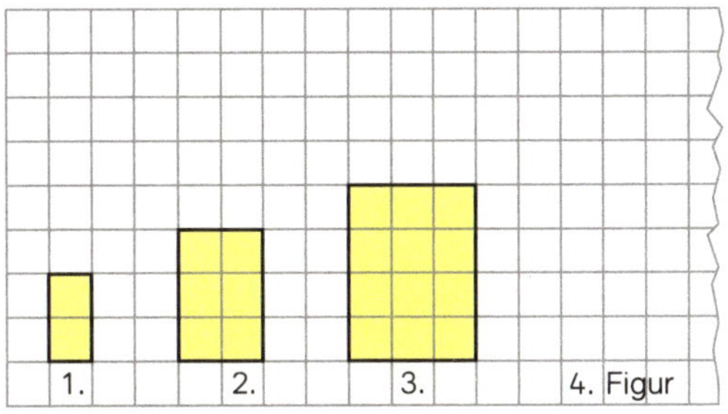

B 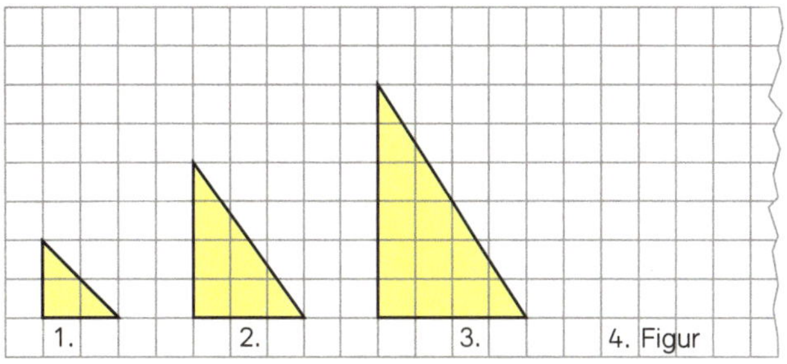

b) Beschreibt die Muster. Wie verändern sich die Figuren?

c) Wie werden das sechste Rechteck und das siebte Dreieck aussehen? Zeichnet.

5  Erfindet eigene Muster. Gebt sie zum Fortsetzen weiter.

1 bis 3 Genaues Zeichnen auf Karopapier thematisieren und üben.

1 a) Die Kinder haben ohne Lineal gezeichnet. Welche Formen erkennst du?

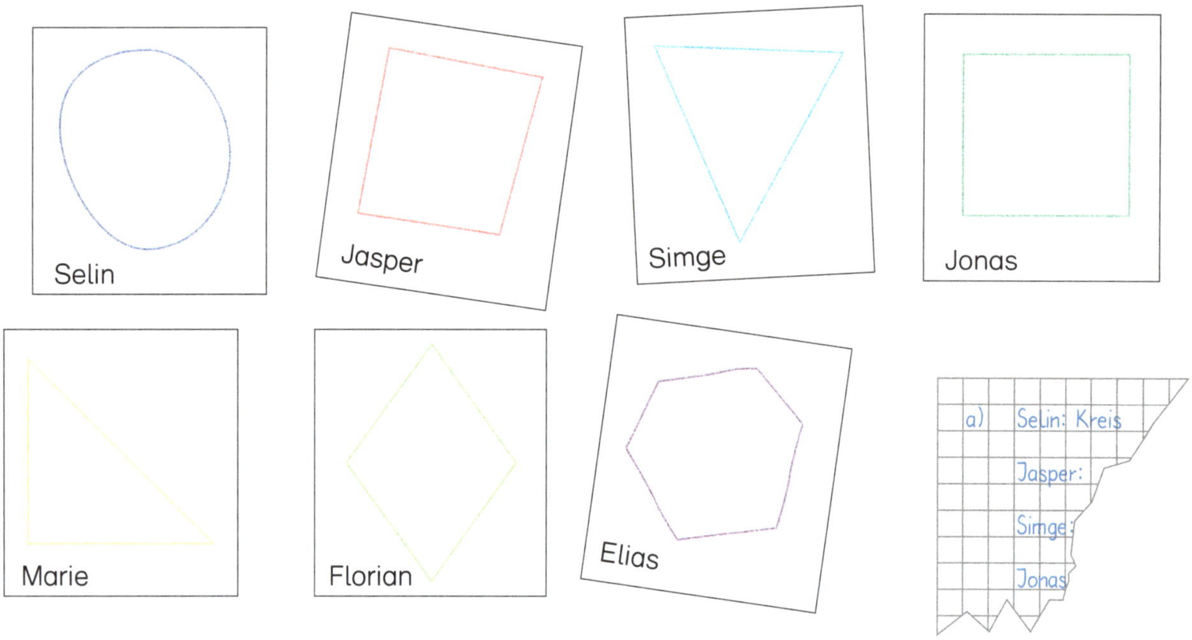

b) Zeichne ohne Lineal.

einen Kreis | ein Sechseck | ein Dreieck | ein Quadrat

c) Welche Kinder sind es?

2 Zeichne ohne Lineal.

a) einen Kreis und anschließend in den Kreis ein Quadrat

b) ein Quadrat und dann in das Quadrat einen Kreis

c) zwei Dreiecke, die zusammen ein Quadrat ergeben

d) ein Dreieck, rechts daneben ein Quadrat und über das Quadrat einen Kreis

3 Aus welchen Formen sind diese Muster entstanden? Zeichne die Muster.

a) 

b) 

c) 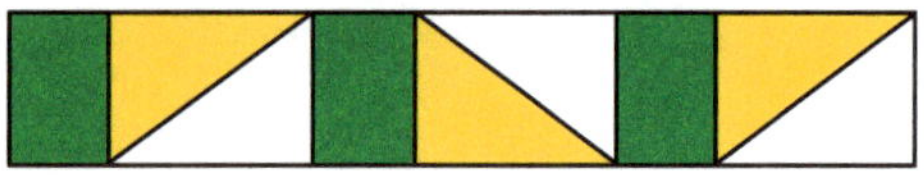

d) 

e) Erfinde eigene Muster.

1 Mögliche Lösungen bei Florian: Raute, Quadrat oder Viereck.
1 c) Mehrere Lösungen möglich.

Spaßbad „Welle“

2-Stunden-Karte:

Erwachsene	9 €
Kinder	5 €

Tageskarte:

Erwachsene	12 €
Kinder	8 €

1 Welche Frage passt jeweils? Rechnet und antwortet.

a)

A Reicht das Geld?

B Wie viel müssen sie insgesamt bezahlen?

C Wie lange bleiben sie im Spaßbad?

b)

A Wie viel kostet eine Tageskarte für Erwachsene?

B Wie alt ist Frau Lack?

C Wie viel Geld bekommt sie zurück?

c)

A Wie viel kostet der Eintritt für alle zusammen?

B Wie viel Geld bekommen sie zurück?

C Wie viel Geld hat Max dabei?

2 Welche Rechengeschichte passt zur Aufgabe? Fragt, rechnet und antwortet.

a) $3 \cdot 5$ €

A Elif hat 5 € dabei. Sie kauft sich im Spaßbad ein Eis für 3 €.

B Lea, Greta und Niko kaufen jeweils eine 2-Stunden-Karte für das Spaßbad.

b) 50 € – 12 €

A Herr Lange hat noch 50 €. Er kauft eine Tageskarte für das Spaßbad.

B Frau Blase kauft eine 2-Stunden-Karte. Sie bezahlt mit einem 20-€-Schein.

c) Erfindet eine Rechengeschichte zu dieser Aufgabe.

$2 \cdot 8$ € + 12 €

3

Dilek Tom

a) Leonie ist 7 m weiter getaucht als Dilek.

b) „Der Unterschied unserer Tauchstrecken ist 5 m“, sagt Tom zu Jana.

c) Schreibe Rechengeschichten zum Tauchen.

3 b) 2 Lösungen sind möglich.

1 Würfelt mit zwei Spielwürfeln wie Paul und Mia.

Spielregel:
Jedes Kind wählt drei verschiedene Augensummen. Dann wird abwechselnd gewürfelt. Wer eine seiner gewählten Augensummen würfelt, bekommt einen Punkt.

2 a) Werft 70-mal mit zwei Würfeln. Führt in einer Tabelle eine Strichliste über die Augensummen, die ihr gewürfelt habt.

b) Was fällt euch auf?

c) Schreibt in eine Tabelle, wie man jede Augensumme würfeln kann. Welche Augensummen sind am wahrscheinlichsten, welche am wenigsten wahrscheinlich?

Augensummen

2	3	4	5	6	7	8	9	10	11	12
		||								

2	3	4	5	6	7	8	9	10	11	12
⚀ ⚀	⚁ ⚀ ⚀ ⚁									

3

Es wird mit zwei Würfeln gewürfelt.

a) Die Augensumme 2 fällt selten.

b) Die Augensumme 12 fällt oft.

c) Die Augensumme 7 fällt nie.

d) Die Augensumme 8 fällt häufig.

e) Die Augensumme 7 hat die größte Gewinnchance.

f) Die Augensumme 7 hat die kleinste Gewinnchance.

4 Wer hat die größte **Gewinnchance**?

a) Spieler 1 bekommt einen Punkt, wenn die Augensumme kleiner als 5 ist. Spieler 2 bekommt einen Punkt, wenn die Augensumme kleiner als 10 ist.

b) Spieler 1 bekommt einen Punkt, wenn die Augensumme gerade ist. Spieler 2 bekommt einen Punkt, wenn die Augensumme ungerade ist.

1 Wie viele Würfel sind hier gebündelt?

a)

b)

c)

2 Immer 1000. Erkläre den Unterschied von Bild zu Bild.

1 **T**ausender = ☐ **H**underter = ☐ **Z**ehner = ☐ **E**iner

T **H** **Z** **E**

3 Notiere in einer Stellenwerttabelle.

a)

	H	Z	E	Zahl
a)	3	2	5	325

b)

c)

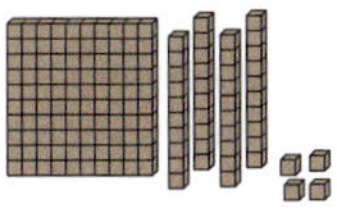

d)

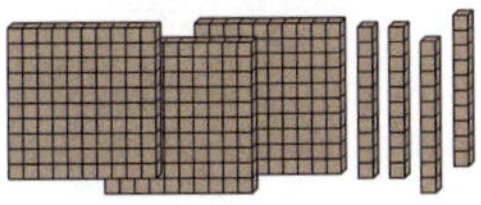

e)

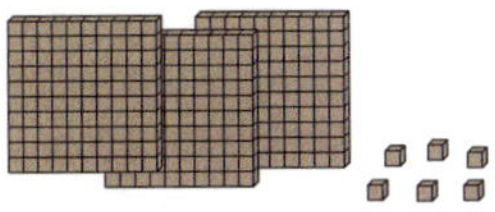

f)

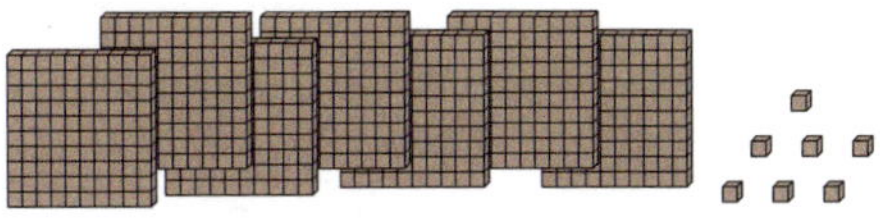

g)

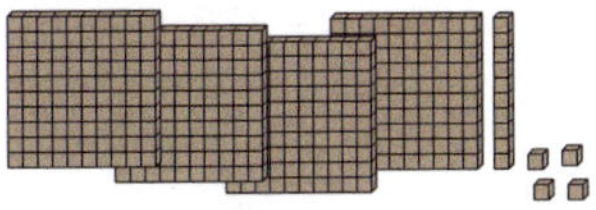

h)

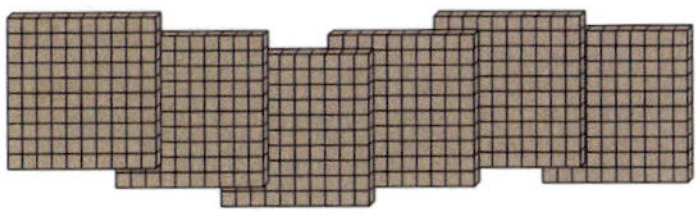

i)

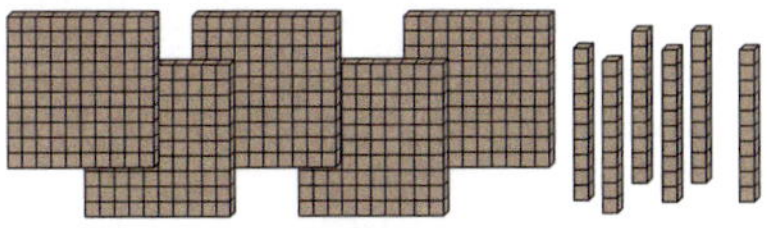

j)

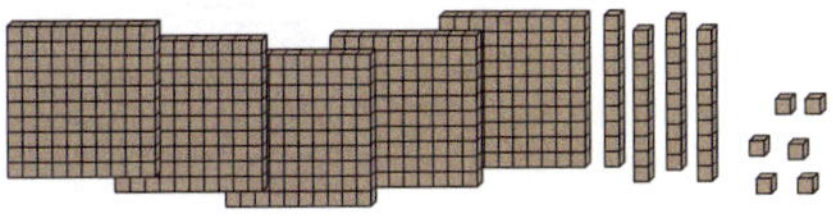

k)

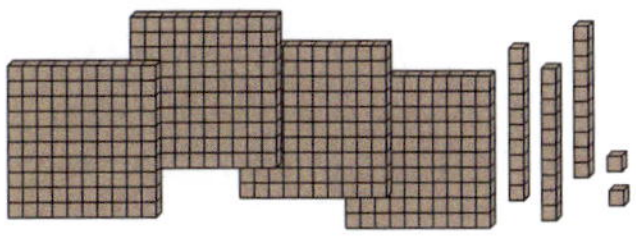

l)

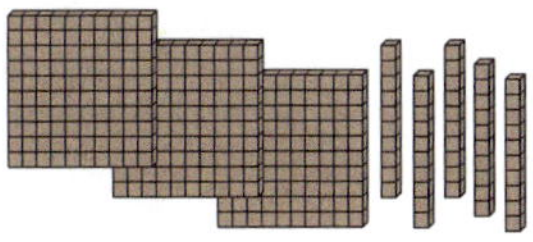

4 Lest die Zahlen.

8 | 2 1
achthundert | einundzwanzig

a)	b)	c)	d)	e)
821	935	684	412	370
307	201	711	530	109
999	800	801	352	493
777	713	950	144	603

1 Lege mit Zahlenkarten und schreibe die Zahl.

a) 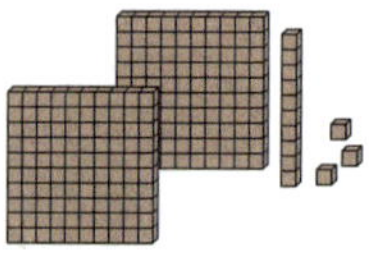

b) 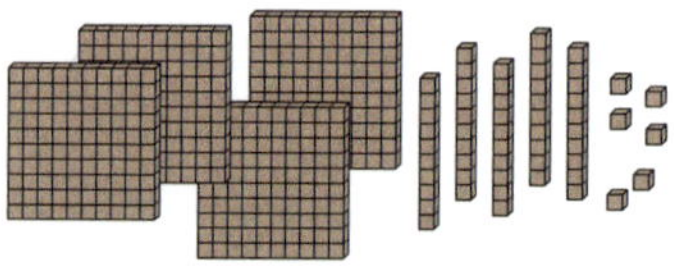

c) 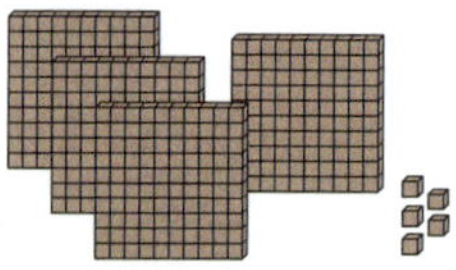

d) 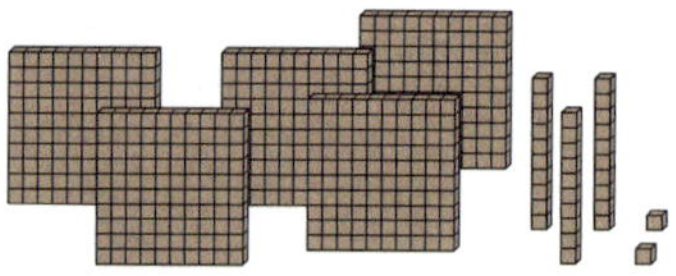

e) 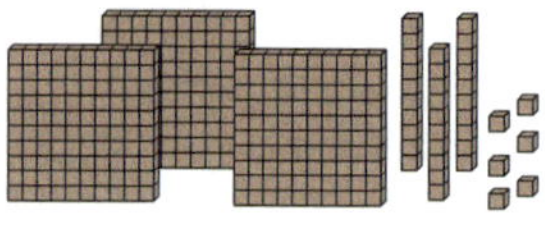

f) 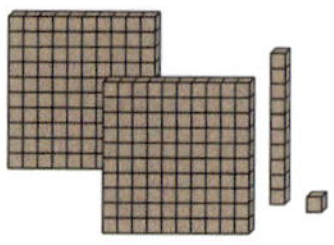

2 Welche Zahlenkarten wurden verwendet? Schreibe die Plusaufgabe.

2 3 6	200 + 30 + 6 = 236		6 3 2	3 2 6	3 6 2
2 6 3	6 2 3	9 7 4	4 7 9	4 9 7	7 4 9
9 9 9	8 0 5	1 8 1	8 5 7	5 2 0	9 4 2

3 70 400 5 50 700 9

Lege Zahlen mit diesen Zahlenkarten. Verwende eine, zwei oder drei Zahlenkarten.

a) fünf verschiedene Zahlen
b) die kleinste Zahl
c) die größte Zahl
d) alle Zahlen, die größer als 700 sind
e) alle Zahlen mit fünf Zehnern
f) alle Zahlen mit zwei Zahlenkarten

4 Lege Zahlenkarten. Schreibe als Zahl.

a) vierhundertsechsundzwanzig
b) zweihundertdreiundneunzig
c) achthundertzweiunddreißig
d) fünfhundertvierundachtzig
e) dreihunderteinundfünfzig
f) sechshundertsiebenundvierzig
g) achthundertsechs
h) fünfhundertdreizehn
i) neunhundertzwölf

Kontrolliere mit den Lösungszahlen. Besprecht eure Fehler.

293 351 426 513 584 647 806 832 912

5 Sucht und beschreibt die Fehler.

a) 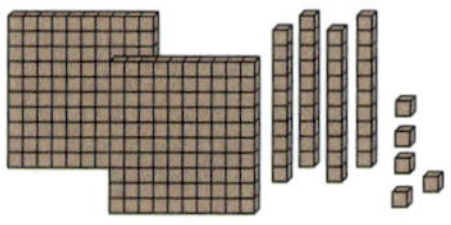
245

b) 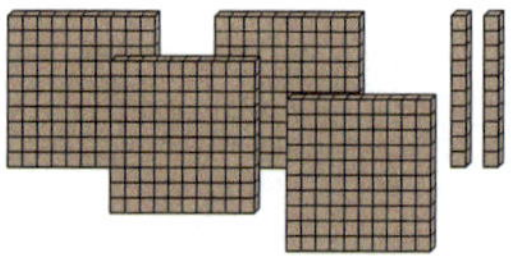
402

c) 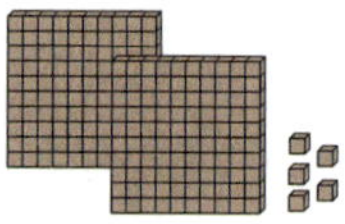
255

d) 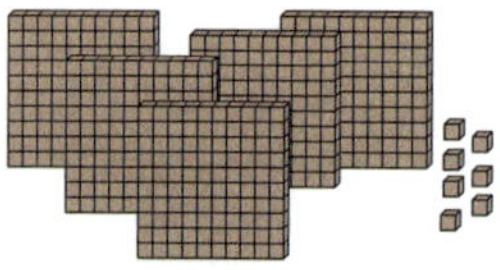
57

e) 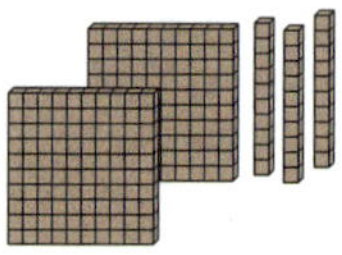
230

f) 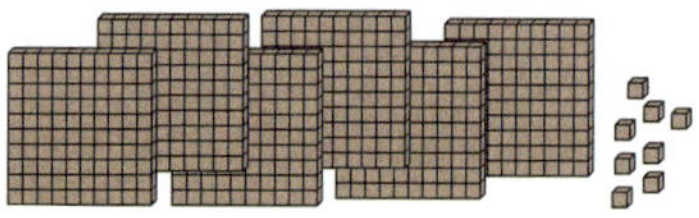
680

g) 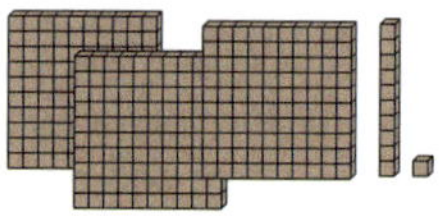
311

h) 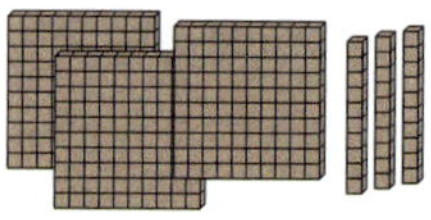
303

4 Nach der Ergebniskontrolle mit dem Partner eigene Fehler besprechen.

1

857 = 800 + 50 + 7

a) 652 = 600 + 50 + ▢
b) 919 = ▢ + 10 + 9
c) 366 = 300 + ▢ + 6
d) 421 = 400 + ▢ + ▢
e) 524 = 500 + ▢ + ▢
f) 763 = 700 + ▢ + ▢

2 Schreibe als Zahl.

300 = 3H
40 = 4Z
7 = 7E
3H 4Z 7E = 347

a)			b)			c)		
7H	4Z	5E	2H	2Z	5E	1H	6Z	7E
9H	5Z	1E	4H	5Z	3E	8H	8Z	8E
8H	3Z	6E	5H	7Z	3E	3H	7Z	2E
3H	9Z	2E	6H	4Z	8E	5H	1Z	9E
5H	1Z	9E	2H	6Z	4E	1H	9Z	6E

3 a) 7Z 5E 4H   b) 6Z 8H 3E   c) 5E 6H 2Z   d) 6Z 1H 6E   e) 9E 1Z 3H

4

3H 7E 307

a)		b)		c)		d)	
6H	5E	4H	3Z	7H		7Z	5E
7H	8E	2H	7E	8H	1Z	1H	9Z
1H	7E	5H	5Z	9H	5E	5H	5E

5 a) 3E 9H   b) 7Z 1H   c) 2E 3H   d) 9H 1Z   e) 8E 7Z

6 21E 15Z

21 Einer, das sind 2 Zehner und ein Einer, also 21.

15 Zehner: 10 Zehner sind 100, 5 Zehner sind 50, also 150.

Ich multipliziere 15 mit 10, also 150.

a)	b)	c)	
17E	12Z	11Z	13E
93E	27Z	18Z	17E
85E	45Z	12Z	12E
55E	81Z	41Z	19E

7 a) 13E 9Z   b) 2H 37E   c) 7E 91Z   d) 93E 50Z   e) 38E 25Z

8 Wähle eine dreistellige Zahl. Stelle sie auf verschiedene Weise dar.

1

Stellt Kärtchen mit den Ziffern 0 bis 9 her.

a) Legt dreistellige Zahlen. Lest sie vor.
b) Legt die kleinste dreistellige Zahl.
c) Legt die größte dreistellige Zahl.
c) Legt eure Lieblingszahlen.

2 Bilde aus den Kärtchen immer alle möglichen dreistelligen Zahlen. Schreibe sie auf.

a) [5] [7] [1] b) [3] [9] [4] c) [8] [4] [6]  d) [7] [0] [1]

3 [4] [8] [3] [6] [8] [1] [7] [1] [7]

Welche Zahlen kannst du aus den Ziffern jeweils bilden?
Achte auf die Ziffern.
Besprecht, was euch aufgefallen ist.

4 Lege dreistellige Zahlen mit der angegebenen **Quersumme**.

a) Quersumme 8 b) Quersumme 10 c) Quersumme 1 d) Quersumme 3

5 Nimm diese Kärtchen. [7] [0] [2] [9]

a) Lege dreistellige gerade Zahlen.
b) Lege dreistellige ungerade Zahlen.

6

a) Meine Zahl besteht aus drei gleichen Ziffern. Sie ist kleiner als 100.

b) Es gibt eine Zahl aus drei gleichen Ziffern mit der Quersumme 15.

c) Es gibt eine dreistellige Zahl mit der Quersumme 30.

d) Meine Zahl lässt sich aus den Kärtchen [2] [4] [6] legen und ist größer als 700.

e) Es gibt eine Zahl die größer ist als 200 mit der Quersumme 3.

f) Meine Zahl besteht aus drei aufeinanderfolgenden Zifferkärtchen und hat die Quersumme 6.

g) Es gibt eine dreistellige Zahl mit der Quersumme 0.

Jede Ziffer muss mind. 3-mal vorhanden sein.
2 d) Die Ziffer 0 kann nur an Zehner- oder Einerstelle stehen.

Rechenkonferenz

1 Überlege: Wie viele Bücher sind das?

Besprecht Ideen, wie ihr eine Lösung finden könnt. Schreibt eure Lösungswege auf Plakate. Erklärt sie.

Tipp

Wie viele Bücher sind in diesem Ausschnitt zu sehen?

Hilft dir das weiter?

2 Wie viele Zuschauer haben in diesem Saal Platz?

FERMI

Rechenkonferenz

3 Wie viele Erbsen sind in der Packung?

Überlege, wie du eine Lösung finden kannst. Die Tipps in den Sprechblasen können dir helfen.

Ich fülle das Glas mit Erbsen und zähle sie dann.

Schreibt eure Lösungswege auf Plakate. Erklärt. Vergleicht.

Alle zählen dauert sehr lange.

Aber wie weiß ich dann, wie viele es sind?

Enrico **Fermi** war ein Physiker. Er war berühmt für sein gutes Abschätzen. Fermi-Aufgaben enthalten oft wenig Informationen. Die fehlenden muss man sich selbst beschaffen oder man muss sie schätzen. Deshalb gibt es oft nur ungefähre Lösungen. Meist gibt es auch mehrere Lösungswege.

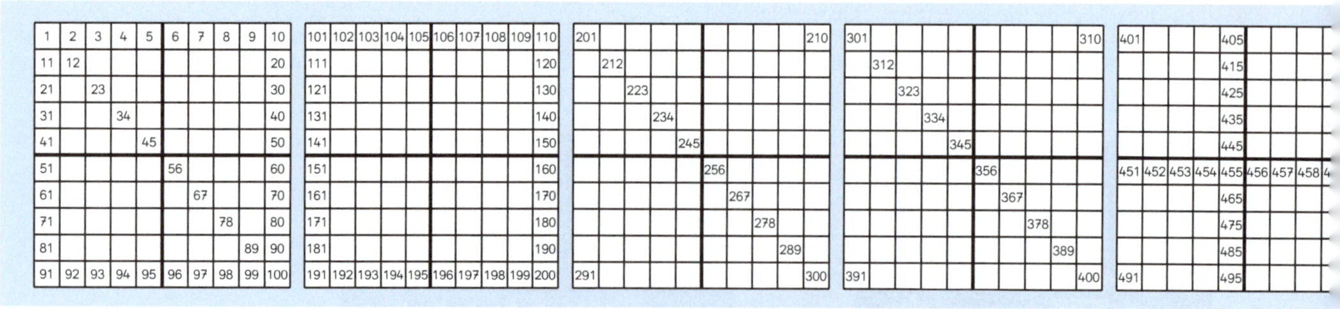

1 Lest die Zahlen und zeigt sie im Tausenderstreifen.

89 103 234 300 356 454 501 555 645 655 755 899 922 1000

2 Male die Felder mit diesen Zahlen in deinem Tausenderstreifen an. Setze fort.

a) rot 100, 200, 300, … b) orange 99, 199, 299, … c) gelb 50, 150, 250, …

d) grün 1, 101, 201, … e) blau 25, 125, 225, … f) lila 62, 162, 262, …

g) grau 60, 120, 180, … h) rosa 90, 180, 270, … i) braun 99, 198, 297, …

3 Schreibt zu jedem Muster die Zahlen auf.

a)

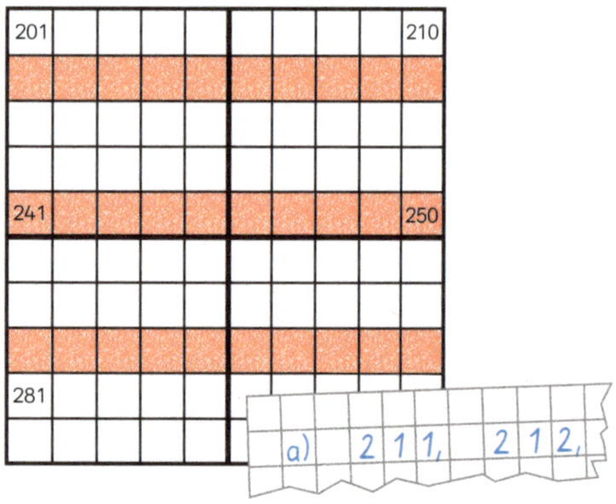

b)

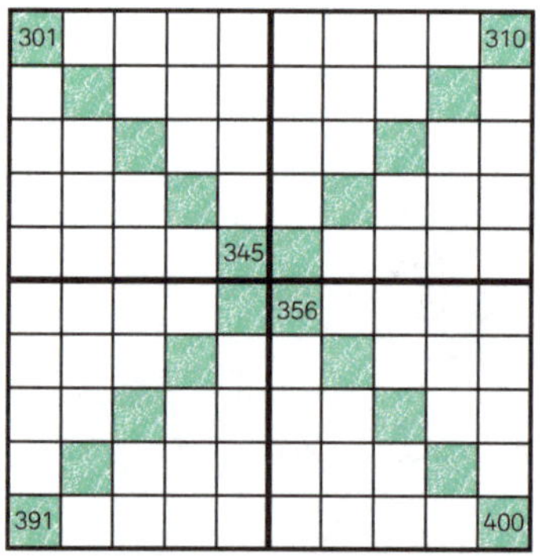

4 Male die Felder mit diesen Zahlen in deinem Tausenderstreifen an. Welche Muster entstehen?

a) rot 23, 28, 33, 34, 38, 43, 45, 48, 53, 56, 58, 63, 67, 68, 73, 78

b) blau 217, 227, 237, 247, 257, 267

c) gelb 335, 336, 344, 353, 363, 374, 385, 386

d) grün 422, 425, 432, 434, 442, 443, 452, 453, 462, 464, 472, 475

W

5 Punktrechnung vor Strichrechnung

a)	b)	c)	d)
6 · 2 + 3 · 2	8 · 9 − 0 · 9	8 · 8 − 2 · 8	9 · 4 − 1 · 4
5 · 4 + 5 · 4	7 · 8 − 3 · 8	8 · 8 + 2 · 8	3 · 10 + 6 · 10
4 · 7 + 5 · 7	9 · 4 − 2 · 4	7 · 5 − 5 · 0	6 · 7 − 7 · 6
3 · 6 + 6 · 6	6 · 3 − 3 · 3	7 · 5 + 5 · 0	4 · 8 + 4 · 8
4 · 8 + 5 · 8	8 · 7 − 0 · 7	4 · 9 − 4 · 9	3 · 3 + 3 · 9

2 und 4 Tausenderstreifen zur Verfügung stellen.

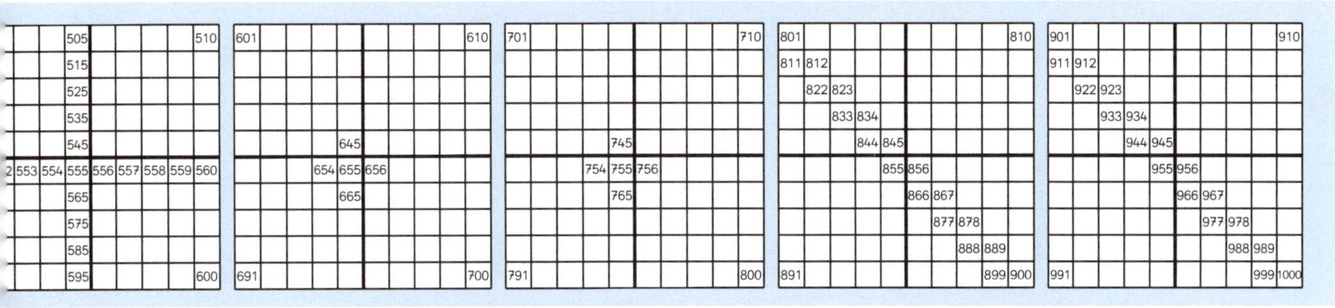

6 Zählt weiter.

a) 411, 412, 413, …
b) 371, 373, 375, …
c) 658, 657, 656, …
d) 982, 980, 978, …

7 Wählt eine Zahl und zählt weiter.

a) in Zwanzigerschritten vorwärts
b) in Fünzigerschitten vorwärts
c) in Hunderterschitten rückwärts
d) in Zehnerschritten rückwärts

8 Wie viele Zahlen bis 1000 gibt es jeweils?

Forschungs-auftrag

a) mit der Ziffer 5 an der Einerstelle
b) mit drei gleichen Ziffern
c) mit der Ziffer 0 an der Zehnerstelle
d) mit zweimal der Ziffer 4
e) mit der Ziffer 6 an der Hunderterstelle
f) mit zwei gleichen Ziffern und einer 1

9 Springe in vier Richtungen. Wo landest du?

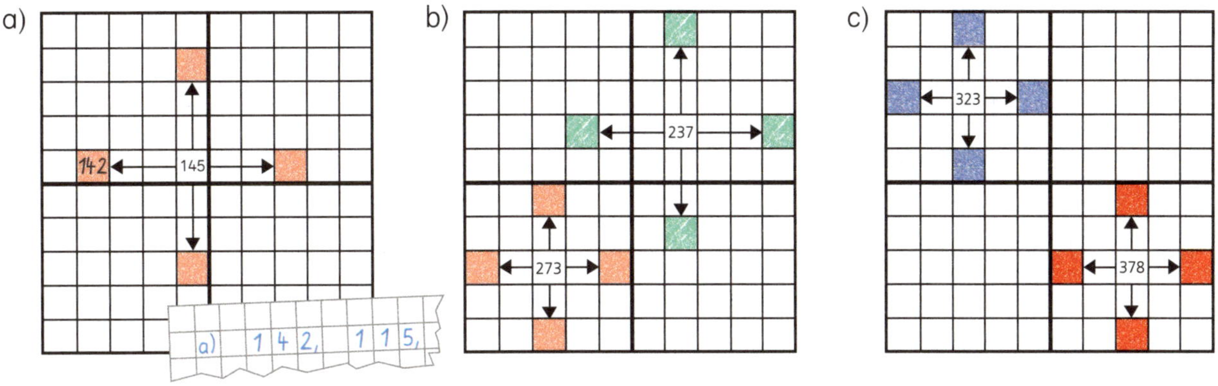

10 Springe in alle vier Richtungen jeweils drei Felder. Wo landest du?

a) Beginne bei 545.
b) Beginne bei 957.
c) Beginne bei 166.
d) Beginne bei 64.
e) Beginne bei 756.
f) Beginne bei 645.

W

11 Punktrechnung vor Strichrechnung

a) $7 \cdot 4 + 2 \cdot 4$
$6 \cdot 9 + 3 \cdot 9$
$8 \cdot 6 + 2 \cdot 6$
$3 \cdot 2 + 7 \cdot 2$
$5 \cdot 5 + 0 \cdot 5$

b) $9 \cdot 8 - 1 \cdot 8$
$7 \cdot 4 - 3 \cdot 4$
$8 \cdot 7 - 7 \cdot 7$
$7 \cdot 3 - 4 \cdot 3$
$6 \cdot 6 - 0 \cdot 6$

c) $6 \cdot 4 + 3 \cdot 4$
$6 \cdot 4 - 3 \cdot 4$
$5 \cdot 3 + 4 \cdot 3$
$5 \cdot 3 - 4 \cdot 3$
$8 \cdot 2 + 2 \cdot 2$

d) $3 \cdot 3 + 4 \cdot 3$
$6 \cdot 3 - 2 \cdot 3$
$4 \cdot 5 + 4 \cdot 5$
$4 \cdot 7 + 6 \cdot 7$
$10 \cdot 8 - 9 \cdot 8$

3 7 8 9 12 12 16 20 20 21 25 27 36 36 36 40 60 64 70 81

8 Forscherheft verwenden.

Der Zahlenstrahl – Nachbarzahlen

1

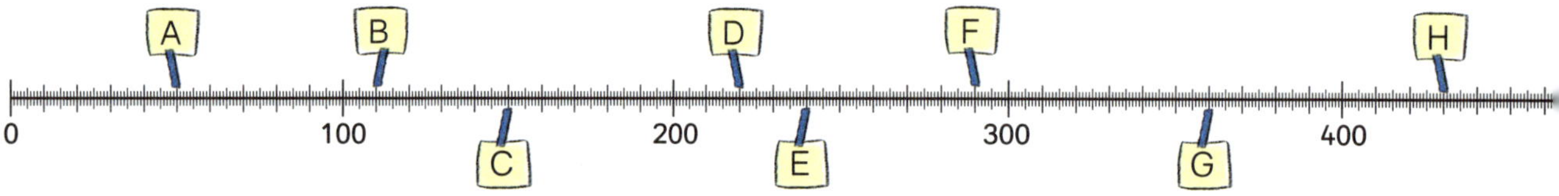

Jeder Buchstabe steht für eine Zahl.
Lest die Zahl laut und schreibt sie auf.

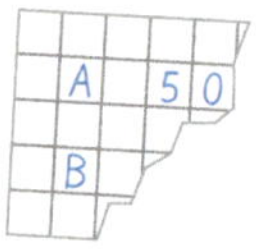

2 Zeigt am Zahlenstrahl.

a) 250 300 10 460 850 270 950 5 580 420 990 660

b) 125 325 225 425 525 995 795 395 235 395 98

3 Ordne nach der Größe. Beginne mit der kleinsten Zahl.

495 85 35 615 800 75 750 775 235 325 525

4 Vergleiche. > < =

a) 543 ◯ 534
416 ◯ 461
298 ◯ 289
364 ◯ 364
212 ◯ 221

b) 271 ◯ 273
272 ◯ 273
273 ◯ 273
274 ◯ 273
275 ◯ 273

c) 543 ◯ 544
543 ◯ 543
543 ◯ 542
543 ◯ 541
543 ◯ 540

d) 642 ◯ ▢
855 ◯ ▢
134 ◯ ▢
337 ◯ ▢
990 ◯ ▢

5 Schreibe die **Nachbarzahlen** auf.

a) 323 | 324 | 325
Vorgänger Nachfolger

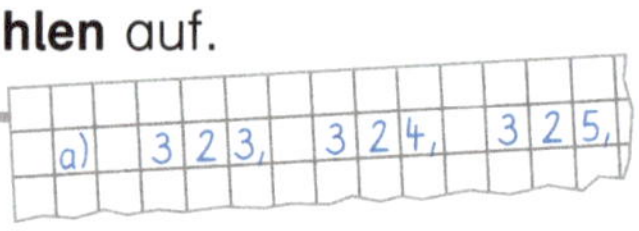

b) 678

c) 549

d) 120

e) 460

f) 590

g) 200

h) 800

i) 300

6 Schreibe die Nachbarzahlen auf.

a)

394	395	
	495	
	583	
	673	
	453	

b)

	299	
	399	
	577	
	777	
	677	

c)

	499	
	599	
	713	
	893	
	600	

d)

	764	
	804	
	704	
	889	
	999	

5 Zahlenstrahlausschnitte.

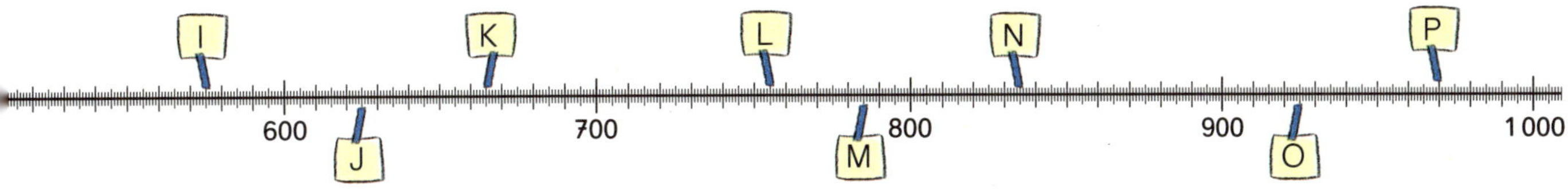

7 Notiere die **Nachbarzehner.**

a)

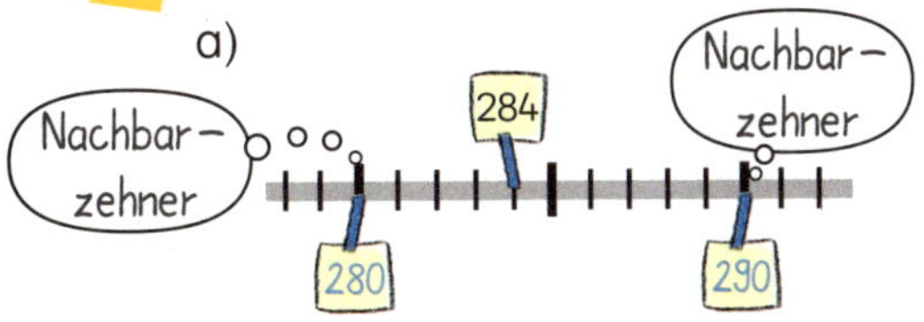

a) 280, 284, 290

b)

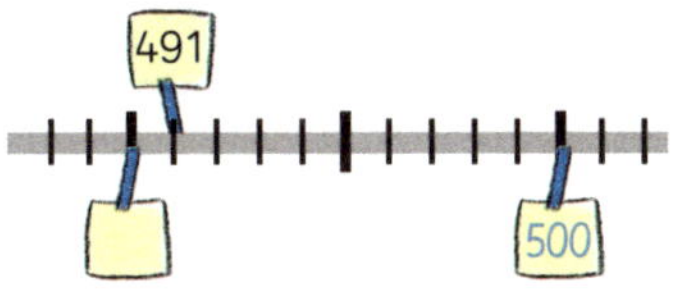

c)

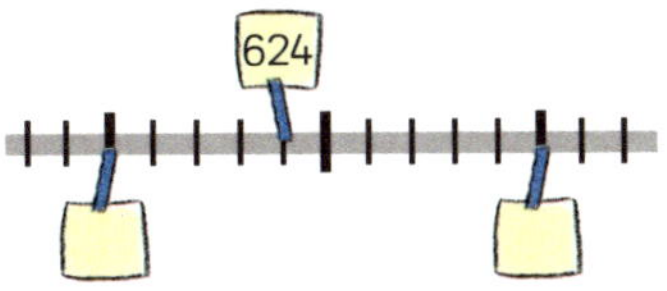

d)

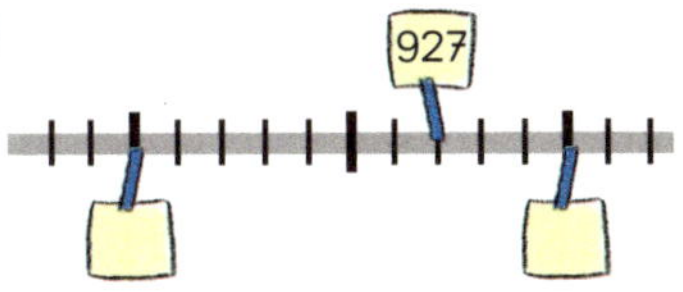

e)

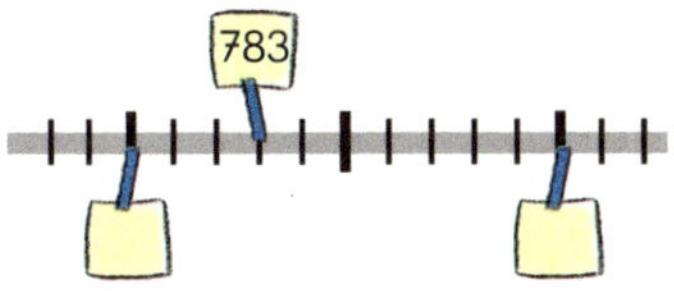

8 Wie heißen die Nachbarzehner?

a)

	726	
	722	
	704	
	604	

b)

	341	
	348	
	409	
	459	

c)

	825	
	947	
	995	
	818	

d)

	598	
	777	
	305	
	466	

9 Schreibe die **Nachbarhunderter** auf.

a)

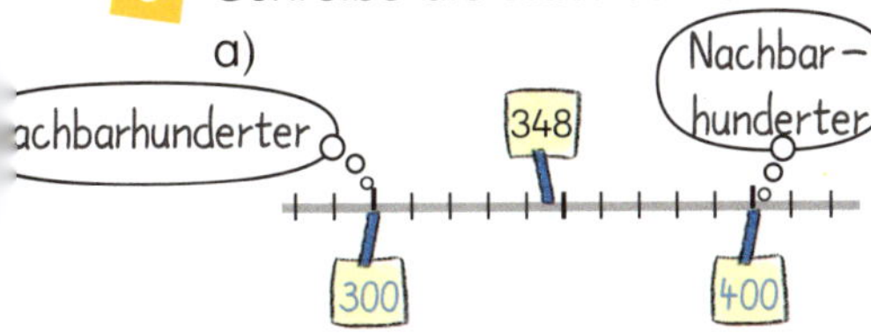

a) 300, 348, 400

b)

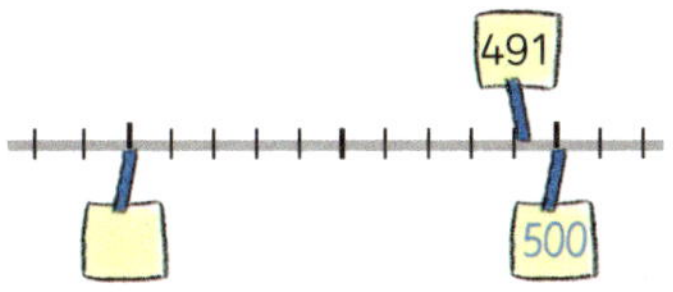

c)

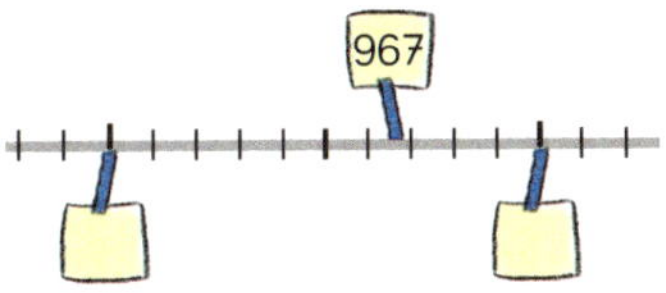

d)

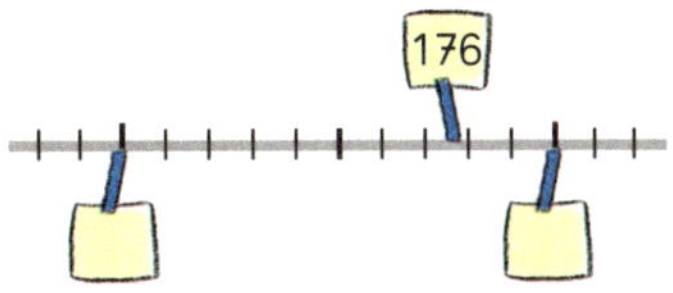

e)

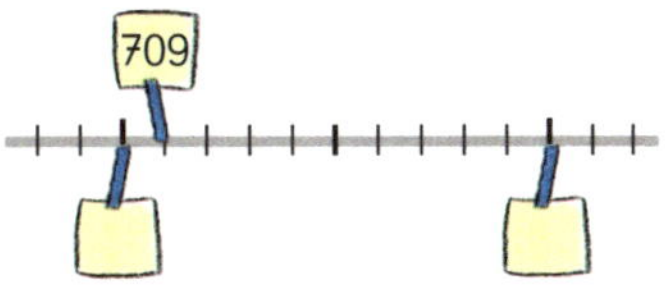

10 Schreibe die Nachbarhunderter auf.

a)

400	404	
	606	
	117	
	262	

b)

	394	
	592	
	597	
	795	

c)

	721	
	445	
	473	
	884	

d)

	373	
	905	
	651	
	777	

11 Welche Zahl könnte es sein?

a)

b)

c)

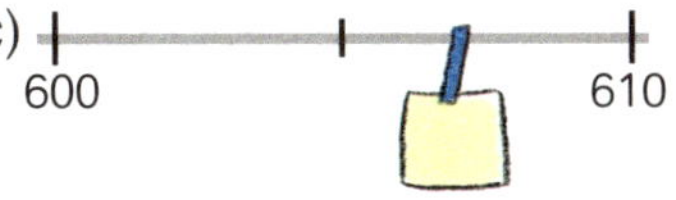

d)

e)

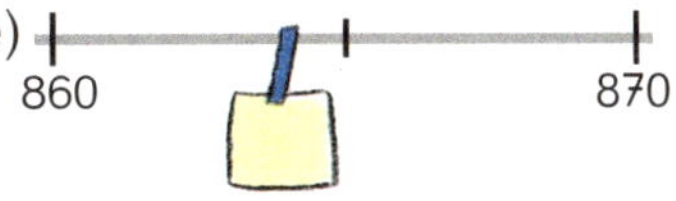

f)

7, 9 und 11 Zahlenstrahlausschnitte.

1

Hat die Zeitung falsch berichtet?

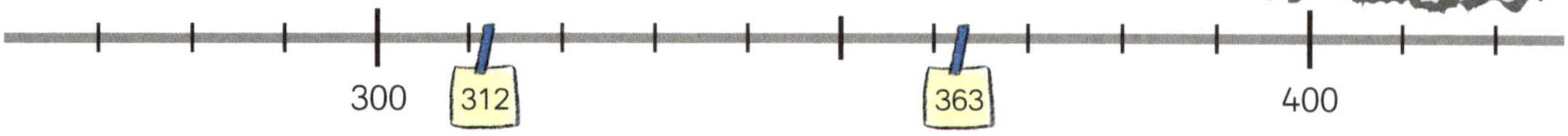

Runden auf Hunderter – suche immer den näher gelegenen Nachbarhunderter.

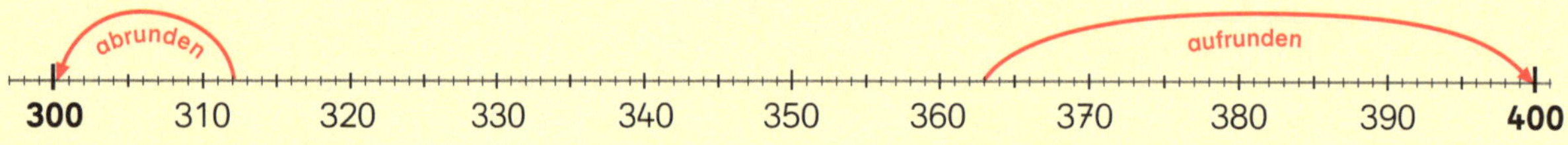

312 ≈ **300** 363 ≈ **400**

Sprich: „ist ungefähr"

2 Runde auf Hunderter.

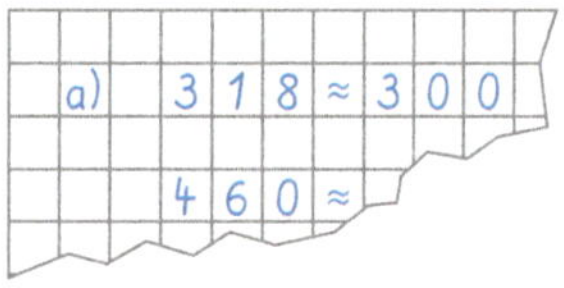

a)	b)	c)	d)	e)	f)
318	674	614	973	222	815
460	339	559	741	666	495
230	181	919	111	888	190
570	743	884	267	999	677

3

Festlegung: Ab 50 wird aufgerundet.

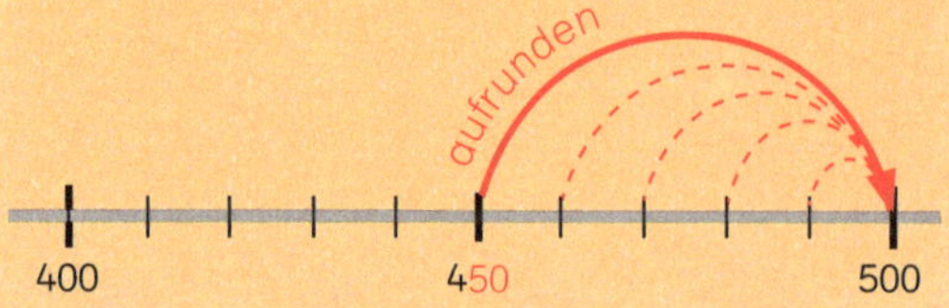

4 Runde auf Hunderter.

a)	b)	c)
550	749	348
549	750	351
551	752	350
547	748	352
553	751	347
548	745	355

5 Wie viele Bäume sind es ungefähr? Runde auf Hunderter.

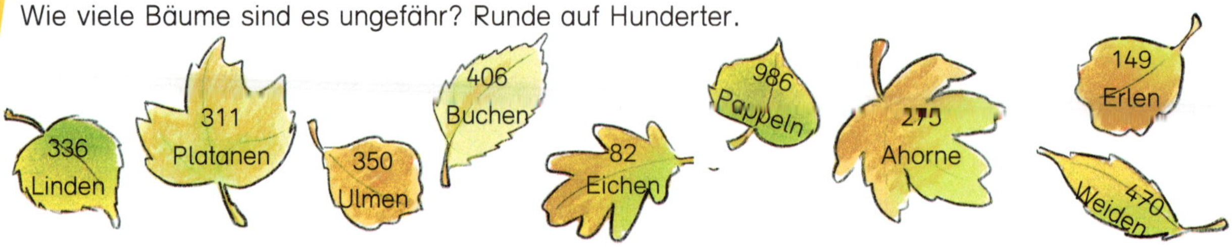

6 Die Zeitung hat die Zahlen auf Hunderter gerundet. Wie viele Bäume sind es mindestens? Erkläre.

a) Im Kottenforst sind ca. 200 Ulmen krank.

b) Im Stadtwald sollen etwa 400 Bäume gefällt werden.

c) Ungefähr 300 Bäume müssen vom „Baumdoktor" untersucht werden.

7 Sucht in Zeitungsberichten gerundete Zahlen.

1 Sprechweise für das Runden einführen.
≈ bedeutet circa, ungefähr, rund, etwa.
7 Forscherheft verwenden.

1

a) Wie hat die Redaktion gerundet?
b) Weshalb genügen gerundete Zahlen?

Runden auf Zehner – suche immer den näher gelegenen Nachbarzehner.

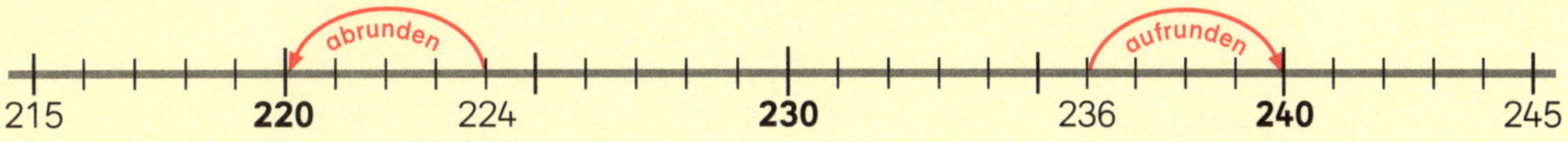

224 ≈ **220** 236 ≈ **240**

2 Eine Münchner Zeitung möchte wissen, wie viele Kinder ungefähr in den Schulen sind. Runde auf Zehnerzahlen.

Nordschule 227 Kinder

Kästnerschule 211 Kinder

Südschule 3313 Kinder

Domschule 179 Kinder

Pestalozzischule 456 Kinder

Deine Schule ___ Kinder

Grundschule Mitte 233 Kinder

Die Nordschule hat rund ___ Kinder

3 Die Marktschule hat 175 Kinder.
Auf welche Zehnerzahl würdest du runden?

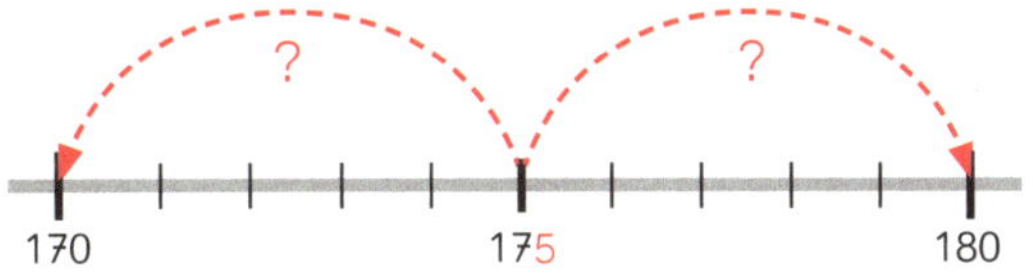

Festlegung: Ab 5 wird aufgerundet.

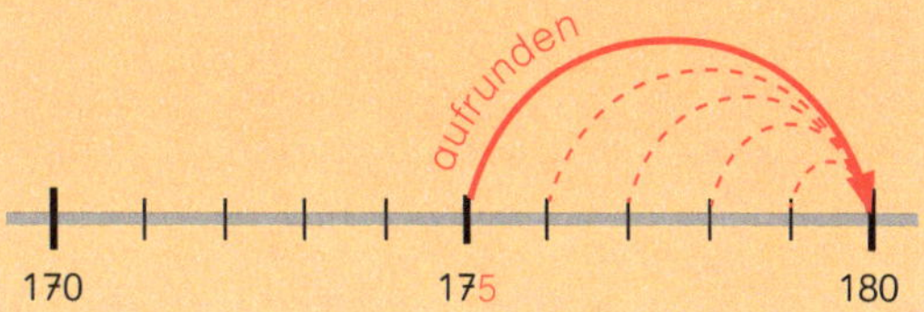

4 Runde auf Zehner.

a) 435, 321, 643, 212

a) 435 ≈ 440
321 ≈

b) 746, 898, 765, 577

c) 695, 967, 234, 849

d) 446, 449, 451, 455

e) 342, 426, 489, 595

f) 888, 333, 444, 555

5 a) Woran erkennt ihr, dass die Zeitung die Zahlen gerundet hat? Erkläre.

A Die Grundschule Grafing hat rund 440 Kinder.

B Die Michaelschule hat ungefähr 370 Kinder.

C Die Ludwigschule hat circa 240 Kinder.

b) Wie viele Kinder können es höchstens sein?

1

a) Erklärt, was ⚲ bedeutet.

b) Lest im Schaubild die gerundeten Einwohnerzahlen von Südstadt ab. Schreibt auf.

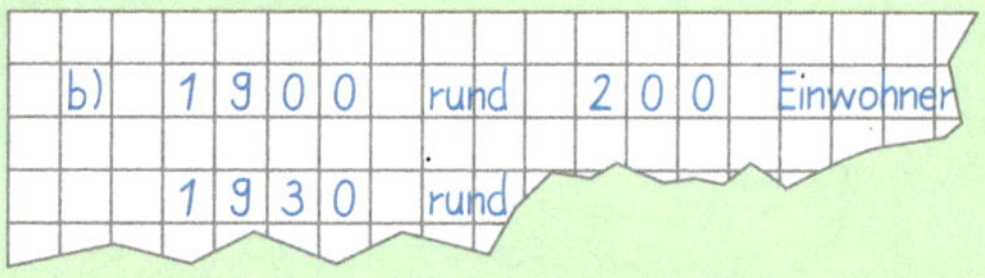

c) Wie veränderte sich die Einwohnerzahl im Laufe der Jahre?

2 a) Lies aus den Schaubildern die gerundeten Zahlen ab. Schreibe auf.

b) In welchem Jahr gab es die meisten Kitaplätze in Schöndorf?

c) In welchem Jahr war die Schülerzahl in Neustadt doppelt so groß wie im Jahr 1950?

d) 2010 waren etwa 300 Kinder in der Kita und ca. 900 Schüler in der Schule in Neustadt. Wie viele Männchen müssen jeweils gezeichnet werden?

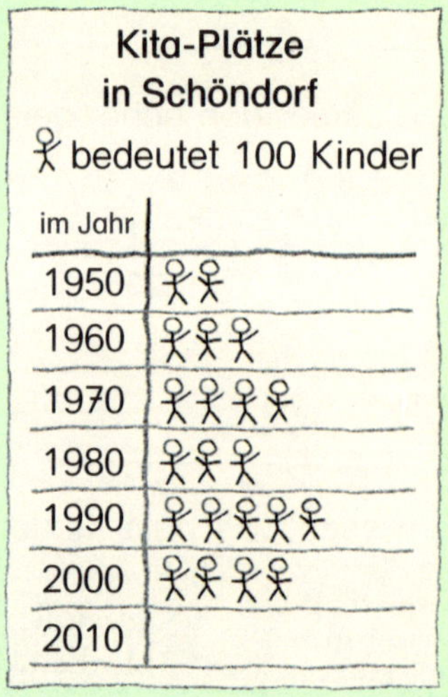

3 Wie haben sich die Einwohnerzahlen von Altstadt verändert? Runde die Zahlen auf Hunderter und zeichne ein Schaubild.

1900
276 Einwohner

1960
448 Einwohner

1930
409 Einwohner

1990
619 Einwohner

Dieses Jahr
653 Einwohner

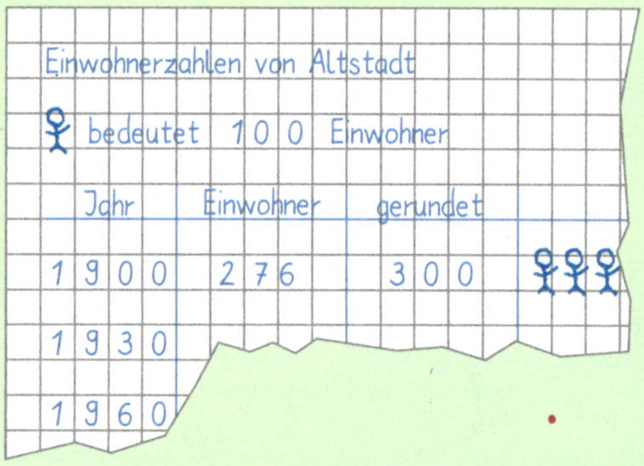

4 Wie viele Kinder gehen in jede Jahrgangsstufe eurer Schule?

Erfragt die Zahlen und erstellt ein Schaubild.

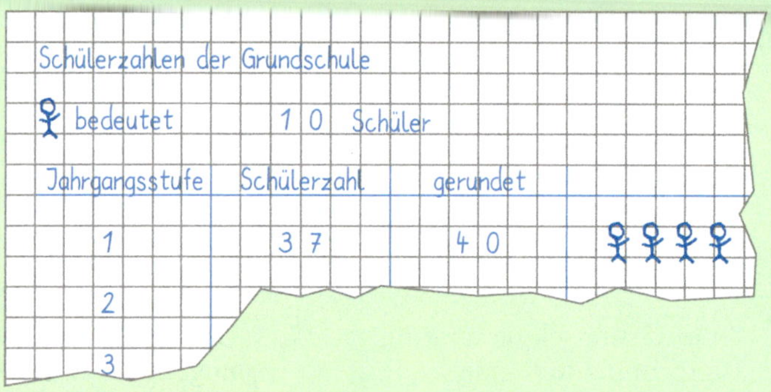

5 Sammelt weitere Daten und erstellt eigene Schaubilder.

4 und 5 Gelb hinterlegte Aufgaben beziehen sich auf die Lebenswelt der Kinder.
5 Eigene Darstellungsformen wählen.

1 Lies aus der Tabelle die Schülerzahlen der Albert-Schweitzer Schule ab. Addiere die Zahlen einer Jahrgangsstufe und runde die Summe auf Zehner.

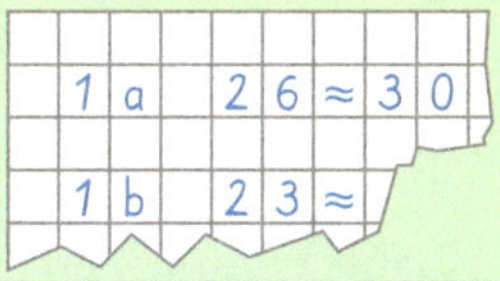

Klasse	1a	1b	1c	1d	2a	2b	2c	2d	3a	3b	3c	3d	4a	4b	4c	4d	4e
genaue Schülerzahl	26	23	25	26	23	25	24	26	25	26	26	24	26	25	25	26	24

2 Das **Säulendiagramm** zeigt dir die gerundete Anzahl der Mädchen und Jungen, die die Albert-Schweitzer-Grundschule besuchen.

a) Wie viele Mädchen besuchen etwa die 4. Klassen?
b) In welcher Jahrgangsstufe sind die meisten Jungen?
c) Wie viele Kinder besuchen ca. die 2. Klassen?
d) Wie viele Mädchen besuchen etwa die 3. Klassen?
e) In welchen Jahrgangsstufen gibt es weniger Jungen als Mädchen?
f) Wie viele Jungen sind ungefähr an der ganzen Schule?
g) Findet weitere Fragen. Rechnet und antwortet.

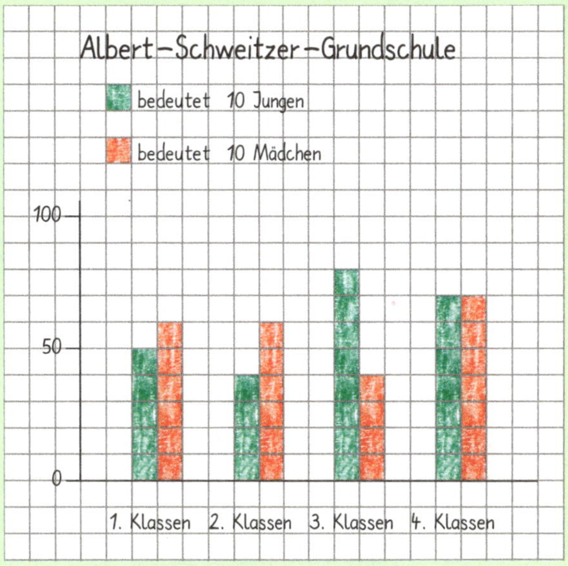

3 Erfragt Daten in eurer Schule.
Tragt die Ergebnisse in eine Tabelle ein.
Rundet sie auf Zehner.
Zeichnet ein Säulendiagramm.

	Jungen	Mädchen	Gesamt
1. Klassen			
2. Klassen			
3. Klassen			
4. Klassen			
Gesamt			

4 Die Kinder der Klassen 3a, 3b und 3c der Wiesenschule nannten unterschiedliche Hobbys.
Welches Hobby stellt jede Säule dar?
Wie viele Kinder üben ungefähr welches Hobby aus?

Computerspiele sind am beliebtesten.

Nur halb so viele Kinder lesen Bücher.

Die wenigsten Kinder haben Malen als Hobby.

Sportverein und Musikschule sind gleich beliebt.

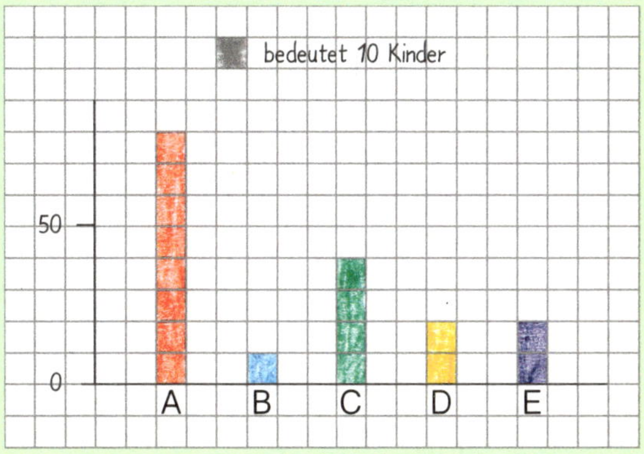

5 Macht eine Umfrage zu den Hobbys in euren 3. Klassen.
Stellt das Ergebnis übersichtlich dar.

5 Eigene Darstellungsformen wählen.

1 Wie heißen die Zahlen?

2 Vergleiche. > < =

a)		b)		c)		d)	
725 ◯	755	271 ◯	273	543 ◯	544	642 ◯	☐
801 ◯	811	272 ◯	273	543 ◯	543	855 ◯	☐
943 ◯	934	273 ◯	273	543 ◯	542	134 ◯	☐
232 ◯	223	274 ◯	273	543 ◯	541	337 ◯	☐
542 ◯	562	275 ◯	273	543 ◯	540	990 ◯	☐

3 Zähle weiter.

a) 500, 520, 540, … 700
b) 300, 330, 360, … 570
c) 50, 100, 150, … 300
d) 1 000, 980, 960, … 800
e) 500, 450, 400, … 300
f) 640, 600, 560, … 400

4 Zerlege die Zahlen. Suche verschiedene Möglichkeiten.

a) 438

a) 438 = 400 + 38
438 = 402 +

b) 729 c) 312 d) 955 e) 410

5 a) Runde auf Hunderter.

419 726 347 907
593 114 512 695

b) Runde auf Zehner.

329 788 812 452
418 609 296 981

6 Der Sportverein hat in der Festwoche Lose verkauft.

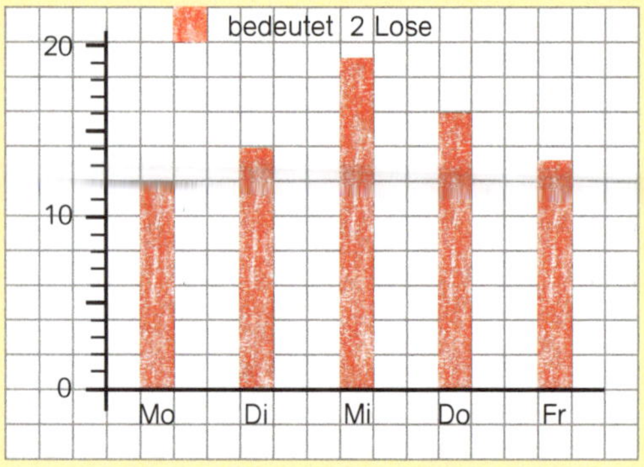

a) Wie viele Lose wurden an den einzelnen Tagen jeweils verkauft?

b) Jan erkennt, dass insgesamt weniger als 100 Lose verkauft wurden. Wie begründet er es?

A An jedem Tag waren es weniger als 100 Lose.
B An jedem Tag waren es weniger als 20 Lose.
C An jedem Tag waren es mehr als 12 Lose.

7 Wie viel fehlt zu 1 €?

a)	b)	c)	d)
50 ct	25 ct	73 ct	100 ct
60 ct	85 ct	61 ct	10 ct
30 ct	45 ct	23 ct	1 ct

8 Wie viel fehlt zu 100 €?

a)	b)	c)
51 €	13 €	12 €
46 €	1 €	46 €
59 €	99 €	35 €

1 a)

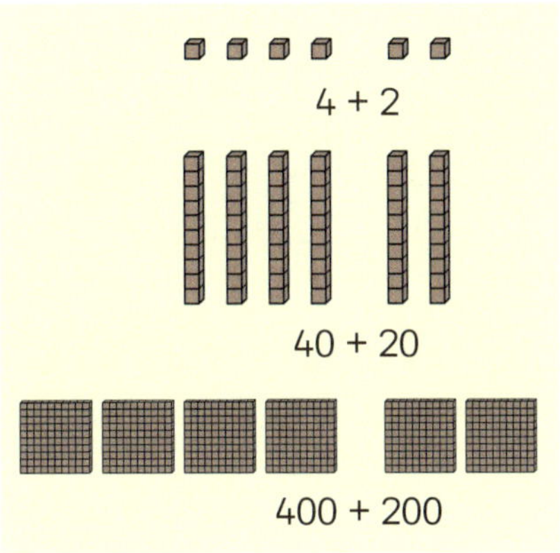

b)

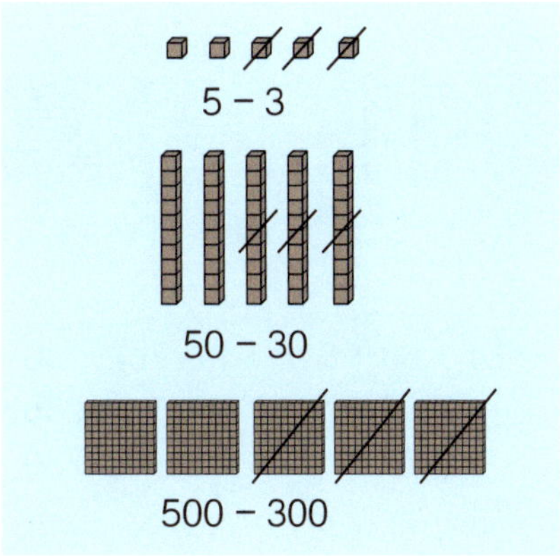

c)
6 + 3
60 + 30
600 + 300

d)
9 − 4
90 − 40
900 − 400

2 Rechne immer mit Einern, Zehnern und Hundertern.

a) 3 + 5	b) 7 + 2	c) 8 − 6	d) 6 − 5
e) 20 + 60	f) 50 + 10	g) 70 − 40	h) 30 − 20
i) 400 + 300	j) 100 + 800	k) 900 − 500	l) 800 − 300

a) 3 + 5 = 8
30 + 50 = 80
300 + 500 =

3

a)	b)	c)	d)	e)
300 + 200	200 + 700	600 − 100	800 − 200	900 − 400
400 + 300	300 + 600	300 − 200	700 − 300	800 − 300
100 + 500	100 + 800	900 − 500	600 − 400	700 − 200
200 + 400	500 + 400	700 − 400	900 − 700	600 − 300

4 Zerlege.

a)

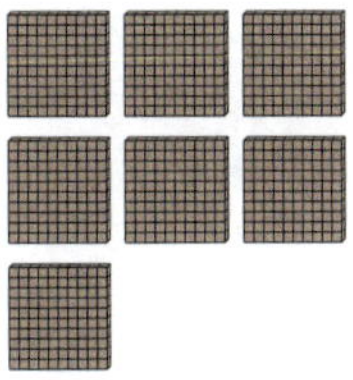

a) 700 = 600 + 100
700 = 500 + 200
700 = 400

b)

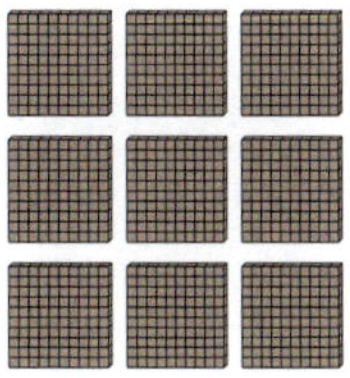

c)

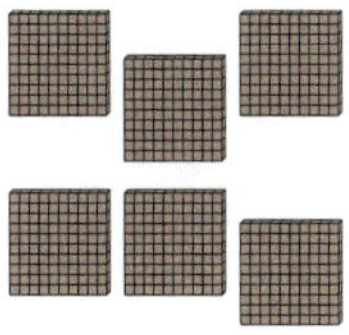

d)

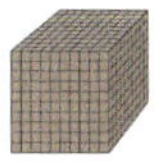

e) Zerlege auch andere Hunderterzahlen.

5

a)

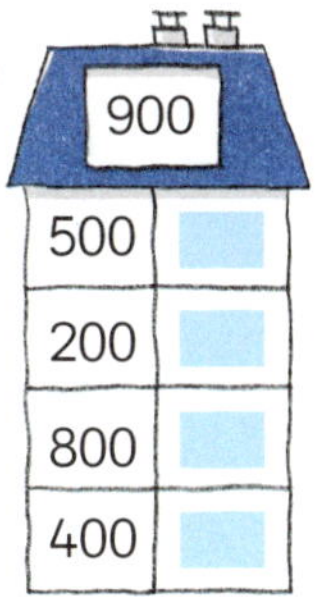

b)

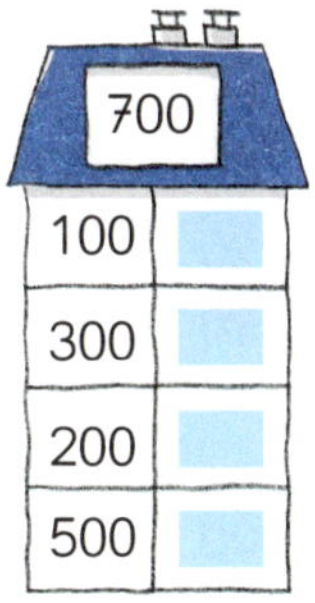

c)

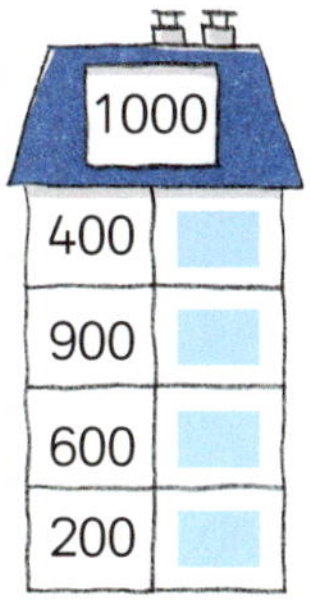

d)

6

a)	b)	c)	d)
7 − 3	900 − 500	5 + 4	60 + 20
70 − 3	90 − 5	50 + 4	600 + 20
70 − 30	90 − 50	50 + 40	60 + 2
700 − 300	9 − 5	500 + 40	600 + 2

4 e) und 5 d) Offene Aufgaben. Forscherheft verwenden.

1 Lege und rechne.

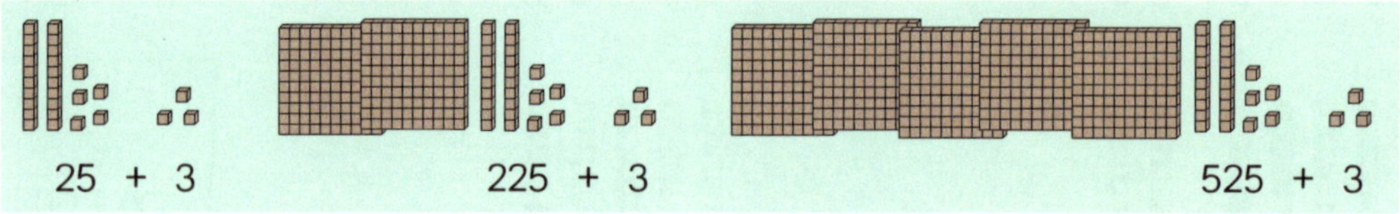

2

a)	b)	c)	d)	e)
75 + 6	68 + 5	30 + 40	72 + 12	42 + 36
275 + 6	268 + 5	230 + 40	272 + 12	242 + 36
475 + 6	468 + 5	730 + 40	772 + 12	742 + 36

3 Rechne jeweils auch zwei Aufgaben in anderen Hundertern.

a) 56 + 8 b) 63 + 9 c) 14 + 5 d) 49 + 6
e) 20 + 60 f) 40 + 50 g) 30 + 10 h) 50 + 50

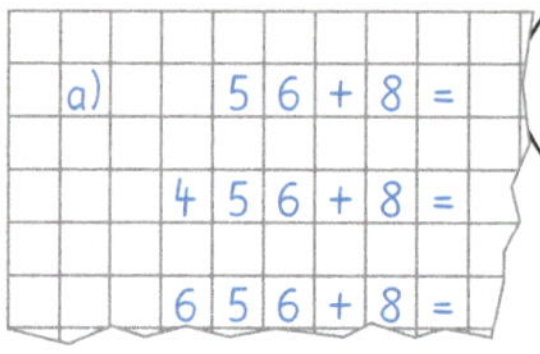

4 Lege und addiere.

a)
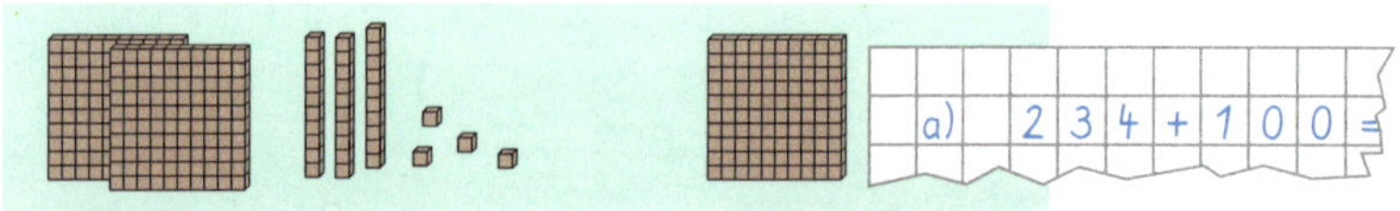

b)
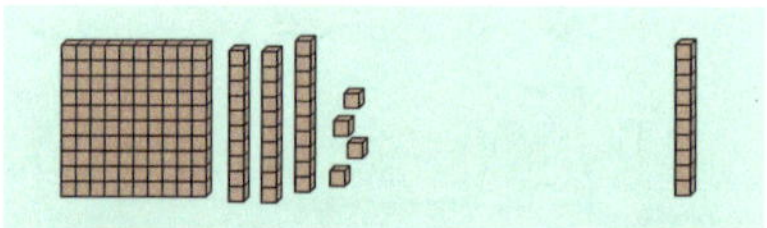

c)
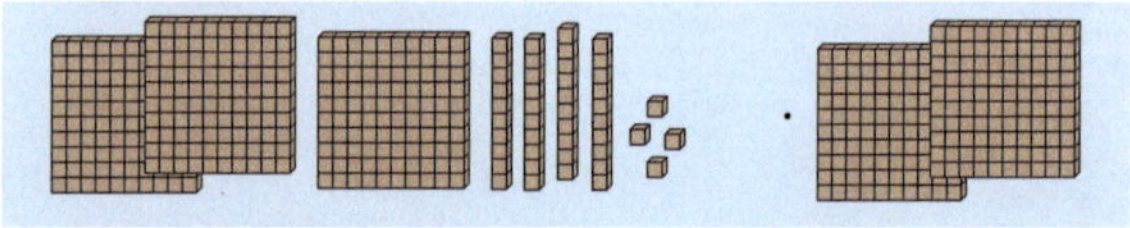

d)
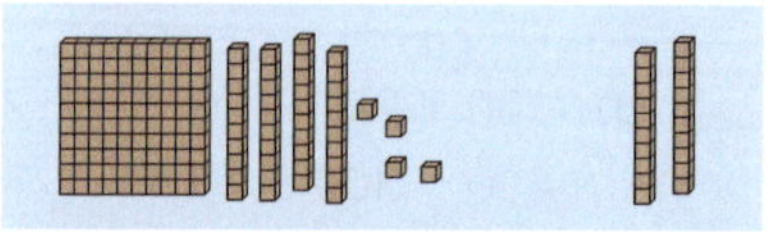

e)
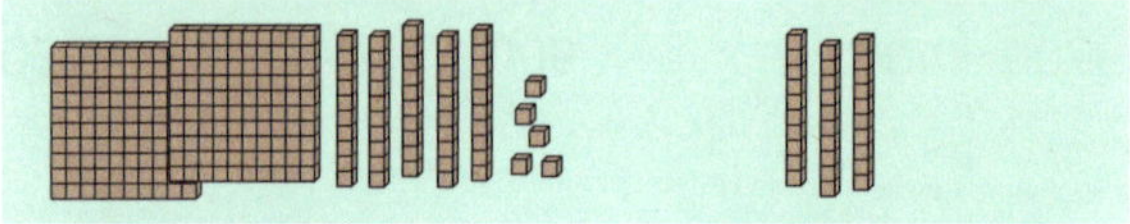

f)
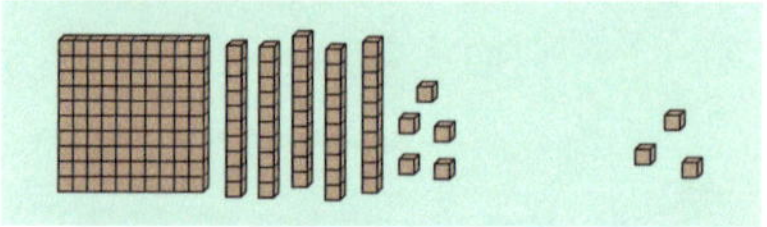

g)
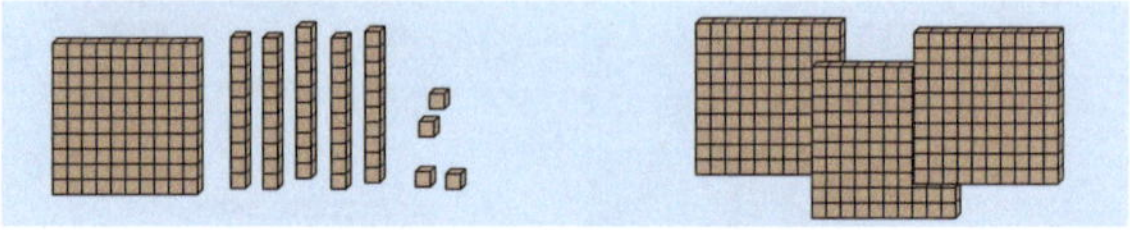

h)
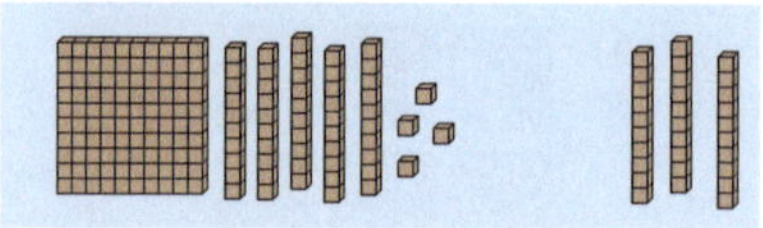

5 Zeichne und addiere.

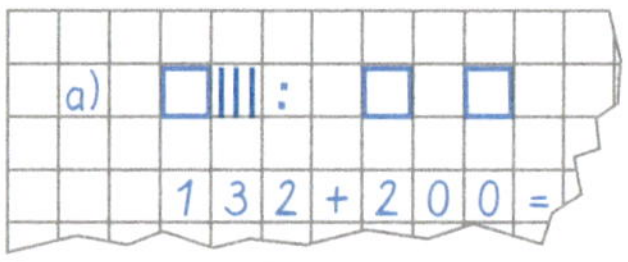

a)	b)	c)	d)
132 + 200	257 + 300	531 + 400	264 + 300
132 + 20	257 + 30	531 + 40	264 + 30
132 + 2	257 + 3	531 + 4	264 + 3

e)	f)	g)	h)	i)
463 + 300	348 + 400	475 + 10	187 + 4	127 + 20
463 + 400	348 + 500	475 + 20	187 + 6	127 + 40
463 + 500	348 + 600	475 + 30	187 + 8	127 + 60

6

a)	b)	c)	d)	e)
235 + 4	400 + 200	345 + 400	200 + 600	217 + 300
235 + 30	30 + 50	345 + 50	80 + 10	217 + 2
235 + 34	430 + 250	345 + 450	280 + 610	217 + 302

f)	g)	h)	i)	j)
100 + 500	156 + 20	300 + 40	177 + 200	100 + 600
50 + 10	156 + 7	30 + 5	177 + 3	41 + 8
150 + 510	156 + 27	330 + 45	177 + 203	141 + 608

1 Lege und rechne. Was fällt dir auf?

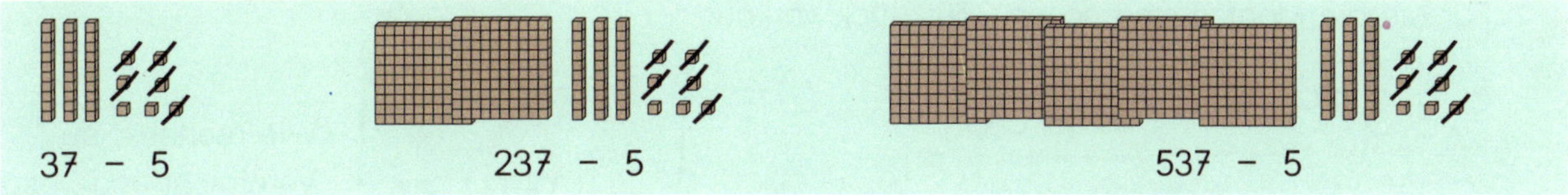

2 *Starke Päckchen*

a)	b)	c)	d)	e)
75 − 8	42 − 6	80 − 60	76 − 24	58 − 46
375 − 8	242 − 6	180 − 60	276 − 24	458 − 46
675 − 8	542 − 6	380 − 60	576 − 24	758 − 46

3 Rechne jeweils auch zwei Aufgaben in anderen Hundertern.

a) 85 − 6 b) 63 − 8 c) 22 − 4 d) 47 − 9
e) 34 − 7 f) 91 − 3 g) 76 − 7 h) 52 − 5

a) 85 − 6 =
485 − 6 =
685 − 6 =

4 Lege und subtrahiere.

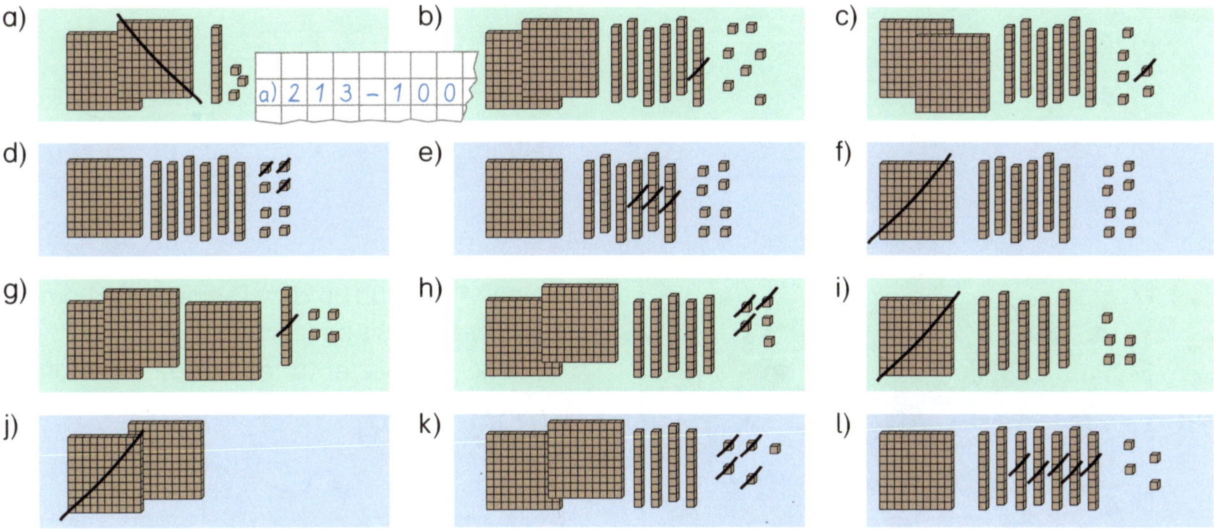

5 Zeichne, streiche durch und subtrahiere. *Starke Päckchen*

a) 334 − 200
334 − 20
334 − 2

a) 334 − 200 =

b)	c)	d)
342 − 300	468 − 2	678 − 5
342 − 30	468 − 20	678 − 50
342 − 3	468 − 200	678 − 500

e)	f)	g)	h)	i)
486 − 20	734 − 300	347 − 100	654 − 10	157 − 4
486 − 40	734 − 400	347 − 200	654 − 30	157 − 5
486 − 60	734 − 500	347 − 300	654 − 50	157 − 9

6

a)	b)	c)	d)	e)
789 − 300	600 − 200	843 − 3	700 − 300	617 − 300
789 − 40	80 − 40	843 − 20	81 − 40	617 − 4
789 − 340	680 − 240	843 − 23	781 − 340	617 − 304

f)	g)	h)	i)	j)
900 − 500	789 − 500	300 − 100	877 − 300	300 − 100
70 − 10	789 − 30	80 − 50	877 − 2	150 − 30
970 − 510	789 − 530	380 − 150	877 − 302	450 − 130

Zum Hunderter hin – Vom Hunderter weg

1 Für jede Vorstellung des Kindertheaters gibt es insgesamt 400 Karten. Für die am Montag sind schon 378 Stück verkauft.

378 + ☐ = 400

378 + 22 = 400
378 + 2 = 380
380 + 20 = 400

Wie rechnest du? Vergleicht und besprecht die Rechenwege.

2 a) Die Grundschule Glonn kommt am Dienstag mit 315 Kindern ins Kindertheater.
b) Am Sonntag besuchen 310 Kinder und 79 Erwachsene die Vorstellung.

3

a)	b)	c)	d)
360 + ☐ = 400	393 + ☐ = 400	518 + ☐ = 600	895 + ☐ = 900
320 + ☐ = 400	394 + ☐ = 400	523 + ☐ = 600	886 + ☐ = 900
340 + ☐ = 400	398 + ☐ = 400	528 + ☐ = 600	877 + ☐ = 900
380 + ☐ = 400	396 + ☐ = 400	533 + ☐ = 600	868 + ☐ = 900

4 Ergänze immer zum nächsten Hunderter.

a) 270 — a) 270 + 30 = 300

b) 426 c) 653 d) 872

e) 319 f) 567 g) 725 h) 184 i) 938 j) 246

5

Von den 400 Plätzen des Theaters sind am Mittwoch 24 nicht besetzt.
Überlege: Wie viele Karten wurden verkauft?

400 – 24

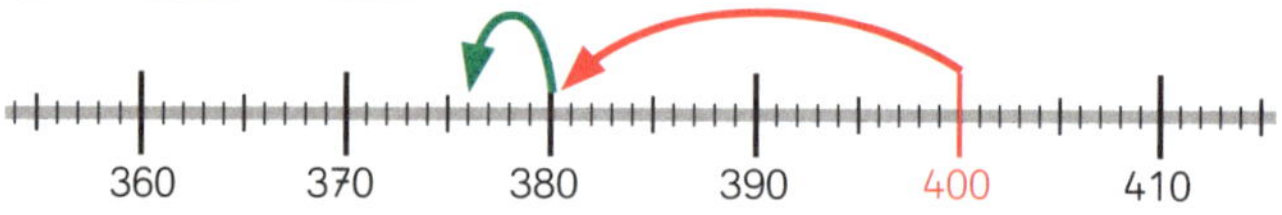

Vergleicht und besprecht die Rechenwege.

6 Schreibe die passenden Minusaufgaben.

a)

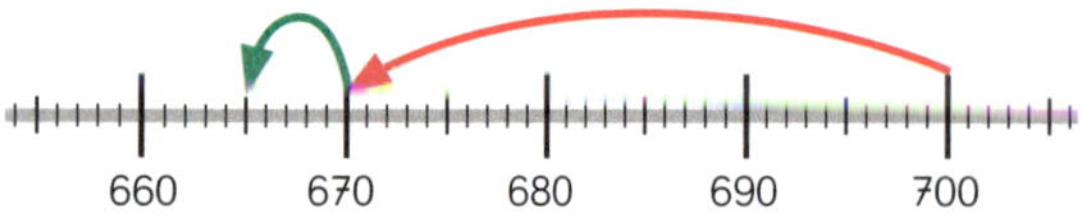

700 – ☐

b)

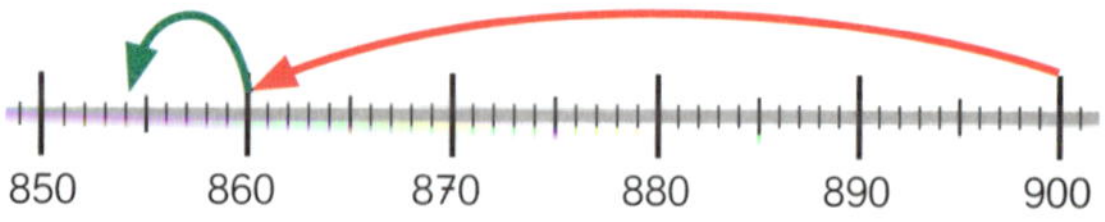

900 – ☐

7

a)	b)	c)	d)	e)
300 – 50	400 – 80	200 – 8	600 – 5	500 – 1
300 – 70	400 – 20	200 – 2	600 – 9	500 – 4
300 – 30	400 – 40	200 – 7	600 – 6	500 – 3

f)	g)	h)	i)	j)
900 – 7	500 – 6	800 – 23	700 – 53	400 – 78
900 – 37	500 – 46	800 – 45	700 – 25	400 – 47
900 – 87	500 – 76	800 – 64	700 – 87	400 – 96

1 und 4 Eigene Lösungswege durch sinnvolle und nachvollziehbare Notation darstellen.

8 Spielt mit drei Würfeln.

a) Würfelt abwechselnd.
Nach jedem Wurf trägt jeder die Ziffern so in seine Stellenwerttabelle ein, dass die Zahl möglichst nahe an die 400 kommt.

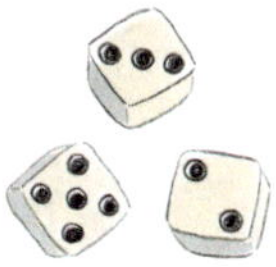

H	Z	E
3	5	2

H	Z	E
4	1	1

b) Spielt auch, wer der 500 am nächsten kommt.

9 1 2 3 4 5 6 7 8 9

a) Nimm drei verschiedene Ziffernkarten.
Lege mit ihnen eine dreistellige Zahl.
Ergänze zum nächsten Hunderter.

a) 479 + 21 = 500

b) Lege die kleinstmögliche Zahl aus drei Ziffernkarten und ergänze zum nächsten Hunderter.

10 Setze die Zahlenfolgen immer bis zum nächsten Hunderter fort.

a) immer + 9 — Start 555

a) 555, 564, 573,

b) immer + 15 — Start 410

c) immer + 22 — Start 712

11 Mit welchen Startzahlen erreichst du genau die Zahl 700?

immer + 12

a) Start 628 b) Start 635 c) Start 604 d) Start 644

12 Setze die Zahlenfolgen um fünf Zahlen fort.

a) immer − 7 — Start 800

a) 800, 793, 786,

b) immer − 11 — Start 500

c) immer − 19 — Start 900

d) Wähle eine Hunderterzahl als Startzahl. Finde eine Regel und setze um fünf Zahlen fort.

13 Welche Folgen beginnen mit der Startzahl 300? Erklärt.

a) ___, 290, 270, 250, 230
b) ___, 299, 297, 295, 293
c) ___, 290, 280, 270, 260
d) ___, 298, 294, 290, 286
e) ___, 295, 290, 285, 280
f) ___, 293, 276, 259, 242

1

Frau Leiser und Herr Leiser gehen mit Anna auf die Eisbahn. Sie bezahlen den Eintritt und leihen sich 2 Paar Schlittschuhe.

Überlegt, welche Kinder richtig erzählen.

Tipp 1: **Lesen und Erzählen**

- Lies die Rechengeschichte sorgfältig und genau.
- Erzähle sie deinem Partner.

2

In der Pause holt Herr Leiser dreimal Tee und eine Pizza.
Er bezahlt mit einem 10-Euro-Schein.

Welches Kind hat alle Daten richtig aufgeschrieben?

3 Tee	2 €
1 Pizza	2 €
bezahlt	10 €
	Mira

drei Tee, jeder Tee	80 ct
eine Pizza	2 €
bezahlt	10 €
	Tom

Tipp 2: **Wichtige Daten**

- Schreibe die Angaben aus der Rechengeschichte auf, die du zum Lösen brauchst.

Tee	80 ct
Pizza	2 €
bezahlt	10 €
	Mario

3 Tee, jeder	80 ct
eine Pizza	2 €
Preis	10 €
	Alina

3

Am Ende des Besuchs auf der Eisbahn kauft Herr Leiser für alle noch je ein Eis zu 2 € und für Anna eine Zehnerkarte für die Eisbahn zu 12 €. Er bezahlt mit einem 20-Euro-Schein.

Tipp 3: **Schrittweise vorgehen**

- Überlege, was du im 1. Schritt berechnest, was im 2. Schritt und was dann.
- Du kannst dir Zwischenfragen überlegen.

Tom hat sich die Schritte zum Ausrechnen aufgeschrieben.

1. Wie viel kosten die drei Eis?
2. Wie viel kosten Eis und Zehnerkarte zusammen?
3. Wie viel bekommt Herr Leiser zurück?

Rechne passend zu Toms Schritten. Notiere die Antwort.

4

Julia war dieses Jahr schon sieben Mal auf der Eisbahn. Wie viel hat sie für den Eintritt bezahlt?

Tipp 4: **Hilfsmittel verwenden**

- Du kannst eine Skizze zeichnen.
- Du kannst mit einer Tabelle arbeiten.

Sofie löst es mit einer Tabelle. Schreibe Sofies Tabelle weiter und löse die Aufgabe.

Besuche	Preis
1	1 € 50 ct
2	3 €
3	4 € 50 ct

5

Die Eisbahn ist 35 m lang und 20 m breit. Jacob fährt 3 Runden. Wie weit ist er ungefähr gefahren?

Paul löst die Aufgabe mit einer Skizze. Zeichne Pauls Skizze ab und ergänze.

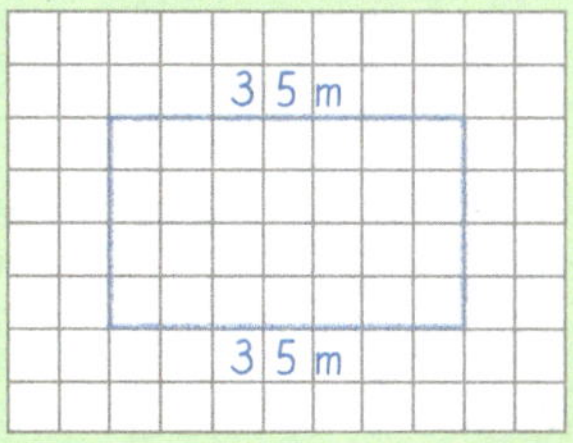

6

Kathi war dreimal auf der Eisbahn. Sie hat jedes Mal den Eintritt bezahlt und die Schlittschuhe geliehen.

Manchmal sind Zuschauer auf der Eisbahn. An den langen Seiten können jeweils 240 Zuschauer sitzen, an den kurzen Seiten jeweils 100.

Gebrauchte Schlittschuhe kann man für 20 € kaufen. Ich gehe jedes Jahr zehnmal auf die Eisbahn. Soll ich gebrauchte Schlittschuhe kaufen oder soll ich Schlittschuhe leihen?

Löst du diese Aufgaben mit einer Skizze, mit einer Tabelle oder anders?

7 Welche Antwort kann stimmen?

Frau Mahr geht mit drei Kindern zur Eisbahn. Wie viel Eintritt muss sie bezahlen?

Sie muss 8 € bezahlen. Mira

Sie muss 3 € bezahlen. Tom

Tipp 5: **Ergebnis überprüfen**

- Überlege, ob das Ergebnis stimmen kann.

Tobias war mehr als zehnmal auf der Eisbahn. Wie viel hat er für den Eintritt ausgegeben?

Er hat weniger als 10 € ausgegeben. Alina

Er hat mehr als 15 € ausgegeben. Mario

Marie kauft 2 Pizzen und einen Tee. Wie viel muss sie bezahlen?

Sie bekommt 2 € zurück. Mira

Sie muss 8 € 50 ct bezahlen. Tom

Rechne nun die Aufgaben genau und prüfe die Antworten.

Neues Rathaus in Nürnberg, erbaut 1956

Hundertwasserturm in Abensberg, erbaut 2010

1 Schaue dir die Gebäude an. Beschreibt sie euch gegenseitig mithilfe der Begriffe.

viele Ecken | rechter Winkel | runde Formen | wenige Ecken | viel Farbe

märchenhaft | einfarbig | klare Linien | Rechtecke | tanzende Fenster

2 So stellst du einen Faltwinkel her.

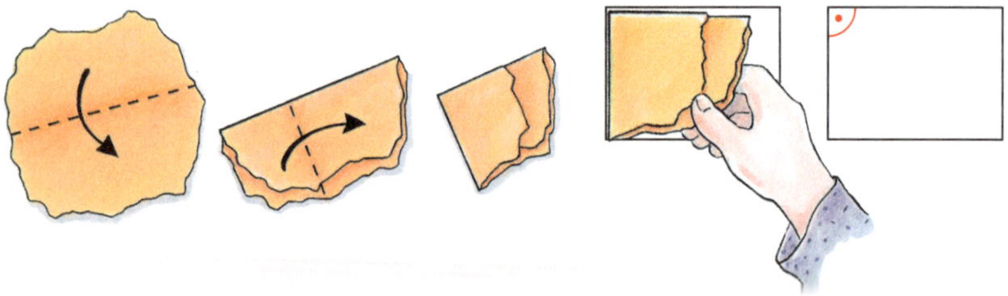

Mit dem Faltwinkel kannst du **rechte Winkel** feststellen. Sie werden so markiert:

3 Sucht rechte Winkel.

a) in eurem Klassenzimmer
b) im Schulhaus
c) in eurer Wohnung
d) im Schulgarten
e) in der Natur

4

Suche weitere Möglichkeiten, einen rechten Winkel festzustellen.

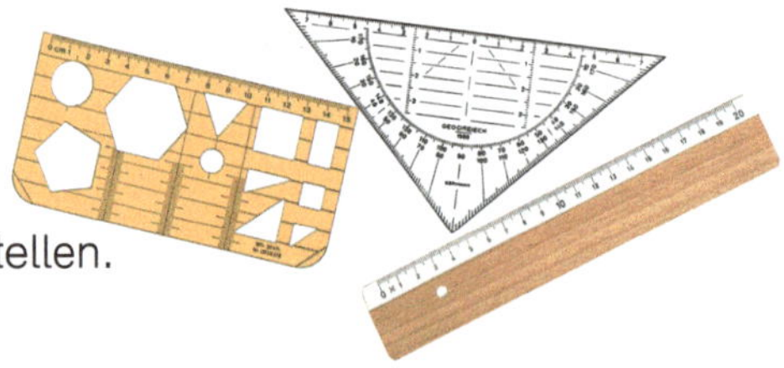

5

Warum heißt es rechter Winkel?

3 und 4 Diff.: Die gefundenen rechten Winkel Körpern und Formen zuordnen.
4 und 5 Forscherheft verwenden.

1 a) Wie entstehen solche Schmetterlinge? Probiert aus.
b) Überprüft mit dem Spiegel, ob der Schmetterling. achsensymmetrisch ist.

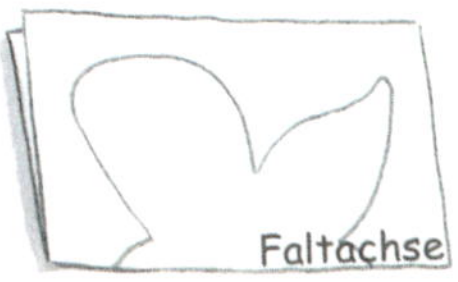

Die Faltachse ist die **Symmetrieachse**.

2 Welche Figuren entstehen durch das Ausschneiden und Aufklappen? Stellt den Spiegel auf die Faltachse der Karte.

a)

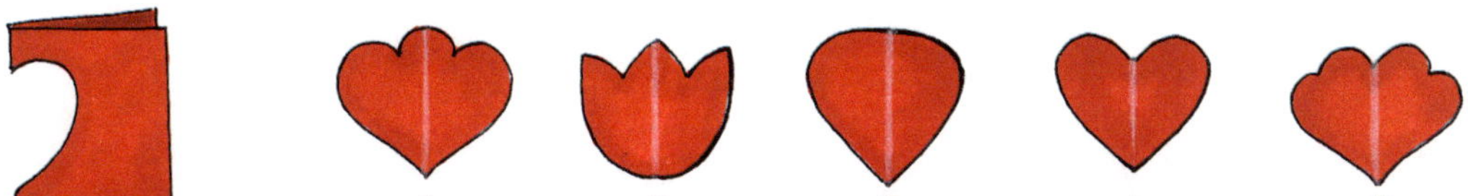

1 2 3 4 5

b)

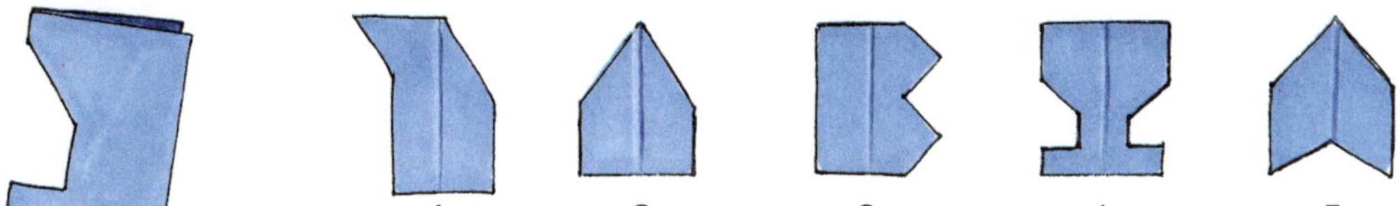

1 2 3 4 5

c)

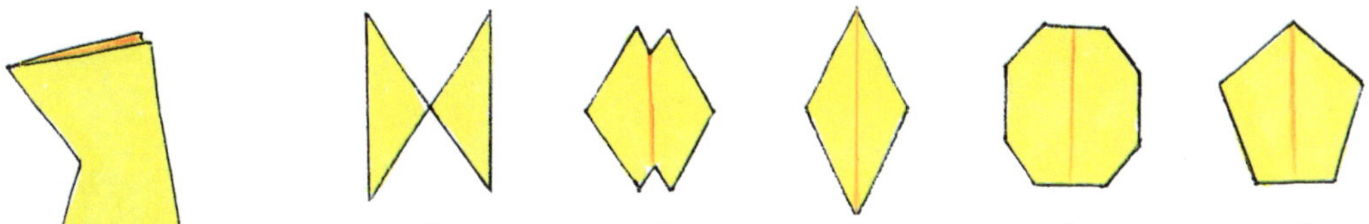

1 2 3 4 5

d)

1 2 3 4 5

3 Zeichne die Figuren, die entstehen. Zeichne die Symmetrieachse ein.

A

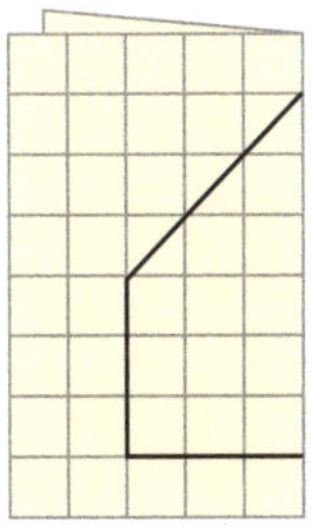

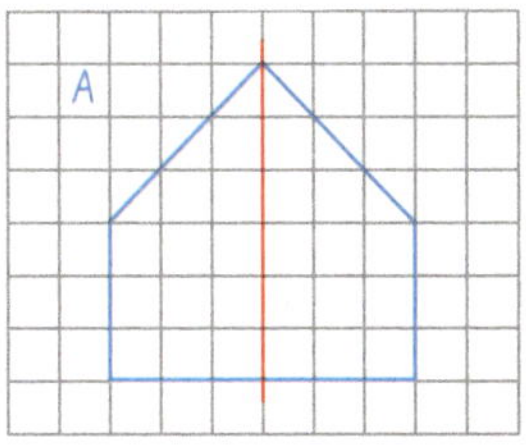

B

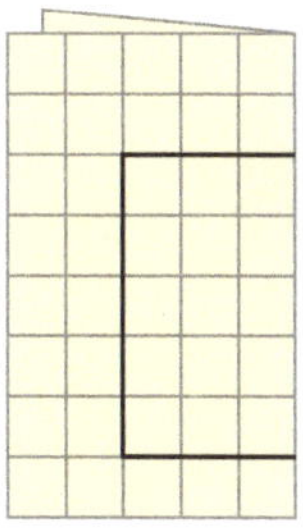

C

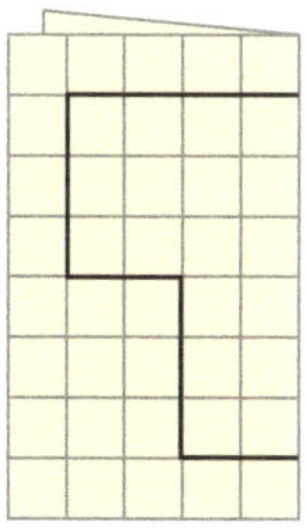

D

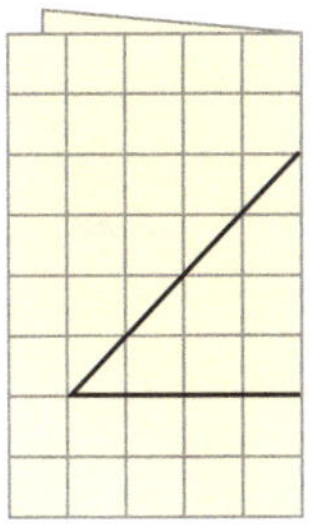

E

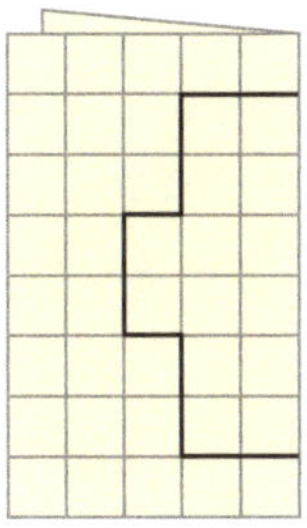

F

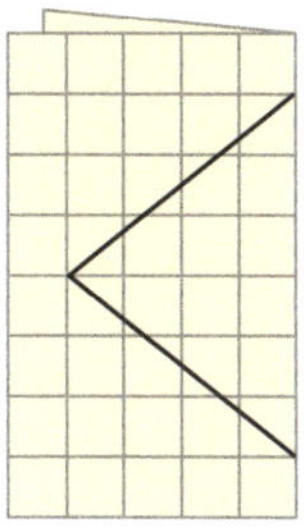

G

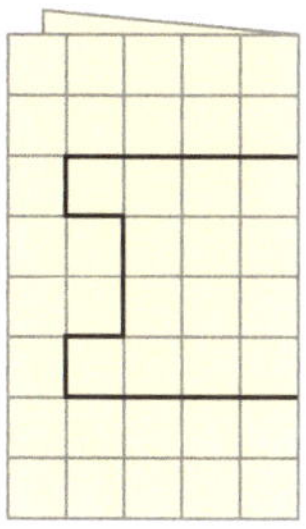

4 Falte und schneide eigene Figuren.

3 Diff.: Karopapier falten, Figuren zeichnen und ausschneiden.

1 So verdoppelst du eine Figur.

① Zeichne die Hälfte einer Figur.

② Lege einen Spiegel an und du siehst die doppelte Figur.

2 a) Lege bei diesen halben Figuren einen Spiegel an.
b) Zeichne die Figuren ab und ergänze sie achsensymmetrisch.
c) Beschreibe, wie du vorgegangen bist.

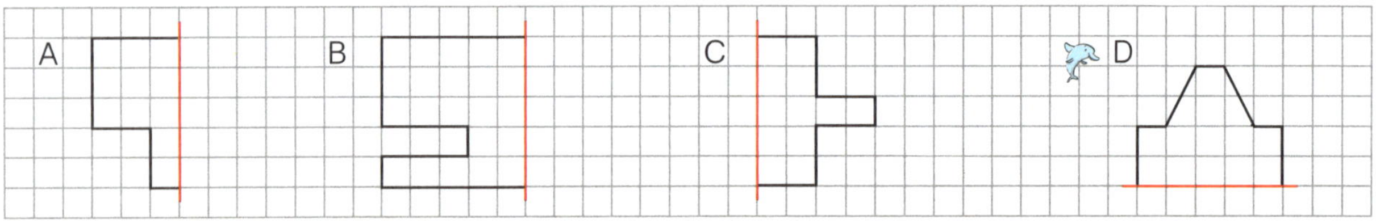

Wenn beide Hälften der Figur gleich sind, ist sie **achsensymmetrisch**.
Die Hälften sind dann **deckungsgleich**.

3  Haben diese Bilder zwei deckungsgleiche Hälften?
Schaut einmal von links in den Spiegel, dann von rechts. Beschreibt, was ihr seht.

1 So findest du Spiegelachsen.

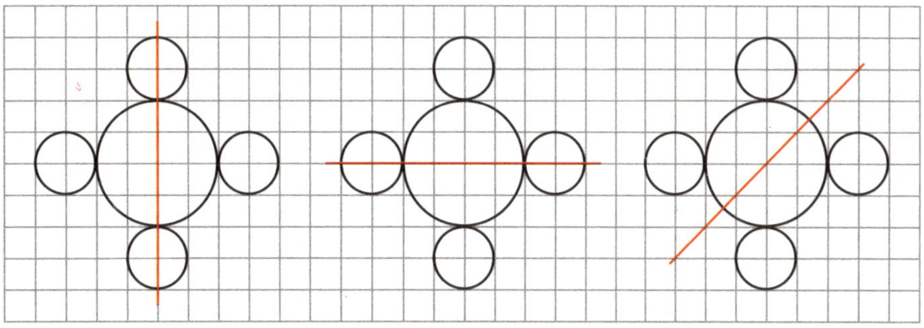

a) Stelle einen Spiegel so auf die Figur, dass du immer noch die ursprüngliche Figur siehst. Dann hast du eine Spiegelachse gefunden.

b) Drehe den Spiegel weiter, manchmal findest du eine weitere Spiegelachse.

Die Spiegelachse heißt auch **Symmetrieachse**.

2 Haben diese Figuren Symmetrieachsen? Prüfe mit dem Spiegel.

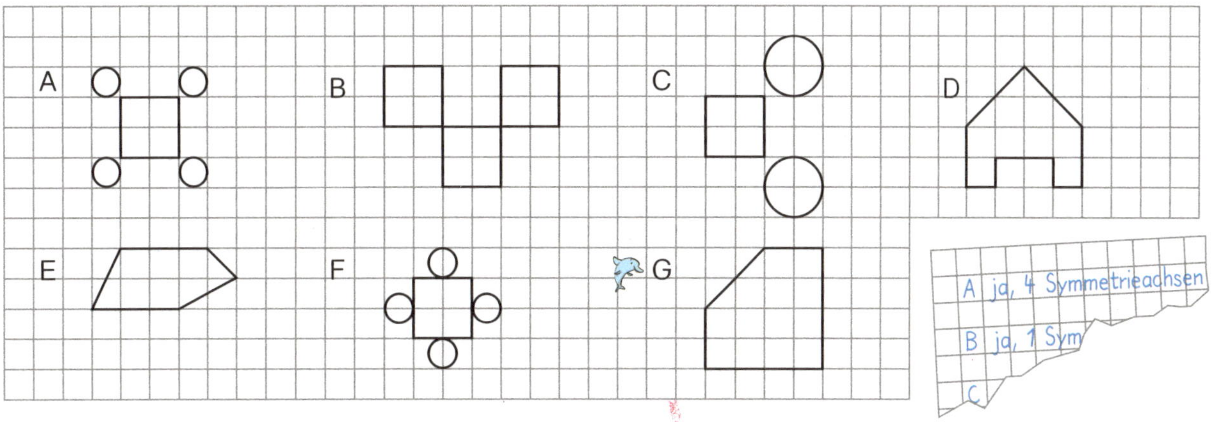

3 a) Prüfe mit dem Spiegel, welche Figuren Symmetrieachsen haben.
b) Zeichne diese Figuren ab und trage die Symmetrieachsen ein.

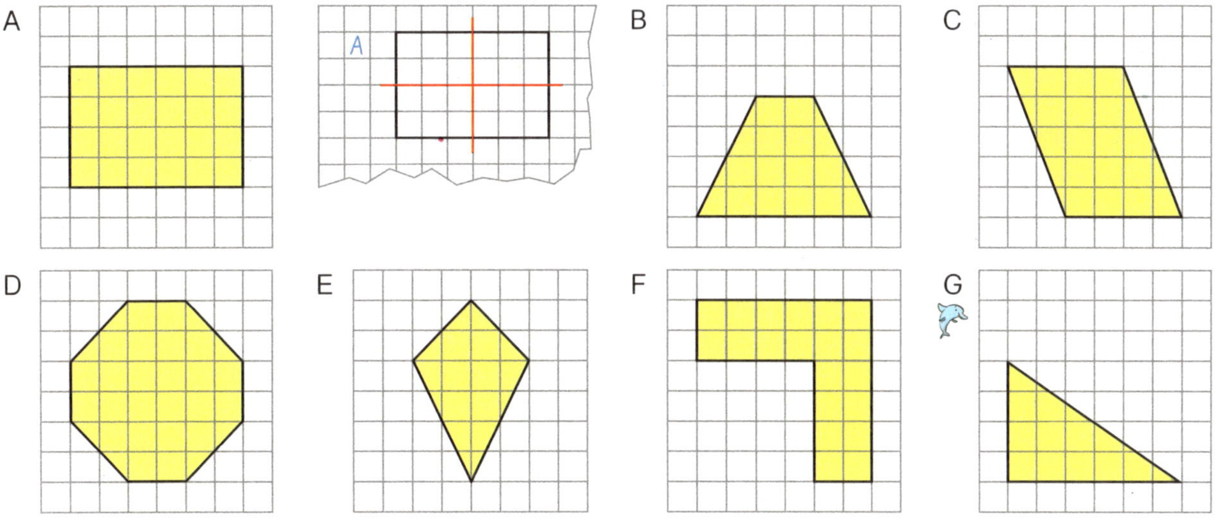

4 Zeichne eigene Figuren mit einer oder mehreren Symmetrieachsen.

1 a) Überprüfe mit einem Spiegel, wie viele Symmetrieachsen die Buchstaben und Ziffern haben.

P 8 H 3 W 5 F Z

b) Suche weitere Buchstaben und Ziffern, die zwei oder mehr Symmetrieachsen haben.

2 a) Mit einem Spiegel kannst du die Wörter lesen.

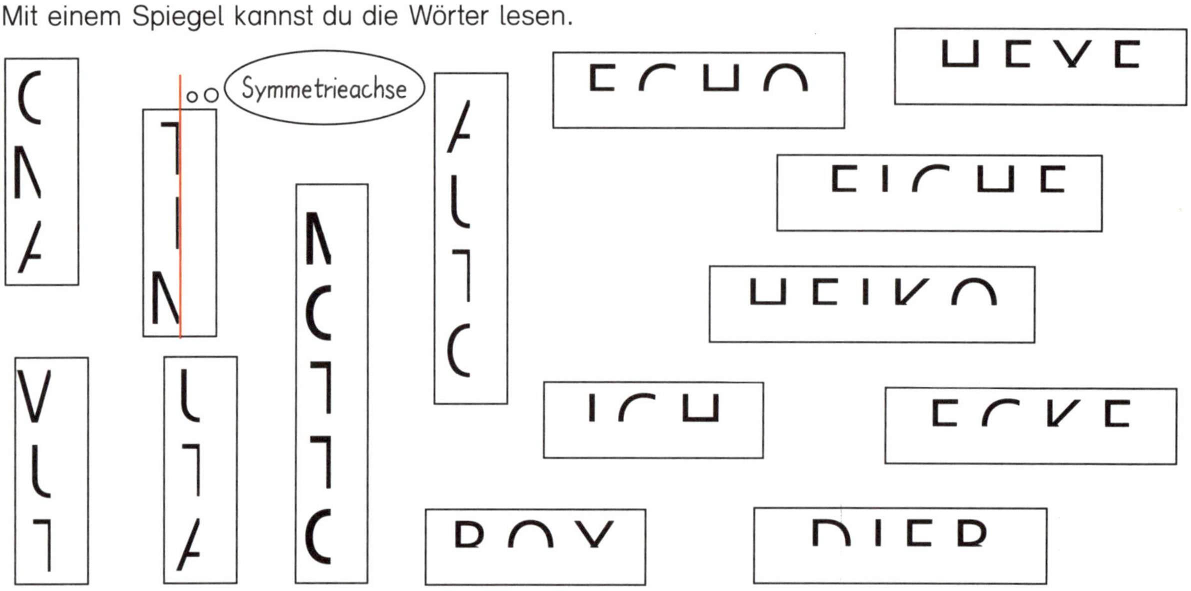

b) Welche Buchstaben werden hier verwendet? Kannst du aus diesen Buchstaben weitere Wörter bilden? Schreibe die Wörter auf und überprüfe mit dem Spiegel.

3 a) Suche die Symmetrieachsen.

UHU EICHE OTTO

b) Suche weitere Wörter, die eine Symmetrieachse haben.

4 Setze einen Spiegel so auf die Geisterfigur, dass Bild 1 entsteht. Drehe nun den Spiegel. Wann siehst du Bild 2 und Bild 3?

1 Für diese Woche hat der Kaiser

zwei Hemden 

und drei Hosen. 

> Es war einmal ein sehr eitler Kaiser. Der wollte sich jeden Tag verschieden anziehen. An einem Tag ein rotes Hemd und dazu eine gelbe Hose. Am nächsten Tag ein blaues Hemd, aber dazu ein …

a) Wie viele Möglichkeiten hat der Kaiser sich verschieden anzuziehen?

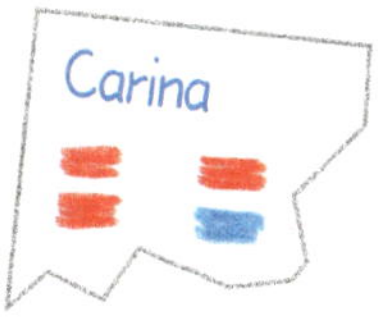

Max

Hemd	Hose
r	r
r	b
r	

Mit welcher Darstellung löst du die Aufgabe?

b) Paul hat ein **Baumdiagramm** erstellt, um alle Möglichkeiten darzustellen.

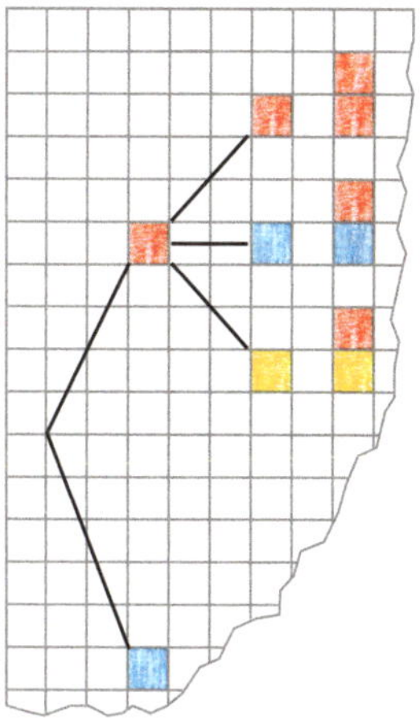

Erkläre, wie die Möglichkeiten im Baumdiagramm dargestellt sind.
Zeichne das Baumdiagramm vollständig.

c) Johannes überlegt: Wie viele Möglichkeiten hat der Kaiser bei der Wahl des Hemdes?
Wie viele Möglichkeiten hat der Kaiser bei der Wahl der Hose?
Wie viele Möglichkeiten hat er insgesamt?

2 Der Kaiser hat

zwei Hemden 

und vier Hosen. 

Wie viele Möglichkeiten hat er nun, sich verschieden anzuziehen?

3 Wie viele Möglichkeiten sind es bei

zwei Hemden 

zwei Hosen und 

zwei Paar Schuhen?

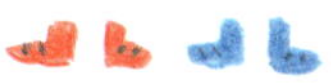

1 Mit Bildkarten legen lassen.

1 Wie viel Geld ist es zusammen?

2 a) Wie viel Geld ist es jeweils?

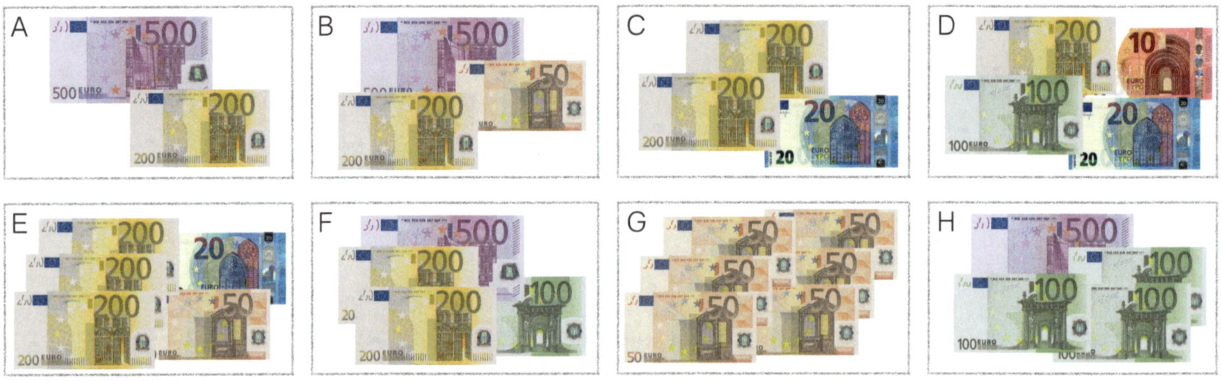

b) Vergleiche jeweils zwei Geldbeträge.

3 Lege und zeichne Geldscheine. Finde verschiedene Möglichkeiten.

a) 100 € b) 300 € c) 250 € d) 600 € e) 280 €

4 a) Wie viel Geld ist es jeweils?

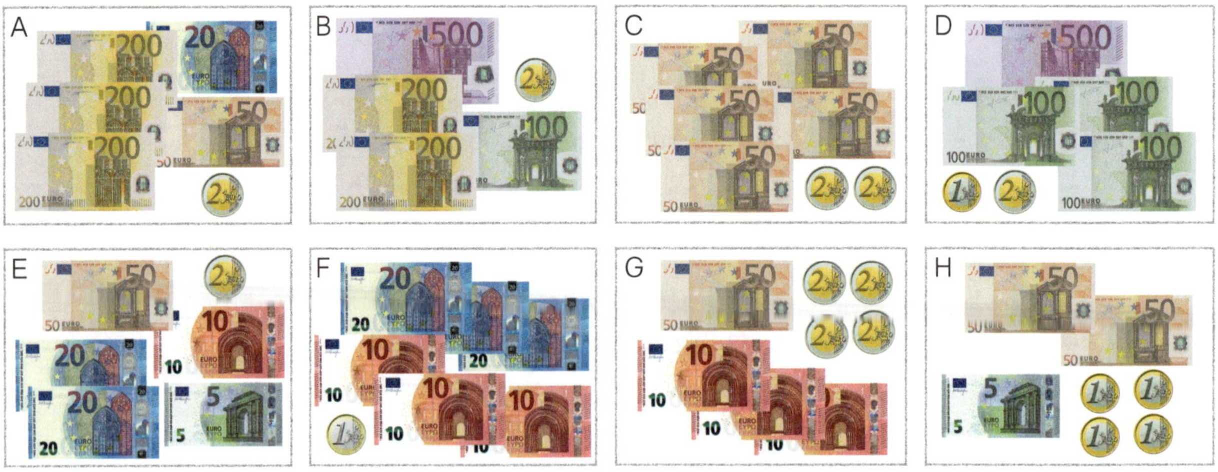

b) Vergleiche jeweils zwei Geldbeträge.

5 Lege und zeichne Geldscheine und Münzen. Finde verschiedene Möglichkeiten.

a) 324 € b) 511 € c) 189 € d) 235 € e) 134 €

6 In einem Fahrradladen bezahlen die Kunden jeweils mit nur einem Geldschein. Welcher Schein könnte es sein?

a) Herr Müller kauft ein Fahrrad für 350 €.
b) Für 180 € kauft Frau Brendl einen Fahrradanhänger.
c) Rica bezahlt für einen Helm 32 €.

7

Der Geldautomat in der Lindenstraße enthält 100-, 50-, 20-, 10- und 5-Euro-Scheine.

Schreibe immer viele Möglichkeiten.

a) Onkel Edmund holt 200 € ab. Welche Scheine kann er bekommen?
b) Zwei Wochen später holt er wieder 200 €. Im Automat sind keine 100-Euro-Scheine mehr vorhanden.
c) Überlege mit welchen Geldscheinen der Automat 300 € auszahlt.

8 Könnt ihr diese Geldbeträge so legen?

a) 900 € mit 3 Geldscheinen
b) 800 € mit 4 Geldscheinen
c) 280 € mit 3 Geldscheinen
d) 600 € mit 3 Geldscheinen
e) 105 € mit 3 Geldscheinen
f) 550 € mit 3 Geldscheinen

9 Lege mit möglichst wenigen Geldscheinen und Münzen. Zeichne.

a) 175 €
b) 463 €
c) 527 €
d) 707 €
e) 136 €
f) 399 €
g) 900 €
h) 666 €
i) 328 €
j) 998 €

10

a) Ich kann mit zwei Geldscheinen 110 € legen.
b) Ich kann mit zwei Geldscheinen 50 € legen.
c) Ich habe vier Geldscheine. Der Gesamtwert ist geringer als 200 €.
d) Ich kann 1000 € mit einem Geldschein legen.
e) Ich habe fünf Geldscheine. Der Gesamtwert liegt zwischen 500 € und 1000 €.

11

Schneide Preise aus Prospekten aus.
Klebe sie auf.
Mit welchen Geldscheinen und Münzen kannst du sie bezahlen?

11 Forscherheft verwenden.

1 Wie rechnest du? Vergleicht und besprecht die Rechenwege.

Rechenkonferenz

284 + 60

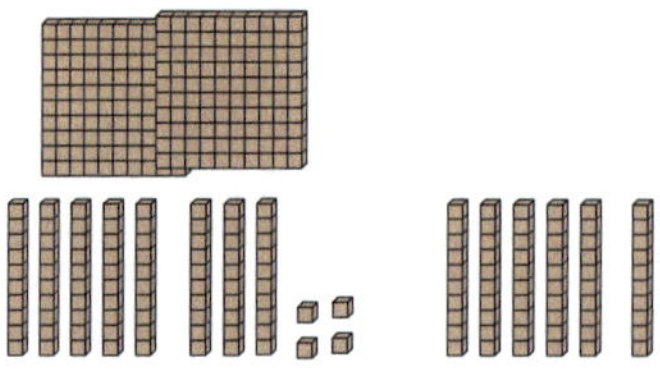

Lea:
284 + 60
280 + 20 = 300
300 + 40 = 340
340 + 4 = 344

Lukas:
284 + 60
84 + 60 = 144
200 + 144 = 344

2 Rechne auf deinem Weg.

a) 263 + 50 b) 627 + 90 c) 470 + 62 d) 750 + 190 e) 478 + 240

3 Rechne auf deinem Weg.

a)	b)	c)	d)	e)
157 + 60	140 + 62	230 + 160	258 + 260	525 + 157
157 + 70	140 + 72	230 + 170	257 + 270	525 + 277
157 + 80	140 + 73	330 + 180	457 + 250	535 + 367
245 + 60	160 + 73	530 + 170	457 + 260	635 + 167
245 + 70	180 + 72	530 + 190	457 + 280	635 + 257
245 + 80	190 + 70	430 + 180	457 + 270	735 + 77

4 Starke Päckchen 2

a)	b)	c)	d)
133 + 50	560 + 120	272 + 430	443 + 125
133 + 60	560 + 130	372 + 440	443 + 150
133 + 70	560 + 140	472 + 450	443 + 175
133 + ▢	560 + ▢	572 + ▢	443 + ▢
▢ + ▢	▢ + ▢	▢ + ▢	▢ + ▢

e) Beschreibe Päckchen b).

Die erste Zahl … .
Die zweite Zahl wird immer um … .
Deshalb wird die Summe immer um … .

f) Sucht andere Päckchen aus und beschreibt sie euch gegenseitig.

5 Start 110

a) Immer + 150
c) Immer + 225

a) 110 + 150 = 260
260 + 150 = 410
410 +

Schaffst du es auch über 1000 hinaus?

b) Immer + 230
d) Immer + 342

W

6 a) 21 23 27 30 : 3 6 9 b) 24 25 38 : 4 8 9

1 Lösungswege durch sinnvolle und nachvollziehbare Notation darstellen. Verschiedene Rechenwege beim Addieren vergleichen.
2 und 3 Günstige Rechenstrategien überlegen und nutzen.

1 Wie rechnest du? Vergleicht und besprecht die Rechenwege.

Rechenkonferenz

327 – 50

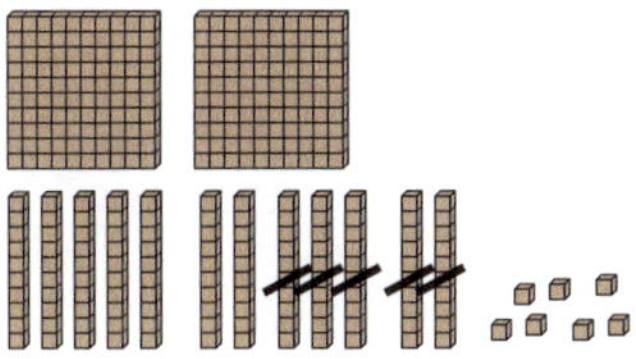

327 – 50
320 – 20 = 300
300 – 30 = 270
270 + 7 = 277
Jan

327 – 50
300 – 50 = 250
250 + 27 = 277
Merle

2 Rechne auf deinem Weg.

a) 543 – 60 b) 564 – 90 c) 561 – 80 d) 930 – 280 e) 718 – 150

3 Rechne auf deinem Weg.

a)	b)	c)	d)	e)
457 – 70	653 – 80	230 – 150	647 – 260	625 – 140
447 – 60	663 – 90	230 – 140	647 – 360	625 – 160
427 – 50	673 – 80	430 – 160	647 – 460	635 – 180
342 – 15	434 – 50	857 – 150	725 – 350	735 – 240
342 – 14	134 – 60	857 – 170	725 – 450	735 – 260
342 – 17	213 – 60	657 – 160	973 – 450	835 – 280

4 Starke Päckchen

a)	b)	c)	d)
650 – 50	425 – 70	820 – 190	329 – 140
640 – 50	524 – 60	820 – 180	327 – 140
630 – 50	623 – 50	820 – 170	325 – 140
620 – ☐	722 – ☐	820 – ☐	323 – ☐
☐ – ☐	☐ – ☐	☐ – ☐	☐ – ☐

e)

Welches Päckchen beschreibe ich?
Die erste Zahl wird immer um 99 größer.
Die zweite Zahl wird immer um 10 kleiner.
Deshalb wird die Differenz immer um … .

f) Sucht andere Päckchen aus. Beschreibt sie euch gegenseitig.

5 Starke Päckchen

746 – 20
☐ – ☐
☐ – ☐
☐ – ☐

Lisa beschreibt ihr Päckchen so:

Die erste Zahl wird immer um 1 kleiner.
Die zweite Zahl wird immer um 20 größer.
Deshalb wird das Ergebnis immer um 21 kleiner.

Setze Lisas Päckchen fort. Rechne.

W

6 a) 36 40 41 64 : 5 8 7   b) 48 50 63 : 7 6 9

1 Lösungswege durch sinnvolle und nachvollziehbare Notation darstellen.
Verschiedene Rechenwege beim Subtrahieren vergleichen.
2 und 3 Günstige Rechenstrategien überlegen und nutzen.

1 Warum wählt Sofie für den Überschlag die Zahlen 500 und 300? Überlegt und besprecht.

Rechenkonferenz

487 + 326

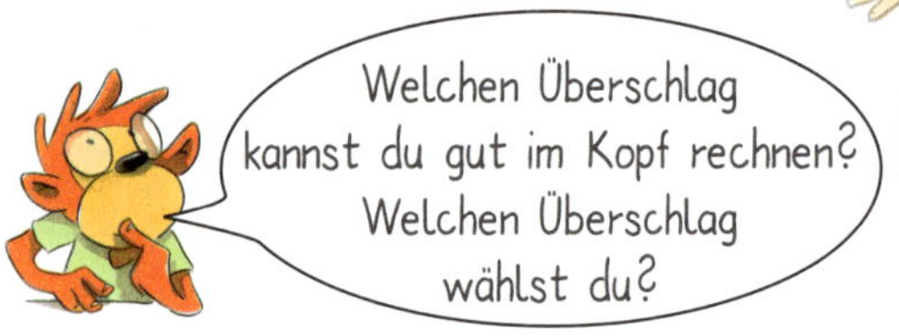

Ü: 500 + 300 = 800 — Sofie

Ü: 490 + 330 = 820 — Dennis

Ü: 490 + 300 = 790 — Elif

2 Prüfe durch Überschlagen: Welches Ergebnis könnte stimmen?

a) 242 + 47 — 289, 309, 109

a) Ü: 240 + 50 = 290
289 könnte stimmen.

b) 814 + 58 — 872, 772, 962

c) 198 + 44 — 204, 242, 292

d) 58 + 87 — 95, 295, 145

e) 568 + 79 — 547, 797, 647

f) 446 + 53 — 519, 409, 499

g) 113 + 78 — 191, 178, 213

h) 342 + 67 — 429, 299, 409

i) 317 + 22 — 309, 369, 339

3 Welche Aufgaben haben ein Ergebnis, das größer als 800 ist? Rechne nur den Überschlag.

a) Ü: 350 + 120 =

a)	b)	c)	d)
348 + 124	286 + 318	434 + 382	126 + 78
619 + 51	113 + 58	446 + 253	568 + 379
742 + 38	573 + 288	227 + 78	333 + 144
149 + 689	483 + 187	836 + 95	742 + 189
275 + 463	364 + 528	555 + 438	667 + 265

4 Prüfe durch Überschlagen: Welches Ergebnis könnte stimmen?

a) 517 − 231 — 386, 216, 286

b) 618 − 385 — 133, 333, 233

c) 749 − 234 — 615, 515, 415

d) 619 − 358 — 261, 361, 351

e) 945 − 384 — 401, 641, 561

f) 675 − 489 — 136, 186, 286

g) 926 − 318 — 608, 658, 508

h) 417 − 98 — 219, 319, 399

i) 740 − 245 — 503, 403, 603

j) 332 − 187 — 205, 45, 145

5 Welche Aufgaben haben ein Ergebnis, das kleiner als 200 ist? Rechne nur den Überschlag.

a)	b)	c)	d)	e)
738 − 245	387 − 298	473 − 285	166 − 87	417 − 69
329 − 171	513 − 58	643 − 157	548 − 379	538 − 113
951 − 389	973 − 288	267 − 88	631 − 154	675 − 189
362 − 142	983 − 187	826 − 75	942 − 189	498 − 204
485 − 216	824 − 431	772 − 393	869 − 281	749 − 95

1 bis 5 Unterschiedliche Überschläge möglich – auch außerhalb der Rundungsregeln.

1 Du hast 800 €. Was würdest du kaufen?
Überschlage, wofür das Geld reicht. Vergleicht miteinander.

2 Ben möchte gern ein Hochbett und einen Stuhl. Seine Tante gibt ihm dafür 600 €.
Reicht das Geld?

a) Die Kinder haben schrittweise gerechnet und **Überschlagsrechnungen** aufgeschrieben.
Wer hat richtig überlegt?

Hochbett	etwa 400 €
Stuhl	etwa 80 €
600 € – 400 € = 200 €	
200 € + 80 € = 280 €	
Das Geld reicht.	Mira

Hochbett	etwa 600 €
Stuhl	etwa 100 €
600 € + 100 € = 700 €	
Das Geld reicht nicht.	
	Paul

Hochbett	etwa 500 €
Stuhl	etwa 80 €
500 € + 80 € = 580 €	
600 € – 580 € = 20 €	
Das Geld reicht.	Alina

b) Erkläre, was die anderen Kinder falsch gemacht haben.

3 Lara wünscht sich einen neuen Schreibtisch. Oma gibt ihr 70 € dazu.
Sie hat bereits 95 €. Reicht das Geld?

a) Die Kinder haben Überschlagsrechnungen notiert. Wer hat richtig überlegt?

Schreibtisch	etwa 200 €
Sparbuch	etwa 100 €
100 € – 70 € = 30 €	
200 € + 30 € = 230 €	
Das Geld reicht.	Tim

Schreibtisch	etwa 200 €
Sparbuch	etwa 100 €
100 € + 70 € = 170 €	
Das Geld reicht nicht.	
	Anne

Schreibtisch	etwa 100 €
Sparbuch	etwa 100 €
100 € + 100 € = 200 €	
200 € + 200 € = 400 €	
Das Geld reicht.	Lina

b) Erkläre, was die anderen Kinder falsch gemacht haben.

4 Tim möchte ein neues Regal und ein Moskitonetz kaufen. Reicht das Geld?
Entscheidet, wie ihr rechnen wollt. Begründet.

A Erst plus, dann wieder plus. | B Erst minus, dann plus. | C Das kann man nicht rechnen.

5 Erfindet jeweils eine Rechengeschichte.

a) Erst plus, dann minus. b) Erst minus, dann wieder minus. c) Das kann man nicht rechnen.

Beim Rechnen bis 1000...

1 Offene Aufgabe. Forscherheft verwenden.

1 Die Kinder wollen für ein Klassenfrühstück Semmeln kaufen.

a) Welches Angebot ist billiger? Begründet.

b) Wie haben die Bäckereien die Preise aufgeschrieben? Vergleicht.

> 2 € 50 ct = 2,50 €
> Das Komma trennt Euro und Cent.

2 Schreibe alle Beträge mit Komma.

a)

Euro	Cent	
	Zehner	Einer
3	2	1
		5
5		6
	7	5
4		7
1	2	3
1		

a) 3,21 €
0,05 €

b)

Euro	Cent	
	Zehner	Einer
		6
43		
5	9	8
17	5	
52	9	5
71		
	6	6

3 Lege jeden Geldbetrag und trage in eine Tabelle ein.

a) 2 € 60 ct b) 10 € 5 ct c) 5 € 50 ct d) 7 € 10 ct e) 11 € 95 ct

4 Schreibe mit Komma.

a) 3 € 40 ct
3 € 5 ct
3 € 45 ct
3 € 50 ct

a) 3,40 €
3,0

b) 12 € 30 ct
12 € 1 ct
80 € 27 ct
80 € 7 ct

c) 20 € 4 ct
20 € 10 ct
2 € 14 ct
2 € 10 ct

d) 87 €
7 €
80 €
78 €

e) 77 ct
7 ct
70 ct
17 ct

5 Schreibe als € und ct.

4 Euro 72 Cent

a) 4,72 €
4,70 €
4,02 €

a) 4 € 72 ct
4 €

b) 63,75 €
63,05 €
60,70 €

c) 202,01 €
22,10 €
2,02 €

d) 15,00 €
105,00 €
50,00 €

e) 840 ct
804 ct
1 000 ct

6 Ordne nach dem Wert. Beginne immer mit dem kleinsten Betrag.

a) 5 € 5 ct, 55 ct, 5,50 €, 55 €

b) 8,40 €, 0,84 €, 84 €, 8 € 14 ct

c) 99 ct, 9 € 9 ct, 720 ct, 7 € 19 ct, 0,98 €

Sprechweisen thematisieren. 1 a) Preisvergleich besprechen.

1 Beim Schulfest wurden für Getränke 376 Euro und beim Kuchenverkauf 423 Euro eingenommen. Wie viel Euro waren es insgesamt? Wie rechnest du? Vergleicht und besprecht die Rechenwege.

2 Die Kinder addieren schriftlich. Lege mit Rechengeld nach.

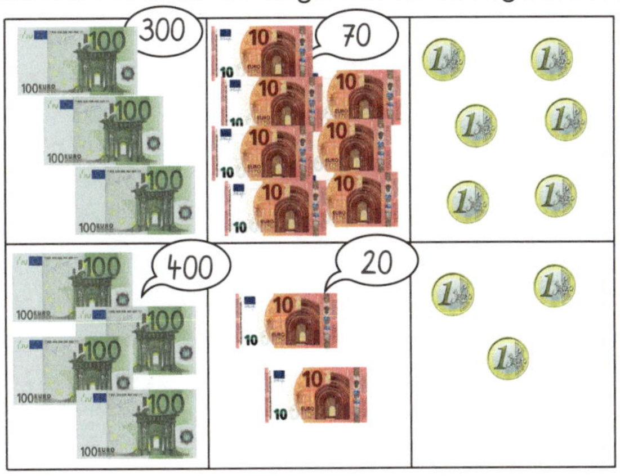

	H	Z	E
	3	7	6
+	4	2	3
	7	9	9

3 Lege mit Rechengeld und addiere schriftlich.

a)	H	Z	E	b)	H	Z	E	c)	H	Z	E	d)	H	Z	E	e)	H	Z	E	f)	H	Z	E
	3	4	2		3	1	7		2	8	0			2	3		5	4	1		4	0	7
+	5	2	6	+	3	5	2	+	7	1	9	+	4	6	2	+		5	7	+	2	6	0

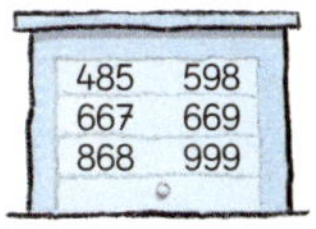

4 a) 325 + 243 b) 341 + 337 c) 635 + 140 d) 73 + 516 e) 465 + 303 f) 843 + 56

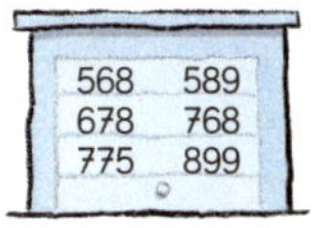

5 Schreibe untereinander und addiere schriftlich.

a) 624 + 135 b) 352 + 26 c) 13 + 734 d) 74 + 702
e) 160 + 627 f) 425 + 562 g) 85 + 514 h) 456 + 278

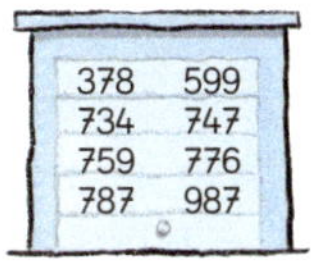

1 Wie viel Geld wurde insgesamt eingenommen?

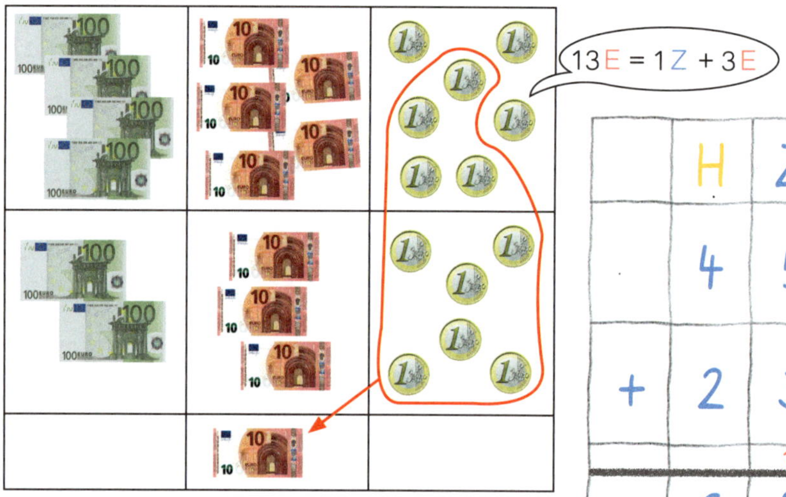

	H	Z	E
	4	5	7
+	2	3	6
		1	
	6	9	3

2

a)	H	Z	E	b)	H	Z	E	c)	H	Z	E	d)	H	Z	E	e)	H	Z	E	f)	H	Z	E	g)	H	Z	E
	3	7	8		2	7	4		2	0	8		4	1	7		6	7	3		5	1	7		2	8	2
+	4	1	7	+	5	1	7	+	5	6	4	+	2	7	6	+	2	1	8	+	2	4	8	+	5	0	8

693 765 772 790 791 795 891

3

	H	Z	E
	4	5	7
+	3	8	2
	1		
	8	3	9

13Z = 1H + 3Z

a)	H	Z	E	b)	H	Z	E	c)	H	Z	E	d)	H	Z	E	e)	H	Z	E
	3	6	1		6	9	3		4	7	1			8	5		6	8	1
+	4	5	7	+	1	5	5	+	2	5	8	+	5	7	2	+	1	6	5

f)	H	Z	E	g)	H	Z	E	h)	H	Z	E	i)	H	Z	E	j)	H	Z	E
	5	6	5		4	9	8		7	5	2		5	3	7		4	2	6
+	2	8	4	+	3	4	1	+	1	7	6	+	3	7	2	+	4	8	1

Kontrolliere und besprecht.

657 729 818 839 846 848 849 907 909 928

4 Addiere drei Zahlen.

a)

	3	2	1		3	2	1		3	2	1
	1	0	3		1	0	3		1	0	3
+	1	2	3	+	2	3	4	+	3	4	5

b)

	1	7	1		1	7	1		1	7	1		1	7	1
	2	4	3		2	4	4		2	4	5		2	4	6
+	2	7	5	+	2	7	5	+	2	7	5	+	2	7	5

Was fällt dir auf?

5 Schreibe untereinander und addiere.

a) 524 + 76 + 162
523 + 275 + 161
313 + 181 + 224
324 + 89 + 45

a)		5	2	4
			7	6
	+	1	6	2

b) 217 + 231 + 288
216 + 32 + 87
621 + 143 + 156
524 + 36 + 199

c) 187 + 145 + 263 + 181
438 + 279 + 4 + 182
703 + 168 + 58 + 8
5 + 250 + 623 + 105

335 458 718 736 759 762 776 903 920 937 959 983

1 Legt mit diesen Ziffernkarten dreistellige Zahlen. Addiert sie.

1 2 3 4 5 6

	H	Z	E
	2	5	3
+	4	6	1

2

Legt eine Plusaufgabe mit sechs verschiedenen Ziffernkarten.
Rechnet schriftlich.
Vertauscht immer zwei Karten.
Wann ändert sich das Ergebnis nicht?

	2	5	3
+	4	6	1

	3	5	2
+	4	6	1

	4	5	3
+	2	6	1

+			

3

1 2 3 4 5 6

Legt Additionsaufgaben.

+			

a) Die Summe soll möglichst groß sein.

b) Die Summe soll möglichst klein sein.

c) Die Summe soll kleiner als 400 sein.

d) Die Summe soll zwischen 900 und 1000 liegen.

e) Die Summe soll 408 sein.

4

0 1 2 3 4 5 6 7 8 9

Legt drei dreistellige Zahlen. Addiert.

+			

Kann man diese Summen erreichen?

a) Die Summe soll 900 sein

b) Die Summe soll 1000 sein.

5 **DAS TAUSENDER-SPIEL**

a) Würfelt abwechselnd sechsmal.
Tragt nach jedem Wurf die Augenzahl in die Stellenwerttabelle ein.
Gewonnen hat, wer näher an das Ergebnis **1 000** herankommt.

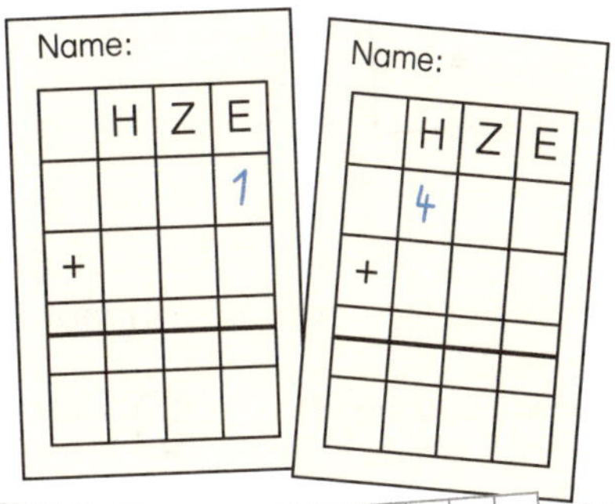

b) Wer hat gewonnen?

W

6

a)	b)	c)	d)	e)
777 – 400	765 – 600	420 – 300	435 – 400	987 – 900
777 – 40	765 – 60	420 – 30	435 – 30	987 – 90
777 – 4	765 – 6	420 – 3	435 – 5	987 – 9
888 – 600	853 – 500	640 – 400	654 – 600	321 – 300
888 – 60	853 – 50	640 – 40	654 – 50	321 – 30
888 – 6	853 – 5	640 – 4	654 – 4	321 – 3

2 Forscherheft verwenden.

1 Hat Lukas richtig gerechnet? Wie überprüfst du? Vergleicht und besprecht.

Lukas: 458 + 364 (Übertrag 1) = 722 ?

Probe: 458 + 364 = 822 — Ich rechne von oben nach unten und von unten nach oben. *Hanna*

Überschlagen:
Ü: 460 + 360 = 820
Das Ergebnis 722 kann nicht stimmen. *Felix*

Schrittweise rechnen:
458 + 300 = 758
758 + 60 = 818
818 + 4 = 822 *Aische*

2 Drei Kinder haben falsch addiert. Prüft und erklärt. Schreibt die Aufgaben richtig ins Heft. Besprecht auch eigene Fehler.

- Emma: 275 + 56 (Übertrag 1) = 835
- David: 87 + 109 (Übertrag 1) = 196
- Jakob: 295 + 270 = 465
- Lena: 78 + 198 (Überträge 1, 1) = 276
- Maria: 285 + 26 (Übertrag 1) = 211
- Sophie: 164 + 96 (Überträge 1, 1) = 260

3 Können diese Ergebnisse stimmen? Überschlage.

Maximilian:
233 + 386 = 519
492 + 236 = 728
548 + 163 = 711
326 + 478 = 894
605 + 125 = 730
286 + 98 = 274

Maximilian
Ü: 200 + 400 = 600
519 kann nicht stimmen.

Jonas:
443 + 77 = 520
616 + 265 = 981
78 + 89 = 167

Leonie:
586 + 331 = 917
229 + 478 = 607
452 + 249 = 701
375 + 395 = 680
617 + 208 = 625
186 + 485 = 671

4 a) Welche Fehler haben die Kinder gemacht? b) Addiert richtig.

A Einer stehen nicht unter Einern. **B** Übertrag vergessen. **C** Übertrag zu viel. **D** Ziffern falsch addiert.

- Lena: 48 + 427 (Überträge 1, 1) = 575
- Mehmet: 367 + 261 = 528
- Hanna: 307 + 29 = 597
- Lukas: 85 + 242 (Übertrag 1) = 317
- Max: 267 + 306 (Überträge 1, 1) = 673
- Paul: 260 + 96 = 256

Lena Fehler C

W

5 Suche passende dreistellige Zahlen.

a) kleiner als 500, Quersumme 18
b) vier Hunderter, Quersumme größer als 20
c) größer als 800, Quersumme kleiner als 15

3 Sieben Fehler.

FERMI **1**

Sind in der Packung mehr als 1 000 Nudeln? 
Überlege, wie du eine Lösung finden kannst.

Die Tipps der Kinder können dir helfen.

Besprecht eure Lösungswege.
Schreibt eure Lösungswege auf Plakate. Erklärt. Vergleicht.

FERMI **2**

Sophie hat ein Buch für 9,98 € gekauft. Sie überlegt: „Wenn ich das Buch nur mit 1-Cent-Stücken bezahlen würde, wie hoch wäre dann der Turm, wenn ich alle aufeinanderlege?“

Überlege, wie du eine Lösung finden kannst.
Besprecht eure Lösungswege.
Schreibt eure Lösungswege auf Plakate.
Erklärt. Vergleicht.

W

3 Punktrechnen vor Strichrechnen.

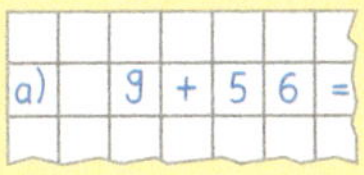

a)	b)	c)	d)
9 + 7 · 8	7 · 5 + 20	50 − 5 · 5	8 · 6 − 12
8 + 6 · 4	6 · 9 + 40	30 − 4 · 4	9 · 7 − 33
7 + 9 · 5	3 · 7 + 30	60 − 7 · 7	5 · 6 − 17
5 + 3 · 8	4 · 5 + 20	80 − 8 · 8	7 · 4 − 28

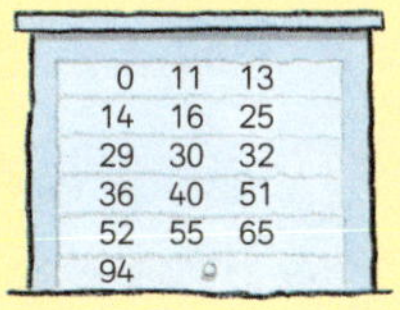

4 Welche Rechenzeichen passen? + − : ·

a)	b)	c)	d)
6 ◯ 6 ◯ 6 = 42	49 ◯ 7 ◯ 1 = 7	48 ◯ 8 ◯ 6 = 0	30 ◯ 5 ◯ 6 = 12
6 ◯ 6 ◯ 6 = 30	56 ◯ 7 ◯ 7 = 7	56 ◯ 8 ◯ 3 = 10	20 ◯ 5 ◯ 4 = 16
6 ◯ 6 ◯ 6 = 6	28 ◯ 7 ◯ 3 = 7	9 ◯ 8 ◯ 7 = 79	15 ◯ 5 ◯ 5 = 8
6 ◯ 6 ◯ 6 = 7	35 ◯ 7 ◯ 2 = 7	7 ◯ 8 ◯ 3 = 59	5 ◯ 5 ◯ 5 = 30

5 Welche Vielfachen von 10 können es sein?

a)

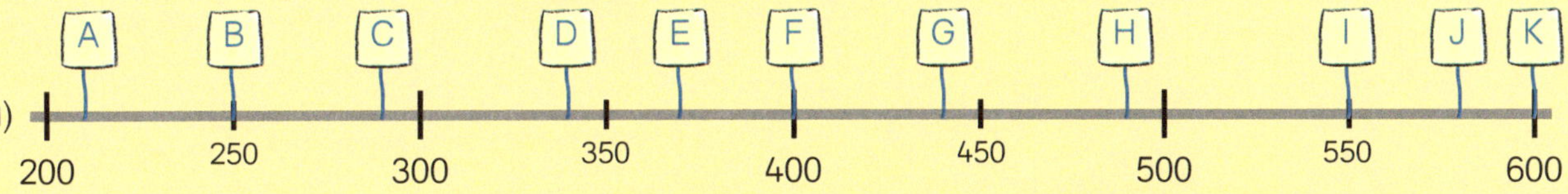

b)

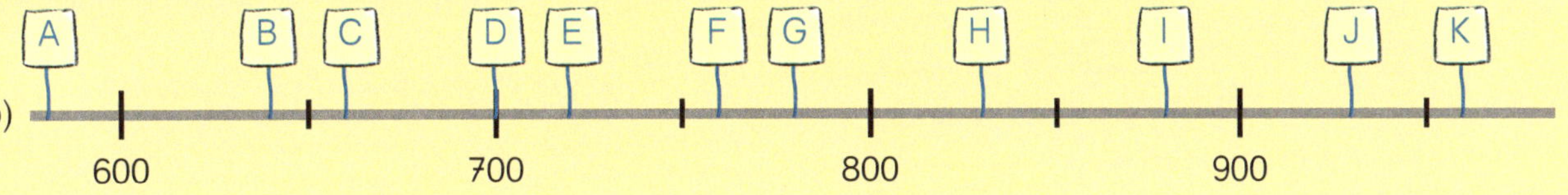

1

Jonas Lara | Anna Lara | Jonas Anna

2 Ordne die Kinder nach dem Gewicht. Beginne mit dem schwersten Kind.

a)

Leni Umut | Marie Leni

b)

Sofie Fabian | Maja Fabian

c)

Maria Peter | Maria Yasir

d)

Tina Yusuf | Yusuf Melina

3 Ordne nach dem Gewicht. Beginne mit dem schwersten Kind.

a) Johanna wiegt mehr als Lilly. Lilly wiegt mehr als Paul.
b) Kevin wiegt mehr als Moritz. Kevin wiegt weniger als Ben.
c) Jette wiegt weniger als Anna. Anna wiegt weniger als Jakob.

4 Vergleicht das Gewicht der Ranzen. Begründet.

a)

b)

c)

5

Wie viele Hefte wiegen so viel wie die Sachen? Probiere.

a) das Lesebuch
b) das Tafellineal
c) ein Malkasten
d) eine Brotdose

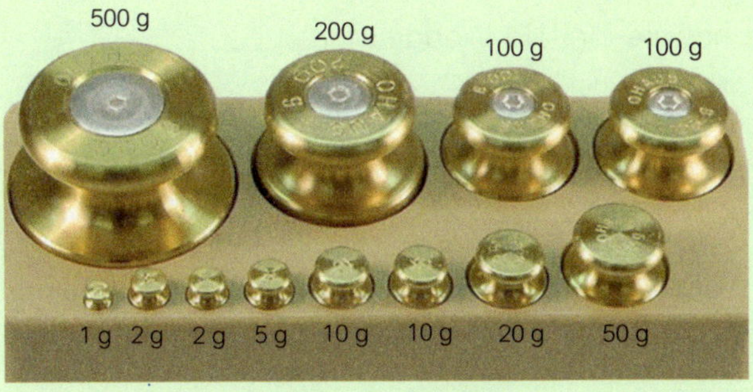

1 Legt alle Gewichtssteine auf eine Waage.
Wie schwer ist der ganze Gewichtssatz?

1000 Gramm = 1 Kilogramm
1000 g = 1 kg

2

a) Vergleicht mit geschlossenen Augen je zwei Gewichtssteine.
b) Ordnet mit geschlossenen Augen vier verschiedene Gewichtssteine.

3 Suche Gegenstände, die ungefähr so viel wiegen. | 100 g | 250 g | 500 g | 1 kg |

4 Schreibt immer das Gewicht auf.
a) Wie schwer ist das Mäppchen?

a) 100 g + 100 g + 50 g +

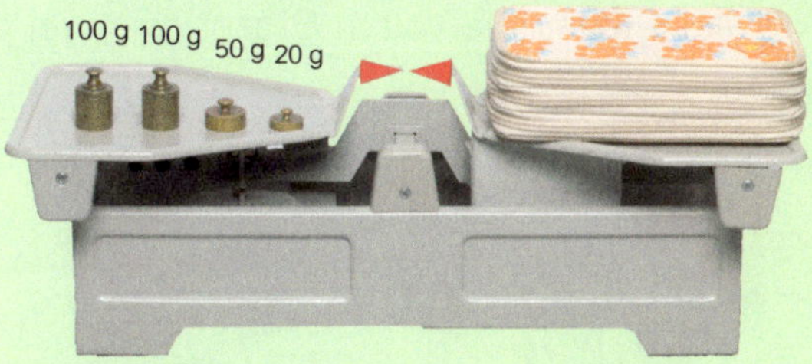

b) Wie schwer ist dein Mäppchen?
c) Wiegt andere Gegenstände.

5 Wie schwer sind die Waren?

a)
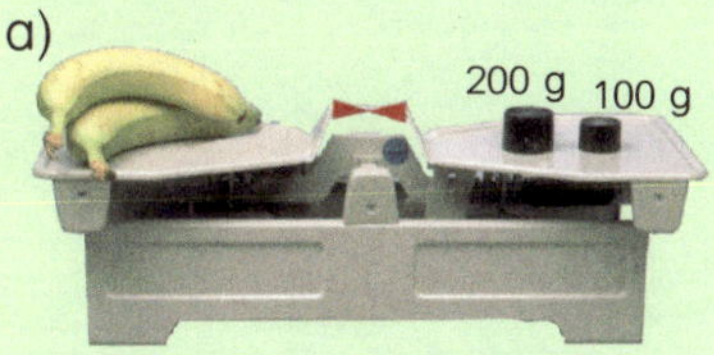

b)
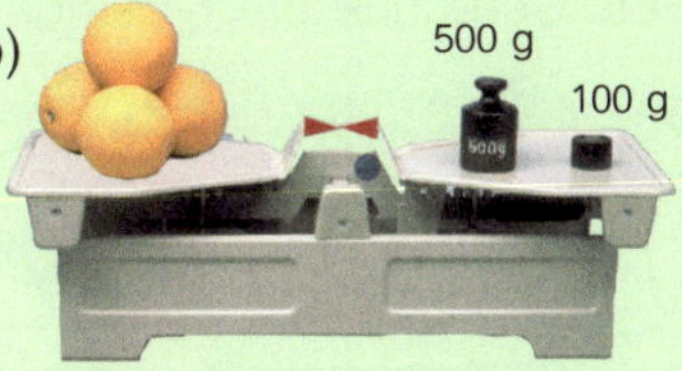

c)
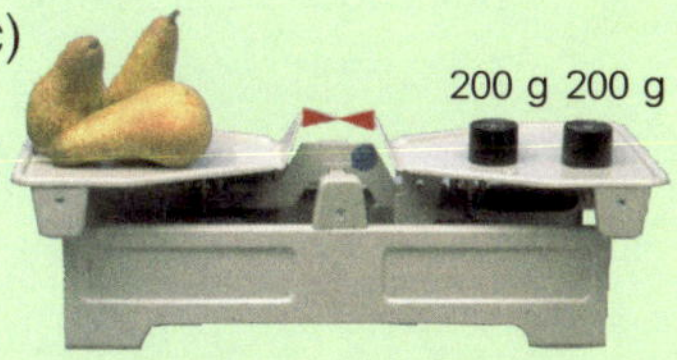

d)

e)
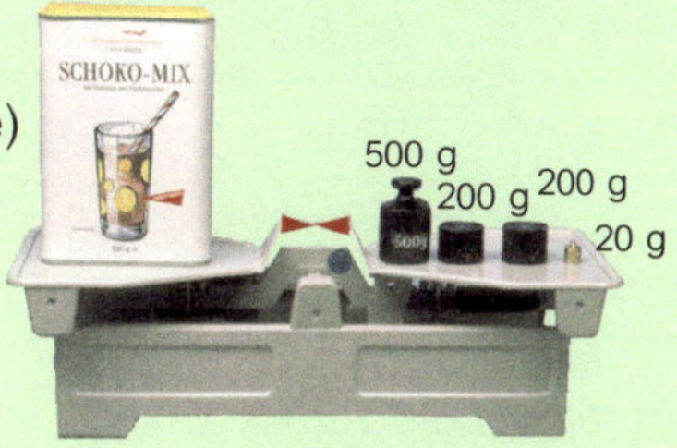

f)
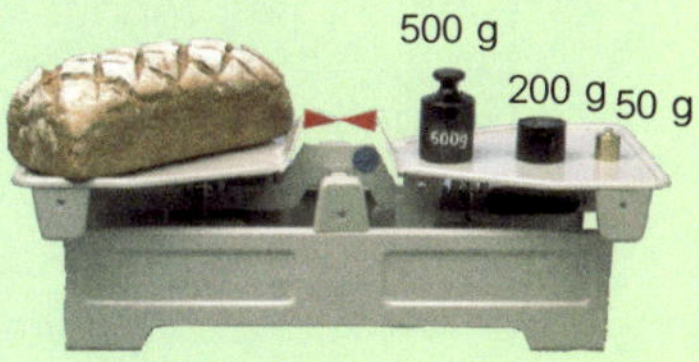

6 Welche Gewichtssteine müsst ihr verwenden, wenn ihr die folgenden Dinge wiegen wollt?

a) Stiftepackung 180 g
c) Buch 320 g
e) Puppe 275 g

a) 180 g = 100 g + 50 g + 20 g + 10 g

b) Ball 190 g
d) Arbeitsheft 220 g
f) Mäppchen 243 g

7

Oft fehlen Gewichtssteine aus dem Satz.
a) Was kann man nicht mehr wiegen, wenn der 1-g-Stein fehlt?
b) Es fehlt der 50-g-Stein.
Kann man dann noch Dinge wiegen, die 60 g, 250 g, 125 g, 85 g, 550 g schwer sind?

1 Addieren bzw. mit Waage prüfen. 3 Plakat mit Bezugsgrößen gestalten.
4 Auch andere Lebensmittel wiegen. 7 Forscherheft verwenden.

Gewichte – Kilogramm und Gramm

1 Was zeigt die digitale Waage an? Welche Vorteile hat die digitale Waage?

2 Ali und Tim haben einen Kuchen gebacken. Alle Packungen waren voll.
Wie viel Gramm Mehl, Butter, Zucker und Rosinen verbrauchten sie für den Kuchen?

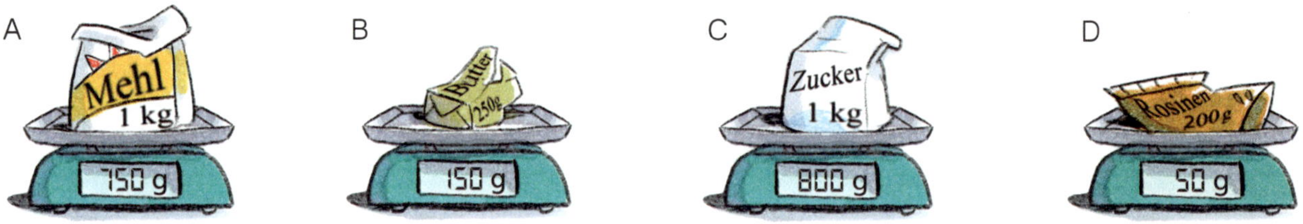

3 Wie viel wiegen die vollen Gläser, wie viel die leeren?

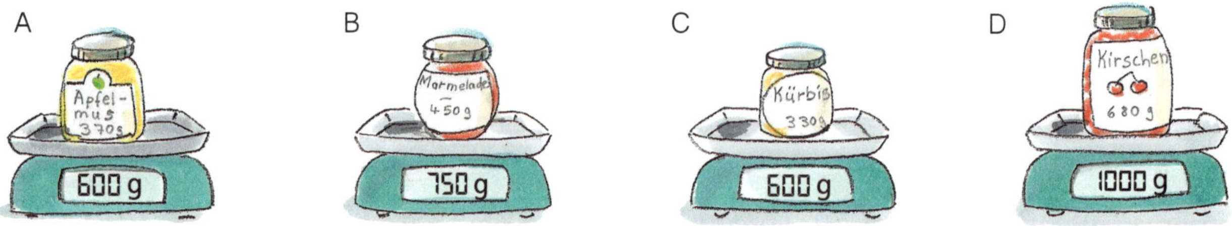

4 Übertrage die Tabelle in dein Heft. Berechne die fehlenden Gewichte.

	A 	B 	C 	D 	E 	F 
Gewicht des Gefäßes	230 g	45 g	60 g	340 g		
Gewicht des Inhalts	370 g	565 g			430 g	450 g
Gesamtgewicht			250 g	590 g	1 kg	1 kg 240 g

5 Wie viel Gramm fehlen bis zu 1 kg?

1 kg	750 g	500 g	980 g	976 g	400 g	360 g	355 g	240 g	179 g	25 g

6 Wie viel wiegt eine Kugel? Rechne und antworte.

zum Knobeln

1 Welche Rechengeschichte passt?

a) 85 kg − 10 kg = ___ kg

A Anna und Tina wiegen zusammen 85 kg. Nach einem Jahr wiegen sie zusammen 10 kg mehr.

B Papa wiegt 85 kg. Er nimmt pro Woche 2 kg ab. Er wiegt sich wieder nach 5 Wochen.

C Herr Keller wiegt 85 kg. Sina wiegt halb so viel.

b) 18 kg : 2 = ___ kg

A Familie Mai lagert 18 kg Kartoffeln ein. Sie isst jeden Tag 1 kg davon.

B Die Biotonne mit Gartenabfall wiegt 18 kg. Mama wirft noch 2 kg Biomüll hinein.

C Toni ist 4 Jahre alt und wiegt 18 kg. Als Baby hat er die Hälfte gewogen.

c) 2 · 30 kg = ___ kg

A Paul und Ali wiegen zusammen 30 kg.

B Moni wiegt 30 kg. Ihre Mutter wiegt das Doppelte.

C Tim wiegt 30 kg. Sein Freund ist 2 kg schwerer.

2 Welche Rechengeschichte passt?

a) ___ kg + 110 kg = 140 kg

A Das Gorillababy ist 140 Tage alt und wiegt 110 kg.

B Die Affenmutter klettert mit ihren 140 kg auf einen Baum, der 110 Jahre alt ist.

C Das Gorillababy ist 110 kg leichter als die Affenmutter. Sie wiegt 140 kg.

b) 6 · 3 kg = ___ kg

A Ein Baby wiegt 3 kg. Im ersten Jahr wird es 6 kg schwerer.

B Bei der Geburt wog Maria 3 kg. Heute wiegt sie sechsmal so viel.

C Für 3 Brote braucht man 6 kg Mehl.

c) 180 kg + 5 kg = ___ kg

A Der Bauer verkauft 5 Schweine. Jedes Schwein wiegt ungefähr 180 kg.

B Ein Schwein wiegt 180 kg. Täglich nimmt es 500 g zu. Nach 10 Tagen wird es gewogen.

C Fünf Ferkel wiegen zusammen 180 kg.

3

A 125 kg + 240 kg = ___ kg

B 1 kg 250 g + ___ g = 2 kg

C 5 · 10 g + 50 g = ___ g

a) Erfindet zu der Rechnung eine passende Rechengeschichte.

b) Bei welcher Aufgabe fiel es dir leicht und bei welcher war es schwierig?

c) Sprecht über eure Rechengeschichten.

1 Gelb gewinnt.

Rechenkonferenz

sicher	möglich	unmöglich

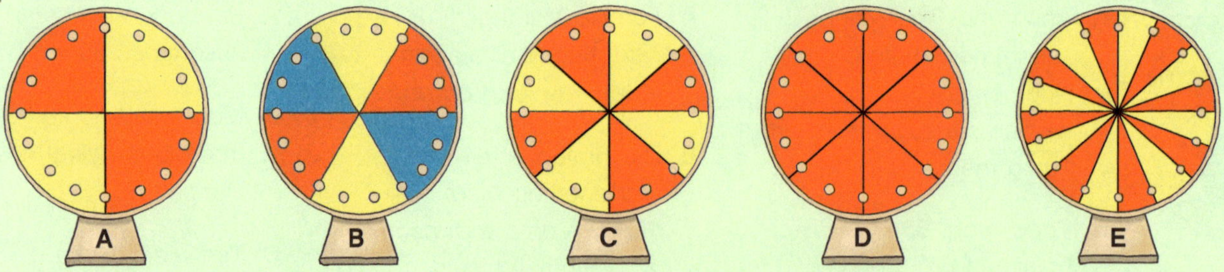

a) Welches Glücksrad würdest du wählen? Besprecht und begründet.
b) Bei welchen Rädern ist ein Gewinn möglich, unmöglich, sicher?

2 Grün gewinnt.

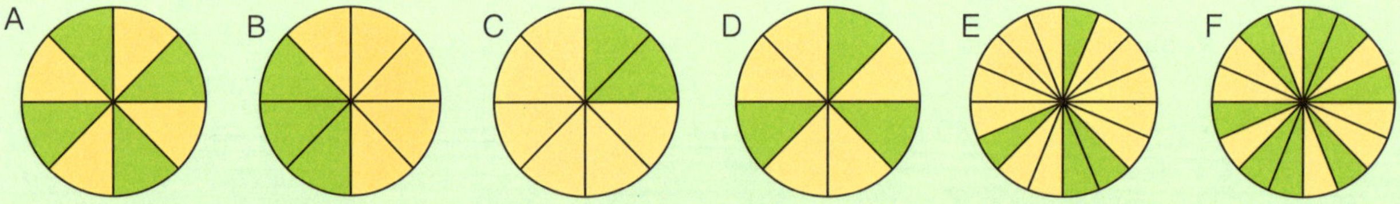

a) Welches Glücksrad würdet ihr wählen? Begründet.
b) Bei welchen Glücksrädern hat man die gleichen **Gewinnchancen**? Vergleicht und begründet.

3 Male passende Glücksräder.

a)

A Die Gewinnchance für Rot ist am größten.

B Die Gewinnchancen für Rot und Blau sind gleich groß.

C Grün hat keine Chance zu gewinnen.

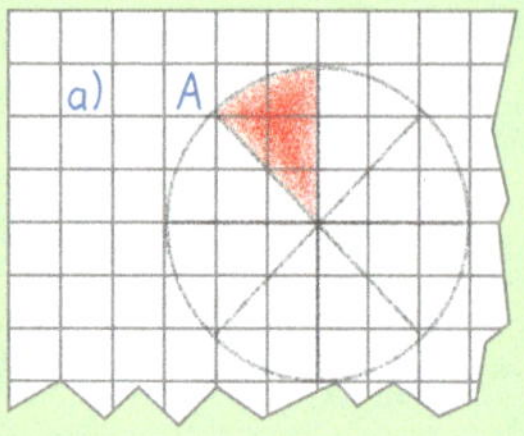

b)

A Die Gewinnchance für Blau ist halb so groß wie für Rot.

B Die Gewinnchance für Gelb ist doppelt so groß wie für Grün.

C Die Gewinnchance für Rot ist fünfmal so groß wie für Blau.

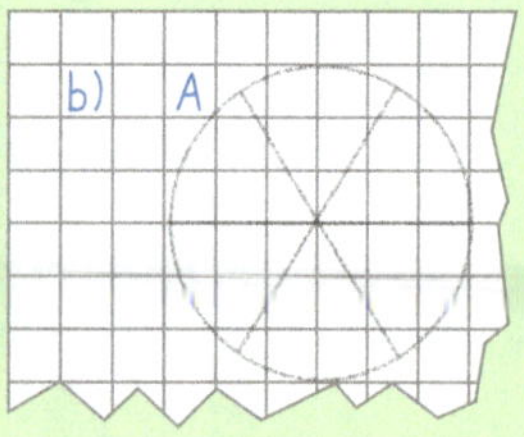

4 Entscheide und begründe: sicher, möglich oder unmöglich.

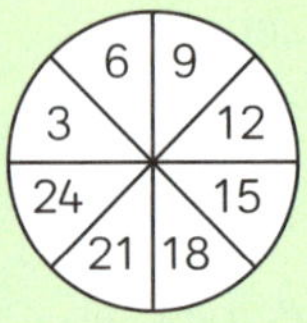

A Ich treffe eine gerade Zahl.
B Ich treffe eine Zahl, die ich ohne Rest durch 3 teilen kann.
C Ich treffe eine Zahl, die ich ohne Rest durch 3 und 6 teilen kann.
D Ich treffe eine Zahl, die ich ohne Rest durch 5 und 6 teilen kann.

1 und 2 Ggf. die Begriffe wahrscheinlich (möglich und sehr oft) und unwahrscheinlich (möglich, aber sehr selten) mit den Kindern besprechen.

1

Nehmt nacheinander
drei Kugeln aus der Kiste.
Die Kugeln werden nicht zurückgelegt.

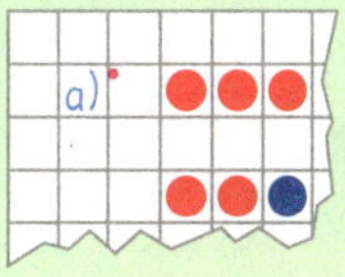

a) Malt alle Möglichkeiten,
in welcher Reihenfolge ihr die Kugeln ziehen könnt.

b) Entscheidet und begründet: sicher, möglich oder unmöglich.

A	Die erste Kugel ist rot.
B	Die erste Kugel ist rot oder blau.
C	Ihr zieht nur blaue Kugeln.
D	Ihr zieht nur rote Kugeln.
E	Ihr zieht sowohl blaue als auch rote Kugeln.
F	Alle drei Kugeln haben die gleiche Farbe.

c)

2 Paul zieht jeweils eine Kugel und legt sie nicht zurück.

a) Wie oft müsst ihr hineingreifen,
um sicher eine blaue Kugel zu ziehen?
Probiert und begründet.

b) Wie oft muss er hineingreifen,
um sicher eine rote Kugel zu ziehen?
Probiert und begründet.

3 Malt passende Kugeln.

a) Carina: „Ich ziehe sicher eine gelbe Kugel."
b) Paul: „Es ist unmöglich, dass ich eine rote Kugel ziehe."
c) Johanna: „Es ist möglich, dass ich eine blaue Kugel ziehe."
d) Leni: „Ich ziehe sicher vier Kugeln in der gleichen Farbe."
e) Max: „Es ist unmöglich, dass ich drei blaue Kugeln ziehe."
f) Peter: „Es ist **unwahrscheinlich**, dass ich eine grüne Kugel ziehe."

Unwahrscheinlich heißt: möglich, aber ganz selten.

4

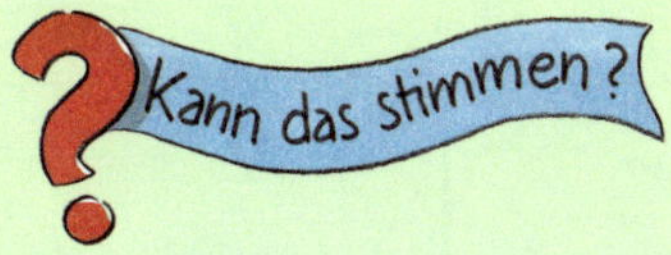

a) In der Fühlkiste liegen sechs Kugeln, vier blaue und zwei rote.
Peter hat bisher dreimal blau gezogen.
Er meint: „Jetzt werde ich sicher eine rote Kugel ziehen!"

b) Jetzt liegen vier blaue und zwei rote Kugeln in der Fühlkiste.
Paul hat bereits zweimal rot gezogen.
Er behauptet: „Jetzt kommt sicher eine blaue Kugel."

Kinder Kugeln ziehen lassen.

1

Was fühlen die Kinder? Welche Körper sind es?

2

Kegel

Kugel

Pyramide

Zylinder

Übertrage auf kleine Karten.

Ordne jedem Körper die passende Karte zu.

Ergänze die Namen.

A — Quader

Ecken	8
Kanten	12
Flächen	6

B — ______

Ecken	6
Kanten	9
Flächen	5

C — ______ (Ein Körper ohne Ecken?)

Kanten	1
Flächen	2

3 Welche Karte passt zu welchem Körper?

A: Am ______ findet man sechs Rechtecke.

B: Am ______ findet man zwölf rechte Winkel.

C: Am ______ findet man zwei Kreise.

4 Kinder haben Ansichten von geometrischen Körpern gezeichnet.

Welche Körper sind es?

A

von vorne — von oben

B

von vorne — von oben

5 Welche Körper sind gemeint?

A: Dieser Körper kann rollen.

B: Dieser Körper kann rollen, aber er kann nicht geradeaus rollen.

C: Diesen Körper kann man nur kippen, nicht rollen.

D: Mit diesem Körper kann man Mauern bauen.

Doppelseite: Jede Aufgabe geht über 2 Seiten.
1 Evtl. Fühlsack einsetzen. Körper beschreiben. 2 Diff.: Körper kneten lassen.

Würfel

Prisma

Quader

D

Ecken	0
Kanten	0
Flächen	1

E

Ecken	0
Kanten	2
Flächen	3

F

Ecken	5
Kanten	8
Flächen	5

G

Ecken	8
Kanten	12
Flächen	6

D Am findet man sechs Quadrate.

E Am findet man genau einen Kreis.

F An der findet man vier Dreiecke und ein Quadrat.

G An der findet man keine Ecken und Kanten.

D

von oben — von vorne

E

von oben — von vorne

G

von vorne — von oben

Betrachte die anderen beiden geometrischen Körper von vorne und von oben und zeichne sie.

Dieser Körper steht auf einer Fläche mit vier rechten Winkeln. Er hat fünf Ecken.

F Dieser Körper sieht aus allen Richtungen gleich aus.

G Dieser Körper steht auf einer Kreisfläche. Liegt er auf der Seite, rollt er leicht weg.

H Dieser Körper kann rollen und kippen.

4 und 5 Mehrere Möglichkeiten (außer 5B und 5E).
5 Forscherheft verwenden.

1 Baut auf dem Plan mit Würfeln. Wie viele Würfel benötigst du für jedes Feld?

3	2	1
2	2	1
2	2	1

Ein **Bauplan** beschreibt die Anzahl und Anordnung der Würfel in einem Würfelgebäude.

2 Baut mit Würfeln. Wie viele Würfel benötigt ihr?

A

1	2	3
1	2	3
1	2	3

B

4	2	3	4
2	3	0	3
3	4	3	2

C

1	1	1
0	2	2
0	2	3
1	2	3

D

1	11
1	1
1	1

3 a) Baut nach. Zeichnet jeweils einen Bauplan.

A

B

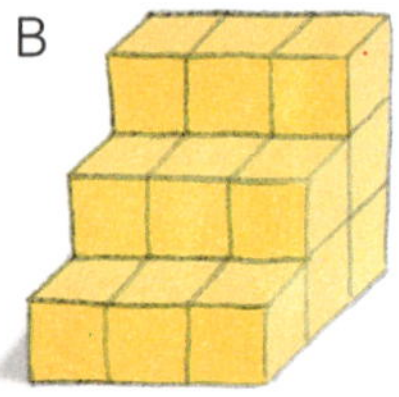

C

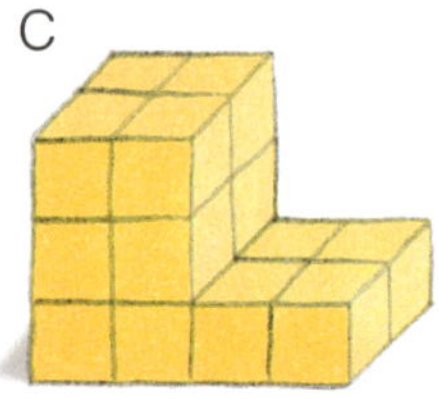

D

b) Bestimmt die Anzahl der Würfel und vergleicht.

4 a) Zeichnet jeweils einen Bauplan.

A

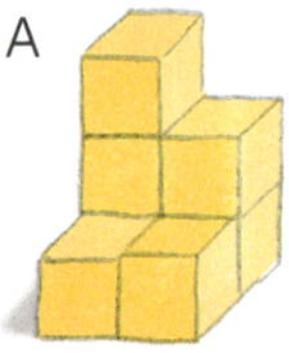

B

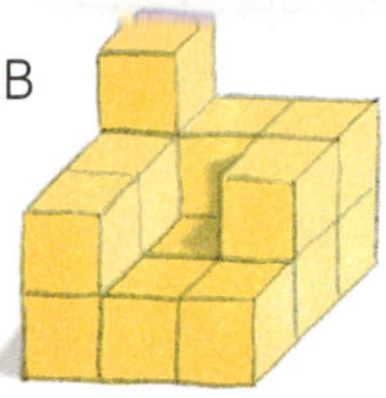

C

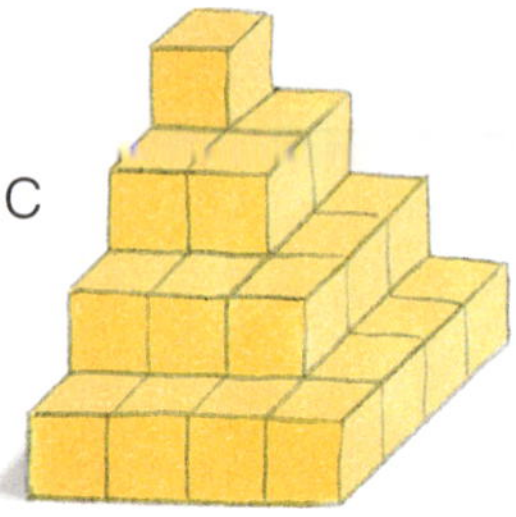

D

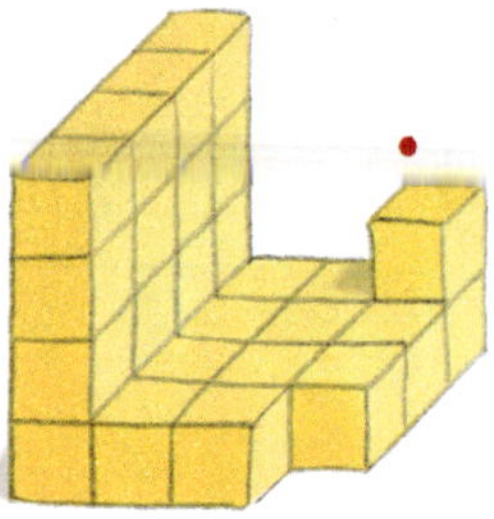

b) Bestimmt die Anzahl der Würfel und vergleicht.

5

Wie viele verschiedene Gebäude könnt ihr mit vier Würfeln bauen?
Zeichnet Baupläne und vergleicht.

2 und 4 Diff. Die Besonderheit der 0 im Bauplan besprechen.
3 und 4 Anzahl der Würfel in den einzelnen Ebenen besprechen.
5 Forscherheft verwenden.

1 Schneidet eine Schachtel an den Kanten so auf, dass alle Flächen noch zusammenhängen.

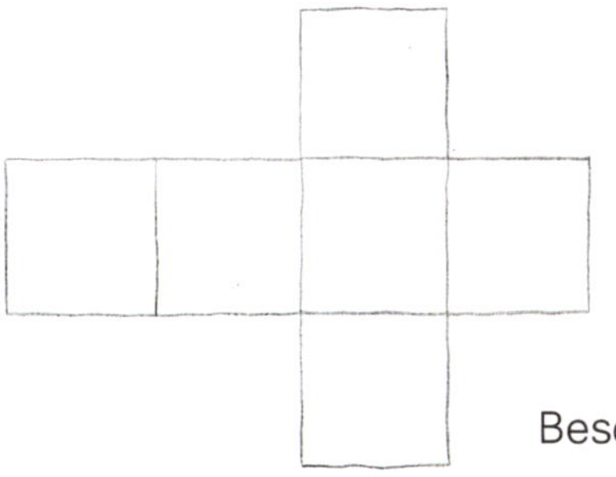

Beschreibt dieses **Würfelnetz**.

2 Nehmt immer sechs Quadrate. Legt diese Netze.
Klebt die Quadrate aneinander.
Faltet die Netze in Gedanken und überprüft,
aus welchen zwei Netzen man keinen Würfel bauen kann.

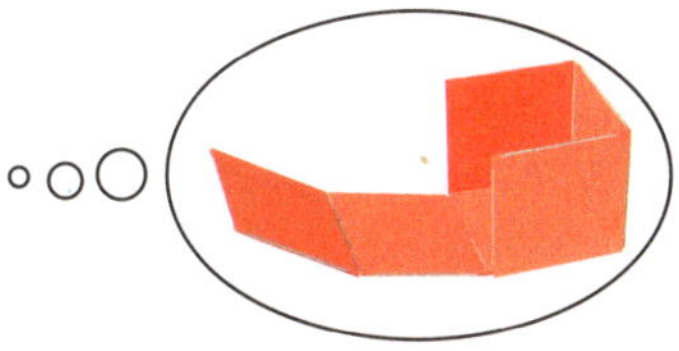

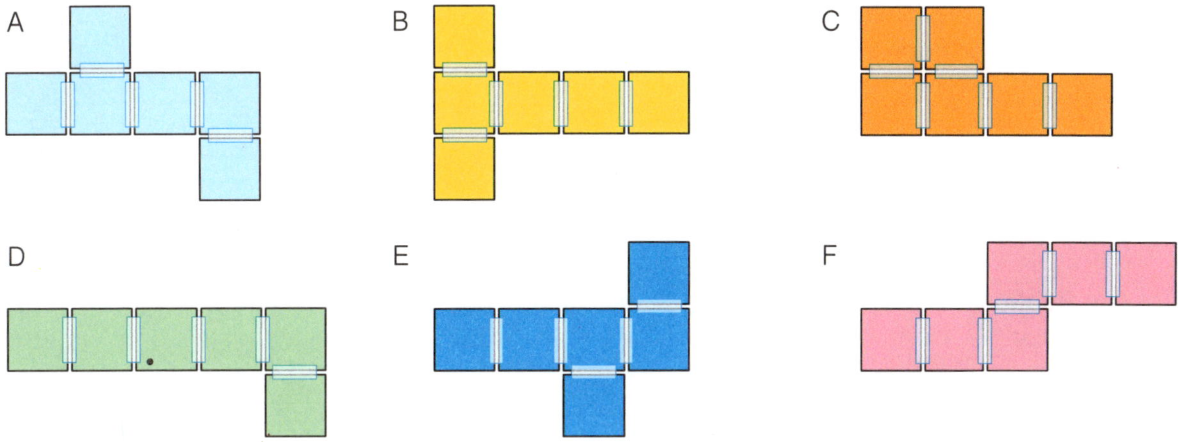

3 Wie viele verschiedene Würfelnetze findet ihr?

4

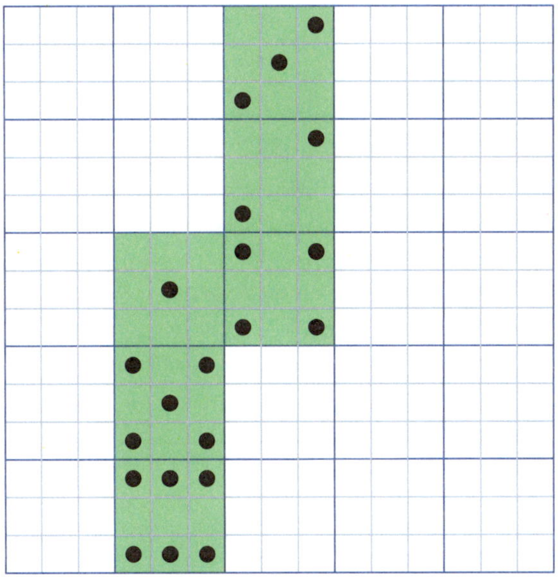

Ihr braucht Pläne mit 25 Feldern und einen Spielwürfel.

① Legt den Würfel unten auf ein Feld.

② Kippt den Würfel fünfmal so, dass alle Flächen einmal oben zu sehen waren.

③ Malt in die Felder die Augenzahl, die oben liegt.

④ Es entsteht ein Netz. Schneidet es aus.

⑤ Faltet das Netz und überprüft, ob es ein Würfel wird.

⑥ Wie viele Würfelnetze findet ihr auf diese Art?

3 Evtl. quadratische Pappdeckel und Klebestreifen verwenden.
Forscherheft verwenden.

1 Sina und Luka bauen Körper aus Trinkhalmen und Pfeifenreinigern. Beschreibt die fertigen Körper.

2 a) Die Spinne Thekla sitzt am Montag auf der Ecke A und entdeckt in der Ecke G ihre Beute. Sie krabbelt immer an den Kanten entlang. Welche Wege kann sie nehmen?

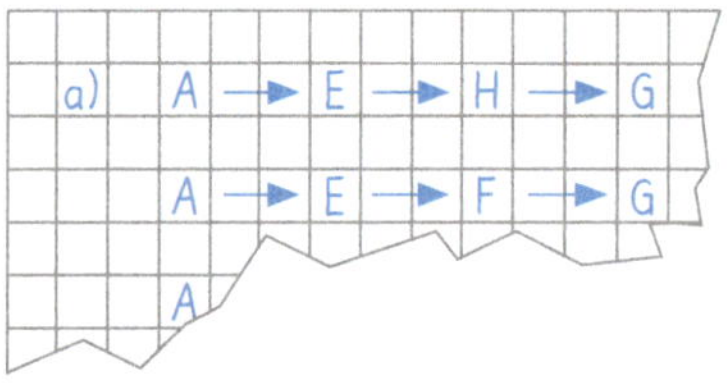

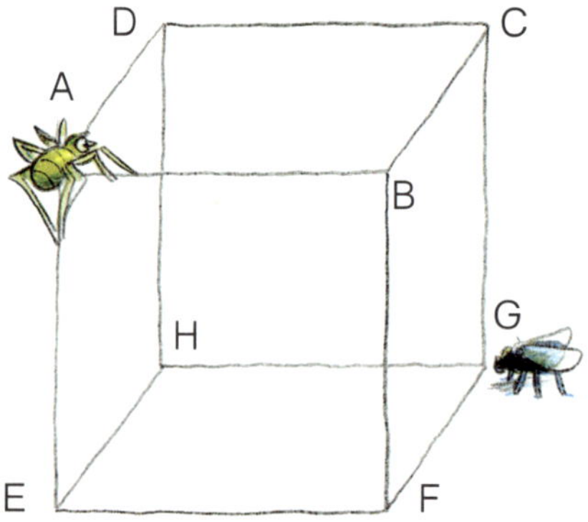

b) Die Beute sitzt am Dienstag in Ecke D, die Spinne auf der Ecke F. Notiere mögliche Wege.

3 a)

b)

c)

W

4 a) 123 + 58 = ☐
216 + 35 = ☐
454 + 29 = ☐
835 + 56 = ☐

b) 278 + ☐ = 300
432 + ☐ = 500
828 + ☐ = 1000
282 + ☐ = 400

c) ☐ + 15 = 400
☐ + 87 = 600
☐ + 49 = 300
☐ + 91 = 800

d) 886 + ☐ = 920
488 + ☐ = 530
210 + ☐ = 900
194 + ☐ = 330

5 In jeder Rechentafel sind drei falsche Ergenbisse. Schreibe diese Aufgaben richtig ins Heft.

a)

+	16	18	20
17	43	35	37
19	35	37	40
14	30	32	44

b)

+	47	49	51
48	95	99	99
50	87	99	101
57	94	107	108

c)

+	88	91	93
52	141	143	145
55	143	141	148
64	152	155	167

3 Vorher festlegen, ob die Spinne am Ausgangspunkt nach innen oder außen schaut.

1

Wie viel Geld bleibt übrig?

E: 8 minus 6 gleich 2, 2 an
Z: 5 minus 2 gleich 3, 3 an
H: 4 minus 3 gleich 1, 1 an

	H	Z	E
	4	5	8
−	3	2	6
	1	3	2

2

	a)	b)	c)	d)	e)	f)	g)
	H Z E	H Z E	H Z E	H Z E	H Z E	H Z E	H Z E
	5 9 6	6 5 4	9 6 7	8 7 9	4 8 6	7 9 3	5 4 9
−	2 7 1	1 2 3	4 0	6 0 7	2 5 6	4 7 1	3 7

230 272 322 325 512 531 927

3

a) 847 − 625　b) 595 − 372　c) 692 − 562　d) 776 − 405　e) 483 − 72　f) 287 − 63　g) 573 − 203

h) 739 − 617　i) 862 − 551　j) 455 − 43　k) 388 − 257　l) 674 − 163　m) 199 − 67　n) 567 − 316

122 130 131 132 222 223 224 251 311 370 371 411 412 511

4

gespart	948 €	759 €	884 €	498 €	297 €	439 €
Preis	635 €	525 €	632 €	50 €	243 €	312 €
übrig	€	€	€	€	€	€

W

5 Wer ist wer? Ordne die Hobbys zu.

Zum Knobeln

Das Kind in der Mitte spielt Tennis. Ole spielt Fußball und steht nicht neben Marie. Ein Kind singt im Chor und steht neben Jan.

A Name:
Hobby:

6 Welche Rechenzeichen passen? + − · :

a)	b)	c)	d)
5 ◯ 5 = 0	9 ◯ 9 = 81	10 ◯ 10 = 0	18 ◯ 6 = 3
5 ◯ 5 = 25	9 ◯ 9 = 18	10 ◯ 10 = 1	18 ◯ 6 = 12
5 ◯ 5 = 1	9 ◯ 9 = 1	10 ◯ 10 = 20	18 ◯ 18 = 36
5 ◯ 5 = 10	9 ◯ 9 = 0	10 ◯ 10 = 100	18 ◯ 18 = 1

Schriftlich subtrahieren – Abziehen mit Entbündeln

1

Beim Projekt-Tag zum Thema Lesen wurden 663 € eingenommen. Die Ausgaben haben 425 € betragen.

Wie viel Geld bleibt als Gewinn übrig?

1\. Schritt

	H	Z	E
	6	6	3
–	4	2	5

2\. Schritt

	H	Z	E
	6	6	3
		1	
–	4	2	5

3\. Schritt

	H	Z	E
	6	6	3
		1	
–	4	2	5
	2	3	8

2

a)	H Z E	b)	H Z E	c)	H Z E	d)	H Z E	e)	H Z E	f)	H Z E
	8 6 1		6 4 3		9 4 5		5 5 2		8 8 4		4 7 5
–	4 3 8	–	3 1 9	–	7 1 7	–	3 1 5	–	7 6	–	2 5 7

g)	H Z E	h)	H Z E	i)	H Z E	j)	H Z E	k)	H Z E	l)	H Z E
	8 3 0		6 9 8		7 6 1		5 6 0		7 9 0		6 4 3
–	5 2 3	–	4 5 9	–	7 0 7	–	4 7	–	3 6 5	–	4 2 9

54 214 218
228 237 239
307 324 423
425 513 808

3 Schreibe untereinander. Rechne schriftlich.

a) 391 – 123
680 – 238
483 – 145

b) 690 – 375
594 – 58
372 – 147

c) 973 – 459
443 – 209
390 – 178

d) 731 – 422
294 – 68
853 – 747

106 212 225
226 234 268
309 315 338
442 514 536

4 Bilde Minusaufgaben. Rechne schriftlich.

a) 356 572
b) 463 239
c) 671 436
d) 728 951
e) 237 345

1

Bei der Tombola der Grundschule Schönau wurden 504 € eingenommen.
Davon wurden Pausenspiele für 379 Euro angeschafft.

Wie viel Geld bleibt übrig?

1. Schritt

4 minus 9 geht nicht,
eins entbündeln

	H	Z	E
	5	0	4
–	3	7	9

Ich habe 1 Hunderter in 10 Zehner entbündelt und 1 Zehner in 10 Einer.

2. Schritt

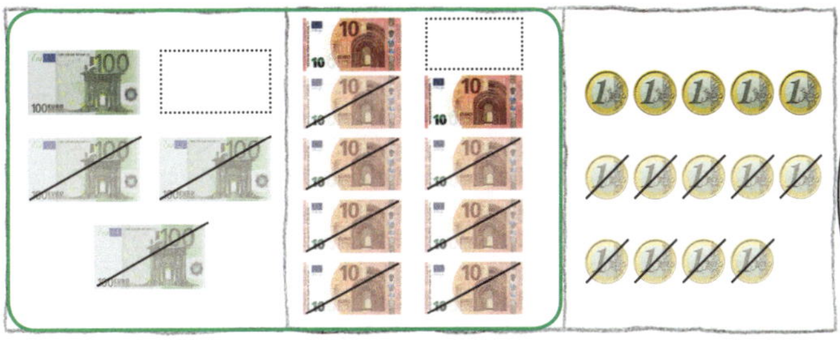

4 minus 9 geht nicht,
eins entbündeln;
14 minus 9 gleich 5, 5 an,
0 minus 1 minus 7 geht nicht,
eins entbündeln,
10 minus 1 minus 7 gleich 2, 2 an
5 minus 1 minus 3 gleich 1, 1 an.

	H	Z	E
	5	0	4
	I	I	
–	3	7	9
	1	2	5

2

a)	b)	c)	d)	e)	f)	g)
802	604	901	703	506	405	807
– 376	– 257	– 568	– 445	– 189	– 296	– 269

Kontrolliere und besprecht.

3

	9	0	0
	I	I	
–	5	4	6
	3	5	4

10 minus 6 gleich 4
10 minus 1 minus 4 gleich 5
9 minus 1 minus 5 gleich 3

a)	b)	c)	d)	e)	f)
900	800	700	600	500	400
– 217	– 227	– 237	– 247	– 257	– 267

g)	h)	i)	j)	k)	l)
700	500	900	500	1000	1000
– 546	– 173	– 651	– 362	– 734	– 487

4

a) 386 701

a)	7	0	1
–	3	8	6

b) 289 600
c) 361 800
d) 129 302

Worauf musst du achten?

e) 174 980
f) 555 900
g) 901 607
h) 287 400
i) 87 806

Kontrolliere und besprecht.

1

	H	Z	E
	8	3	4
		1	1
–	5	6	9
	2	6	5

4 minus 9 geht nicht,
eins entbündeln;
14 minus 9 gleich 5, 5 an,
3 minus 1 minus 6 geht nicht,
eins entbündeln;
13 minus 1 minus 6 gleich 6, 6 an,
8 minus 1 minus 5 gleich 2, 2 an.

Wechsle bei den Zehnern und bei den Hundertern.

a)	b)	c)	d)
567 – 489	762 – 745	843 – 465	425 – 247

e)	f)	g)	h)
680 – 583	326 – 178	986 – 889	516 – 219

Kontrolliere und besprecht.

2 Bilde mit den drei Zahlen die größtmögliche und die kleinstmögliche Zahl. Rechne schriftlich.

a) 7 5 2

b) 8 2 4 c) 1 5 9 d) 3 7 6

e) 5 8 7 f) 1 2 3 g) 4 8 1

Kontrolliere und besprecht.

3

	9	3	5
–	4	7	8
	4	5	7

Lilli

?

935 – 478 = 457 Probe: 935 – 457 = 478 stimmt
Emma

935 – 478 = 457 Probe: 478 + 457 = 935 stimmt
Paul

Wie überprüft Emma? Wie überprüft Paul?

4 Vier Kinder haben falsch gerechnet. Überprüft.
Entscheidet euch für Pauls **Probe** oder für Emmas **Probe**.

Kann das Ergebnis einer Minusaufgabe größer sein als die erste Zahl?

Erkan	Sophia	Jakob	Anna	Moritz	Laura
835 – 389 = 446	835 – 307 = 538	605 – 243 = 462	605 – 281 = 824	748 – 659 = 89	748 – 369 = 479

5 Können diese Ergebnisse stimmen? Überschlage nur.

A
741 – 397 = 444
589 – 213 = 376
977 – 409 = 468

555 – 266 = 789
852 – 348 = 504
335 – 266 = 69
Luis

A Ü: 700 – 400 = 300
444 kann nicht stimmen.

B
712 – 596 = 216
623 – 467 = 56
859 – 263 = 896
Hanna

C
1000 – 227 = 873
493 – 321 = 172
612 – 188 = 524

777 – 308 = 429
321 – 242 = 79
548 – 561 = 13
Elias

1 Forschungsauftrag

a) Legt mit diesen Ziffernkarten dreistellige Zahlen. Subtrahiert.

1 2 3 4 5 6

	6	2	5
−	4	1	3

b) Vertauscht die Karten so, dass sich die Differenz ändert.

c) Vertauscht die Karten so, dass sich die Differenz nicht ändert.

2 Knobeln

1 2 3 4 5 6

Legt Subtraktionsaufgaben.

□□□
− □□□

a) Das Ergebnis soll möglichst groß sein.

b) Das Ergebnis soll möglichst klein sein.

c) Das Ergebnis soll kleiner als 99 sein.

d) Das Ergebnis soll zwischen 200 und 300 liegen.

e) Das Ergebnis soll 333 betragen.

□□□
− □□□
333

3 Starke Päckchen 2

Rechnet im Heft. Erkennt ihr die Muster? Setzt fort.

a) 674 − 12; 674 − 123; 674 − 234; 674 − 345; □□□ − □□□; □□□ − □□□; −

b) 978 − 786; 867 − 675; 756 − 564; 645 − 453; 534 − 342; □□□ − □□□; −

c) 879 − 797; 768 − 686; 657 − 575; 546 − 464; 435 − 353; □□□ − □□□; −

d) 597 − 233; 577 − 213; 557 − 193; 537 − 173; 517 − 153; □□□ − □□□; −

4 Kann das stimmen?

Lara und Tim haben gelegt:

568
− 576

Tim behauptet: „Da kommt 12 raus."

5 Findet ihr die fehlenden Ziffern?

a) □93 − 262 = 531 (7)

b) □□3 − 152 = 741

c) □□□ − 534 = 213

d) 970 − □43 = 727

e) 656 − □□5 = 111

f) 787 − □□□ = 250

6

a) 76□ − 543 = 218

b) 95□ − 436 = 514

c) □□□ − 541 = 271

d) 450 − 20□ = 247

e) 730 − □□□ = 628

f) 426 − □□□ = 234

1 Forscherheft verwenden.

1 Im Kopf oder schriftlich? Sprecht über Vor- und Nachteile der Rechenwege.

405 − 397

2 Überlege immer zuerst, ob du im Kopf oder schriftlich rechnen willst.

a) 406 − 399
505 − 278
782 − 752
901 − 537
802 − 782

a) 399 + 7 = 406
b) 505
− 278

b) 846 − 378
302 − 299
573 − 523
706 − 389
602 − 247

c) 957 − 130
424 − 178
606 − 595
388 − 148
503 − 495

d) 916 − 907
984 − 180
975 − 387
962 − 473
905 − 505

3 7 8 9 11 20 30 50 227 240 246 317 355 364 400 468 489 588 804 827

3 Subtrahiert schriftlich oder im Kopf. Begründet, wie ihr rechnet.

a) 547 − 99 (547 − 100 + 1)
547 − 199
547 − 388

b) 634 − 198
634 − 457

c) 465 − 399
465 − 286
465 − 99

d) 856 − 568
673 − 298
527 − 99

e) 1016 − 99
1200 − 198
1546 − 387

66 159 177 179 288 348 366 375 428 436 448 917 1002 1159

4 Sind diese Ergebnisse richtig?

546 − 99 = 447
546 − 187 = 369
546 − 230 = 316
546 − 499 = 45
546 − 368 = 178
Emma

Emma
546 − 100 + 1 = 447
447 ist richtig
546
− 187

472 − 99 = 473
783 − 230 = 553
366 − 187 = 179
832 − 375 = 467
506 − 499 = 117
Nick

W

5 Welche Rechengeschichte passt?

a) 20 € − ☐ = 5 €

A Oma verteilt 20 Euro an ihre 5 Enkel.

B Oma bezahlt mit einem 20-€-Schein. Sie erhält 5 € zurück.

C Oma kauft ein Buch für 20 € und Papier für 5 €.

b) 20 € : 5 = ☐ €

A Opa kauft jedem seiner 5 Enkel ein großes Eis. Er bezahlt 20 €.

B Opa geht mit 20 € einkaufen. Er bringt 5 € zurück.

C Opa hat fünf Enkelkinder. Er schenkt jedem 20 €.

6 Zahlenmauern:

a) unten: 625 | 10 | 20

b) unten: 413 | 20 | 50

c) unten: 565 | 40 | 70

d) Mitte: 408 | ☐; unten: 328 | ☐ | 10

e) Mitte: ☐ | 120; unten: 795 | 70 | ☐

4 Fünf Aufgaben sind richtig gerechnet.

1 Addiere im Kopf oder schriftlich.

a)	b)	c)	d)	e)
250 + 70	364 + 88	525 + 35	487 + 213	124 + 76
250 + 75	364 + 457	525 + 75	487 + 596	124 + 250
250 + 151	364 + 279	525 + 250	487 + 320	124 + 341

200 320 325 374 401 452 465 560 600 643 700 775 807 821 1083

2 Subtrahiere im Kopf oder schriftlich.

a)	b)	c)	d)	e)
470 − 35	657 − 107	800 − 250	783 − 440	547 − 240
470 − 350	657 − 288	800 − 278	783 − 567	547 − 179
470 − 286	657 − 350	800 − 390	783 − 203	547 − 307

120 184 216 240 307 307 343 368 369 410 435 522 550 550 580

3 Acht Aufgaben sind falsch gelöst. Berichtige sie im Heft.

a) 369	b) 262	c) 78	d) 329	e) 407	f) 325
48	87	295	164	292	252
+ 275	+ 109	+ 270	+ 96	+ 111	+ 255
1 1	1 1	1 1	2	1 1	1
682	458	543	490	810	932
g) 429	h) 98	i) 747	j) 385	k) 607	l) 78
78	327	59	173	185	555
+ 275	+ 546	+ 58	+ 442	+ 208	+ 366
1 2	1 1	1 2	1	1 2	1
764	961	864	800	1000	899

4 Sieben Aufgaben sind falsch gelöst. Berichtige sie im Heft.

a) 729	b) 402	c) 416	d) 910	e) 1000	f) 327
− 683	− 168	− 293	− 567	− 364	− 562
46	334	283	343	736	365
g) 493	h) 726	i) 701	j) 652	k) 991	l) 598
− 206	− 98	− 526	− 419	− 107	− 209
287	628	175	143	784	289

5 a) Schreibe viele Plusaufgaben mit dem Ergebnis 1000.
b) Schreibe viele Plusaufgaben mit dem Ergebnis 500.

6 Wie viel Gramm fehlen?

a) 1 kg	b) 1 kg	c) 1 kg
500 g	990 g	100 g
250 g	910 g	90 g
210 g	110 g	55 g
205 g	101 g	7 g

a) 500 g + 500 g

7 Wie viel Geld fehlt?

a) 1 €	b) 2 €	c) 10 €
0,40 €	1,90 €	5,00 €
0,04 €	0,10 €	5,50 €
0,44 €	1,10 €	0,50 €
0,14 €	0,99 €	

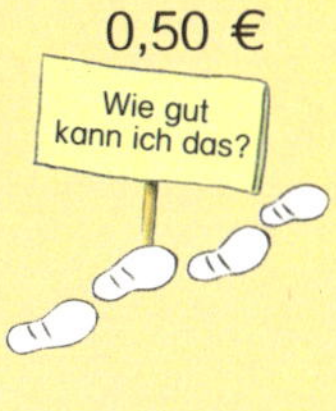

1

a) Sara kauft einen Malkasten und einen Spitzer. Wie viel muss sie bezahlen?

b) Serkan möchte einen Klebestift und Buntstifte kaufen. Wie viel kostet es zusammen?

c) Leon kauft zwei Klebestifte. Wie viel muss er bezahlen?

a)
  4,49 €
+ 0,49 €
  ____ €

Komma unter Komma!

2 Schreibe untereinander und addiere.

a)	b)	c)
12,55 € + 44,12 €	27,32 € + 32,85 €	17,98 € + 9,98 €
34,09 € + 25,85 €	63,17 € + 13,19 €	24,25 € + 0,82 €
48,70 € + 12,25 €	84,76 € + 15,13 €	30,88 € + 10,05 €

a)
  12,55 €
+ 44,12 €

Kontrolliere und besprecht.

25,07 € 27,96 € 40,93 € 56,67 € 59,94 € 60,17 € 60,95 € 76,36 € 99,89 €

3

Wie rechnest du den **Überschlag**?

4 Mache den Überschlag und prüfe durch Nachrechnen.

a) 8,73 € + 4,25 € = 11,98 €
a) Ü: 9 € + 4 € = 13 €
11,98 € kann nicht stimmen

b) 5,73 € + 4,69 € = 9,24 €

c) 5,38 € + 4,89 € = 10,27 €

d) 2,13 € + 2,75 € = 488 €

e) 1,84 € + 3,79 € = 5,63 €

f) 5,86 € + 12,15 € + 3,05 € = 19,06 €

g) 4,78 € + 5,01 € + 3,12 € = 10,91 €

h) 9,95 € + 0,78 € + 7,25 € = 17,98 €

i) 7,28 € + 9,80 € = 17,08 €

j) 4,58 € + 4,28 € + 7,75 € = 15,61 €

k) 0,95 € + 11,82 € + 7,05 € = 19,88 €

5 Reicht das Geld? Überschlage.

Rechenkonferenz

a) Welche Preise verwendet ihr für den Überschlag?

b) Tim hat 7 €. Er möchte Stifte und ein Sudoku-Heft kaufen.

c) Esra möchte ein Comic, ein Heft und einen Ball kaufen. Sie hat noch 13 €.

d) Ihr habt 15 €. Was würdet ihr kaufen?

a) Stifte 6 €
Sudoku

3 Differenzierung: den Fehler der Verkäuferin entdecken.

6

Leonhard hat 35,86 €.
Er kauft eine Lupe für 12,25 €.
Wie viel Geld bleibt übrig?
Überschlage zuerst.

Ü: 40 € − 12 € =

3	5,	8	6	€
− 1	2,	2	5	€

Komma unter Komma!

7 Subtrahiere schriftlich oder im Kopf.

a) 17,52 € − 3,74 €
78,45 € − 8,99 €
43,42 € − 0,87 €

b) 12,38 € − 12,26 €
51,57 € − 43,39 €
13,56 € − 7,84 €

c) 6,42 € − 0,89 €
18,12 € − 7,25 €
79,06 € − 4,17 €

d) 56,57 € − 12 € 8 ct
7,28 € − 5 € 3 ct
75,09 € − 48 € 12 ct

Kontrolliere und besprecht.

0,12 € 2,25 € 5,53 € 5,72 € 8,18 € 10,87 € 13,78 € 26,97 € 42,55 € 44,49 € 69,46 € 74,89 €

Tipp
Wenn ich mehr Geld gebe, als ich bezahlen muss, bekomme ich Geld zurück.

8 Die Kunden zahlen jeweils mit einem 50-Euro-Schein.
Wie viel Geld bekommt jeder zurück?

PLAAR GmbH

Artikel	Euro
1 Sonnenbrille	45,50

Plaar
5	0,	0	0	€
− 4	5,	5	0	€

SANDMANN

Anz.		€
1	Zirkel	16,95

SPRINKE Musik

1	Flöte	23,50

SCHMITZ

	€
Webrahmen	27,85
Wolle	9,30
Nadeln	2,95

OPTIK-KLEIN

Anz.		€
1	Lupe	15,95
1	Thermometer	8,85
1	Kompass	10,45

OLA-Markt

	€
Faltpapier	5,78
Schere	6,99
Klebstoff	1,05

KLOTZ GmbH

		€
10	Blöcke	9,90
3	Lineale	3,75
2	Ordner	7,58

4,50 € 9,90 € 14,75 € 26,50 € 28,77 € 33,05 € 36,18 €

9 Welche Rechengeschichten passen? Suche die Frage, rechne und antworte.

15 € − 9,95 € = ☐ €

A Max hat 9,95 €. Er bekommt von Oma noch 15 €.

B Tine hat 15 €. Sie kauft ein Spiel für 9,95 €

C Anna kauft ein Spiel für 15 € und ein Buch für 9,95 €.

D Finn hat 9,95 €. Er kauft ein Auto für 15 €.

E Ela möchte eine DVD für 15 €. Sie hat schon 9,95 € gespart.

10 Jedes Kind geht mit 10 € einkaufen.
Für das restliche Geld darf es sich ein Eis kaufen. Eine Kugel kostet 80 ct.
Reicht das Restgeld? Rechne genau aus oder überschlage.

Anna:	2,61 € + 3,84 € + 2,71 €
Vera:	3,43 € + 5,47 € + 0,39 €
Kemal:	1,85 € + 7,86 €
Lia:	0,88 € + 8,89 € + 0,05 €
Magdalena:	1,34 € + 2,48 € + 4,73 € + 65 ct
Lara:	0,75 € + 4,32 € + 1,25 € + 3 €
Kira:	0,85 € + 2,34 € + 3,98 € + 2 €
Felix:	2,05 € + 0,87 € + 5,36 €

Beim Rechnen mit Komma...

9 Eine Rechengeschichte ist nicht sinnhaft.

1 Findet zu jeder Regel eine Zahlenfolge. Wählt eine Startzahl. Schreibt immer fünf Zahlen.

a) immer + 10   a) 12, 22, 32,

b) immer − 20

c) immer + 100

d) immer − 20

e) immer − 40

f) immer + 90

g) immer − ☐

2 Wie lautet die Regel? Setze fort.

a) 50, 100, 150, … 500
b) 80, 160, 240, … 800
c) 90, 180, 270, … 900
d) 20, 40, 60, … 200
e) 60, 120, 180, … 600
f) 30, 60, 90, … 300
g) 100, 125, 150, … 450
h) 500, 485, 470, … 275
i) 900, 845, 790, … 350
j) 500, 530, 560, … 800
k) 1 000, 975, 950, … 600
l) 56, 68, 80, … 200

3 Schreibe die Zahlen geordnet auf und setze die Folge um drei Zahlen fort.

a) 250, 350, 200, 300
b) 333, 444, 555, 222
c) 727, 747, 707, 767
d) 200, 140, 180, 160
e) 605, 603, 601, 607
f) 505, 707, 606, 808

a) 200, 250, 300,   a) 350, 300, 250,

4 Wie geht es weiter? Zeichne. Setze um zwei Figuren fort. Erkläre die Regel.

a)
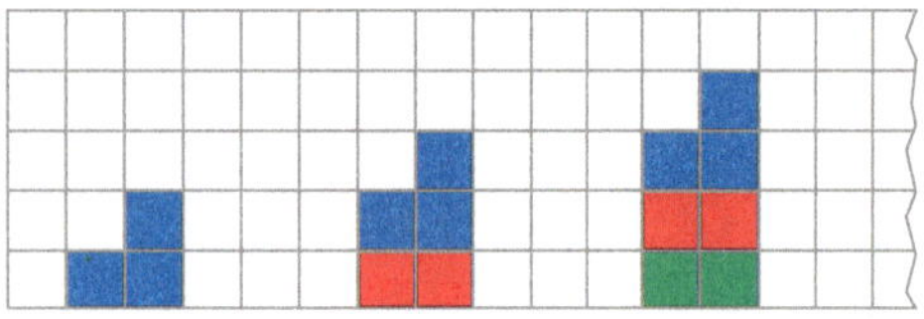
3 →(+ 2) 5 →(+ 2) 7 →(+ 2)

b)
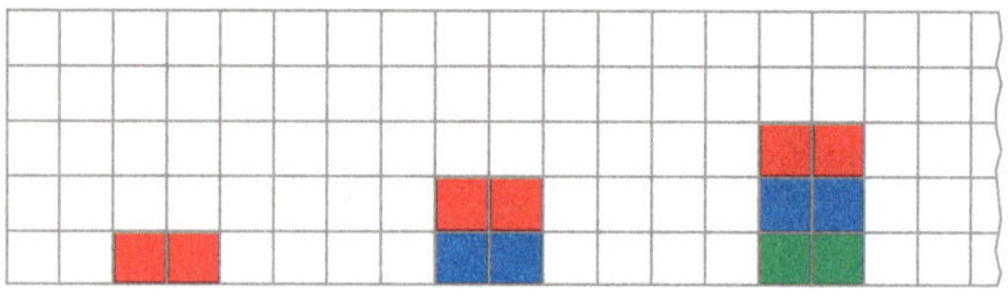
2 →(+ 2) 4 →(+ 2) 6 →(+ 2)

c)
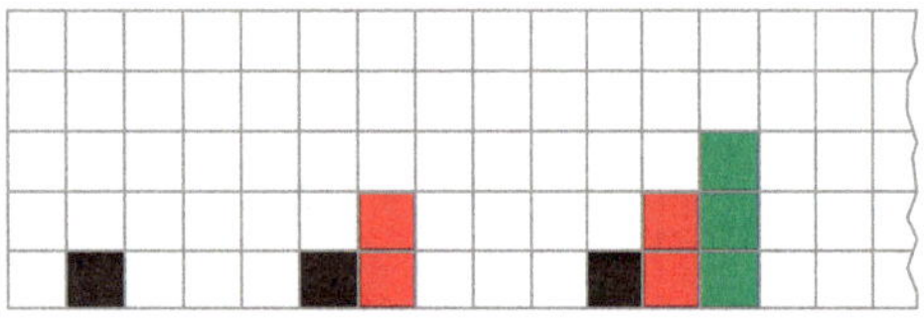
1 →(+ 2) 3 →(+ 3) 6 →(+ 4)

d)
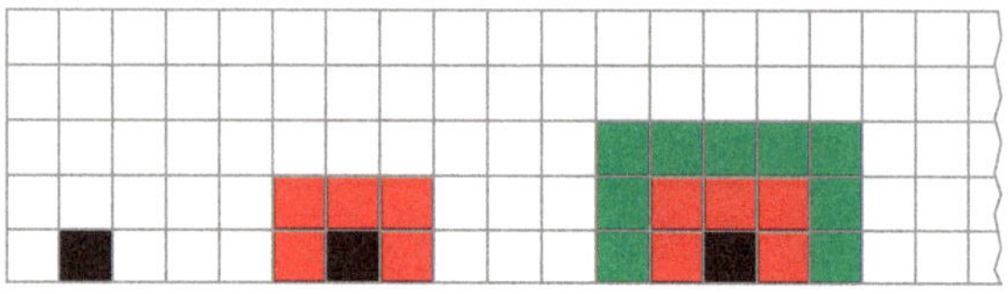
1 →(+ 5) 6 →(+ 9) 15 →

e)
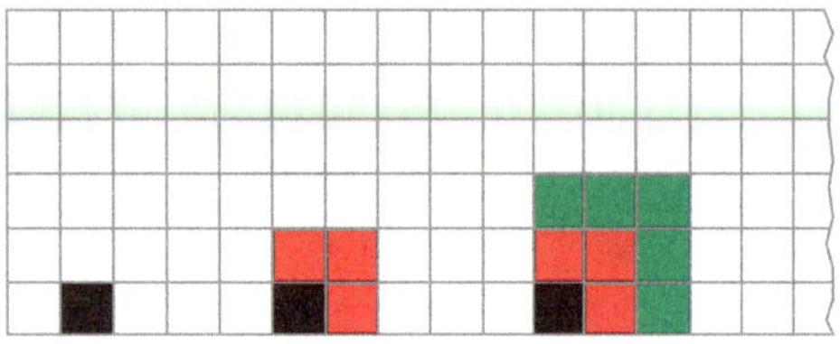
1 →(+ 3) 4 →(+ 5) 9 →

f)
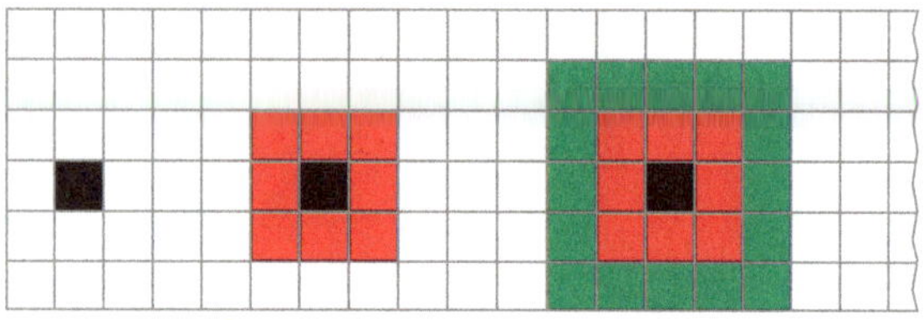
1 →(+ 8) 9 →(+ 16) 25 →

5 Finde die Regel. Wie geht es weiter?

a) 60, 80, 65, 85, 70, 90, … 85
b) 3, 4, 6, 10, 18, 34, … 514
c) 4, 9, 16, 25, … 100
d) 5, 10, 6, 12, 8, 16, … 36
e) 90, 89, 86, 81, 74, … 9
f) 100, 90, 81, 73, 66, … 45
g) 1 280, 640, 320, 160, … 5
h) 2, 4, 8, 16, 32, … 1 024

1 Wie viele Abteile benötigen sie mindestens?
a) Die 28 Kinder der Klasse 3a fahren mit dem Zug.
b) Die Klasse 3b möchte mit 25 Kindern und 7 Erwachsenen fahren.
c) Die Klasse 3c fährt mit 20 Kindern und 2 Begleitpersonen.

2 Es sind 3 Abteile voll besetzt. In einem weiteren Abteil sitzen noch 3 Kinder. Wie viele Kinder sind in der Klasse 3d?

3 Bilde Gruppen.
a) 28 Kinder in Dreiergruppen
b) 26 Kinder in Fünfergruppen
c) 28 Kinder in Fünfergruppen
d) 25 Kinder in Fünfergruppen
e) 28 Kinder in Vierergruppen
f) 23 Kinder in Fünfergruppen

4

18 : 3 = 6

a)	b)	c)	d)	e)	f)
20 : 3	16 : 3	32 : 3	26 : 2	22 : 2	19 : 2
20 : 6	16 : 6	32 : 6	26 : 4	22 : 4	19 : 4
20 : 9	16 : 9	32 : 9	26 : 8	22 : 8	19 : 8

5 Beschreibt und erklärt die Fehler der Kinder. Rechnet die Aufgaben richtig. Besprecht auch eigene Fehler.

29 : 4 = 7 R 4 — Ben

29 : 4 = 6 R 5 — Eric

55 : 7 = 8 R 1 — Ute

50 : 7 = 6 R 9 — Mira

6

a) Beim Teilen durch 3 ist der Rest kleiner als 3.

b) Beim Teilen durch 7 ist der Rest kleiner als 2.

c) Beim Teilen durch 2 kann der Rest 5 sein.

d) Beim Teilen durch 4 kann der Rest 3 sein.

7

14 35 20 50
18 10 30 60 42

Schreibe zu jeder Zahl eine Geteiltaufgabe.
a) Das Ergebnis soll ohne Rest sein.
b) Das Ergebnis soll mit Rest sein.
c) Das Ergebnis soll mit möglichst großem Rest sein.

8

50 : ___ = 6 R 2

50 − 2 = 48
48 : 6 = 8
Paul

6 · 8 = 48
48 + 2 = 50
Mia

50 − 2 = 48
48 : 8 = 6
Johannes

a)
17 : ___ = 5 R 2
38 : ___ = 4 R 2
66 : ___ = 8 R 2
47 : ___ = 7 R 5

b)
19 : ___ = 4 R 3
25 : ___ = 8 R 1
65 : ___ = 7 R 2
25 : ___ = 2 R 7

8 Forscherheft verwenden

1

Ein Kind denkt sich eine Zahl aus, die anderen erraten sie.

2 Welche Zahlen können es sein?

a) „Ich denke mir eine Zahl." – „Ist sie kleiner als 500?" – „Nein." – „Ist es eine Zehnerzahl?" – „Ja." – „Ist sie größer als 600?" – „Nein."

b) „Ich habe eine Ratezahl." – „Liegt sie zwischen 300 und 400?" – „Ja." – „Ist es eine gerade Zahl?" – „Nein." – „Ist sie kleiner als 350?" – „Ja."

3 Welche Zahl ist es?

a) Rica: „Ist die Zahl aus der Einmaleinsreihe mit 6?" Nein.
Jan: „Ist sie aus der Einmaleinsreihe mit 7?" Ja.
Lars: „Hat sie die Quersumme 13?" Ja.
Finn: „Ist sie eine Quadratzahl?" Ja.

b) Oliver: „Ist sie eine gerade Zahl?" Ja.
Paul: „Ist sie aus der Einmaleinsreihe mit 8?" Ja.
Anna: „Ist sie größer als 50?" Ja.
Patricia: „Hat sie die Quersumme 11?" Ja.

4 Wer hat hier nicht aufgepasst? Begründe.

a) Johannes: „Ist sie größer als 500?" Nein.
Tobias: „Liegt sie zwischen 250 und 500?" Nein.
Michi: „Hat sie 4 Hunderter?" Nein.
Sofie: „Ist sie größer als 150?" Ja.

b) Ines: „Ist sie eine Zehnerzahl?" Ja.
Lara: „Liegt sie zwischen 500 und 1000?" Ja.
Christine: „Ist sie kleiner als 800?" Nein.
Maria: „Ist sie kleiner als 700?" Nein.

5 a) Ordne die Aufgaben den Schachteln zu.

10 : 4 | 17 : 4 | 20 : 4 | 11 : 4 | 15 : 4 | 21 : 4 | 6 : 4 | 40 : 4
13 : 4 | 26 : 4 | 32 : 4 | 30 : 4 | 28 : 4 | 14 : 4 | 12 : 4

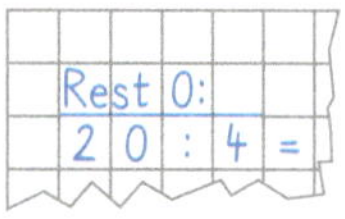

b) Suche für jede Schachtel noch drei Aufgaben.
c) Weshalb kann bei diesen Aufgaben nicht Rest 4 bleiben?

1

Die Kinder sind von der Kirche aus 1 km weit gegangen. Messt von eurer Schule d[redacted] einen Kilometer. Vermutet vorher, bis wohin ihr kommt.

1 Kilometer = 1 km

Womit messen wir?
- Kilometerzähler am Fahrrad
- Schritte
- Bandmaß (20 m oder 25 m)
- 100-m-Schnur
- Messrad

2 Einen Kilometer messen.

Starke Päckchen

a) mit der 100-m-Schnur
___ · 100 m = 100 m
___ · 100 m = 200 m
___ · 100 m = 300 m

b) mit Schritten
2 Schritte = 1 m
20 Schritte = ___ m
200 Schritte = ___ m

c) mit dem 25-m-Bandmaß
2 · 25 m = ___ m
___ · 25 m = ___ m
___ · 25 m = ___ m

3 Für einen Kilometer braucht man zu Fuß vierzehn Minuten. Setze die Tabellen fort.

a)

Entfernung	Zeit
1 km	14 min
2 km	28 min
3 km	42 min
4 km	56 min
5 km	1 h 10 min

1 h = 1 Stunde

b)

Entfernung	Zeit
$\frac{1}{2}$ km	7 min
$1\frac{1}{2}$ km	21 min
$2\frac{1}{2}$ km	35 min

1 km = 1 000 m
$\frac{1}{2}$ km = 500 m

Ich spreche: Ein halber Kilometer sind 500 Meter.

4 Findet in eurem Wohnort Folgendes heraus.
a) Was ist ungefähr einen Kilometer von eurer Wohnung entfernt?
b) Wer wohnt weiter als 1 km von der Schule entfernt?

5 Ergänze auf einen Kilometer.

a)	b)	c)
950 m	530 m	467 m
750 m	535 m	142 m
250 m	565 m	349 m
		137 m
		353 m

a) 950 m + ___ m = 1 km

6 Ergänze auf einen halben Kilometer.

a)	b)	c)
350 m	280 m	187 m
150 m	285 m	236 m
450 m	140 m	399 m
50 m	145 m	413 m
250 m	500 m	94 m

1 Evtl. Messrad verwenden.
4 Bruchzahl $\frac{1}{2}$ erklären.

Tipp
Um eine Gesamtstrecke zu berechnen, musst du die Teilstrecken addieren.

1

2 Wähle aus der Karte Strecken aus und berechne die Entfernung.

3 Fahraufträge der Spedition Handhammer in Regensburg für Mittwoch.

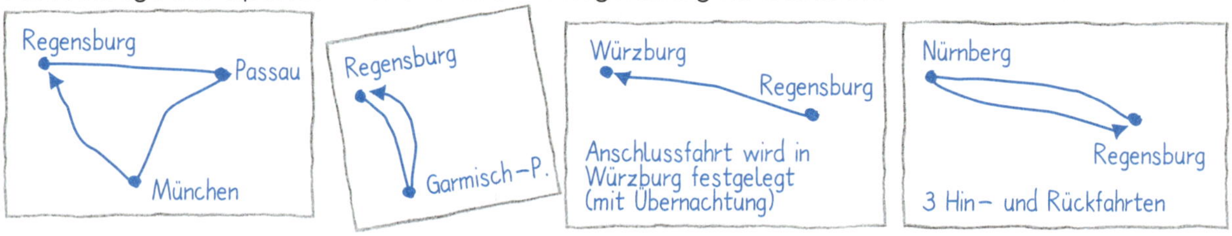

a) Berechne für jeden Fahrauftrag die Gesamtstrecke.

b) Verteile die Aufträge an die Fahrer. Lies zunächst ihre Wünsche und versuche, sie zu erfüllen.
Fahrer Sendler sagt: „Ich möchte auf alle Fälle am Abend wieder in Regensburg sein."
Fahrerin Erler meint: „Ich möchte heute nicht mehr als 400 km fahren, sollte aber auf alle Fälle auch nach München kommen."
Fahrer Anders stellt fest: „Ich fahr immer gern die gleiche Strecke."
Fahrer Hofer erklärt: „Ich übernachte auch mal gerne unterwegs."

c) Zeichne Skizzen für andere Fahraufträge.

4

1 Die Kinder messen sich gegenseitig und notieren die Ergebnisse.

Elli notiert:

	m	cm
Elli	1	3 0
Marvin	1	4 3

Marvin notiert:

Elli	1,3 0 m
Marvin	1,4 3 m

Marvin Elli

2 a) Messt Kinder in eurer Gruppe.
Notiert die Ergebnisse wie Marvin.
Lest vor.
b) Ordne die Kinder eurer Gruppe nach der Größe.
c) Wer ist der Größte, wer ist der Kleinste?

3 Schreibe auch diese Längen mit Komma.

a) 4 m 20 cm
4 m 90 cm
4 m 25 cm

4 m 2 0 cm = 4,2 0 m
4 m 9 0 cm =

b) 1 m 50 cm
2 m 50 cm
4 m 50 cm

c) 3 m 19 cm
3 m 20 cm
3 m 21 cm

d) 2 m 48 cm
4 m 38 cm
6 m 28 cm

4 Wie schreibe ich die Längenangaben mit Komma?

a) 1 m 1 cm b) 5 m d) 4 cm c) 12 cm e) 100 cm

5 Suche Gegenstände, die ungefähr so lang sind. 10 cm 30 cm 50 cm 1 m

1 Meter = 100 Zentimeter
1 m = 100 cm
$\frac{1}{2}$ m = 50 cm

6 Rechne um in Zentimeter.

a) 5 m
2 m
9 m

b) $\frac{1}{2}$ m
6 m
10 m

c) 1 m 30 cm
1 m 90 cm
2 m 25 cm

d) 2 m 5 cm
5 m 5 cm
1 m 9 cm

e) 1 $\frac{1}{2}$ m
2 $\frac{1}{2}$ m
5 $\frac{1}{2}$ m

1000 cm = 10,00 m
100 cm = 1,00 m
10 cm = 0,10 m
1 cm = 0,01 m

7 Schreibe mit Komma.
Zeichne ins Heft, an die Tafel oder auf den Schulhof.

a) 5 cm
10 cm
50 cm

b) 200 cm
250 cm
350 cm

c) 3 cm
30 cm
13 cm

d) 8 cm
18 cm
180 cm

e) 89 cm
380 cm
38 cm

2 Begriffe kleiner/größer verwenden. 4 Forscherheft verwenden.
5 Plakat zu Bezugsgrößen gestalten.

1 Vergleiche Zentimeter und Millimeter.

1 Zentimeter = 10 Millimeter
1 cm = 10 mm
$\frac{1}{2}$ cm = 5 mm

Ich spreche: Ein halber Zentimeter sind 5 Millimeter.

Wie viele Millimeter hat dein Lineal?

2 Zeichne die Strecken bis 50 mm.

5 mm
10 mm
15 mm

5 mm
10 mm

3 a) Schätze die Längen der größten und der kleinsten Schraube. Schreibe sie auf.
b) Miss alle Längen genau und schreibe in Millimeter.
c) Vergleiche die geschätzten mit den gemessenen Längen.

a) größte Schraube geschätzt:
b) gemessen:
A 3 cm 5 mm = 35 mm

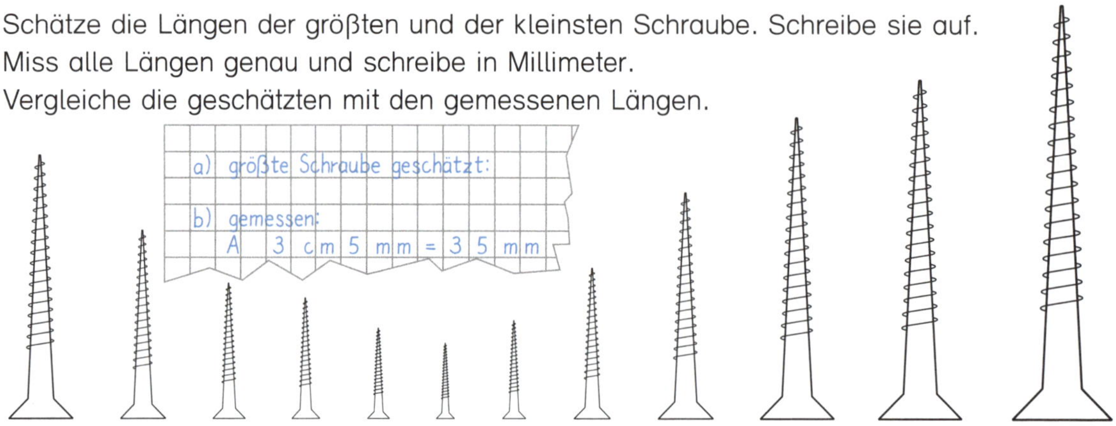

4 Rechne um in cm und mm.

a) 18 mm, 80 mm, 8 mm

a) 18 mm = 1 cm 8 mm

b) 100 mm, 50 mm, 25 mm
c) 120 mm, 12 mm, 42 mm
d) 90 mm, 150 mm, 23 mm
e) 75 mm, 160 mm, 170 mm

5 Rechne um in mm.

a) 2 cm, 4 cm, 8 cm
b) 15 cm, 22 cm, 58 cm
c) 5 cm 3 mm, 8 cm 7 mm, 9 cm 8 mm
d) 8 cm 8 mm, 9 cm 9 mm, 10 cm 1 mm
e) 10 cm 5 mm, 11 cm 5 mm, 12 cm 5 mm

6 Zeichne Rechtecke.

	A	B	C	D	E	F
Länge	25 mm	65 mm	35 mm	21 mm	42 mm	45 mm
Breite	10 mm	30 mm	35 mm	42 mm	64 mm	27 mm

A 25 mm 10 mm

7 Ordnet nach der Länge. Beschreibt euren Lösungsweg.

a) 2 mm, 2 cm, 21 mm, 2 cm 3 mm, 2 m
b) 55 mm, 5 mm, 5 cm, 5 cm 50 mm, 5 m
c) 10 cm, 9 cm, 900 mm, 9 cm 9 mm, 9 m

1

Der Schulgarten wird eingezäunt.
Er ist 70 m lang und 30 m breit.

a) Welche Skizze passt? Was haben die anderen Kinder falsch gemacht?

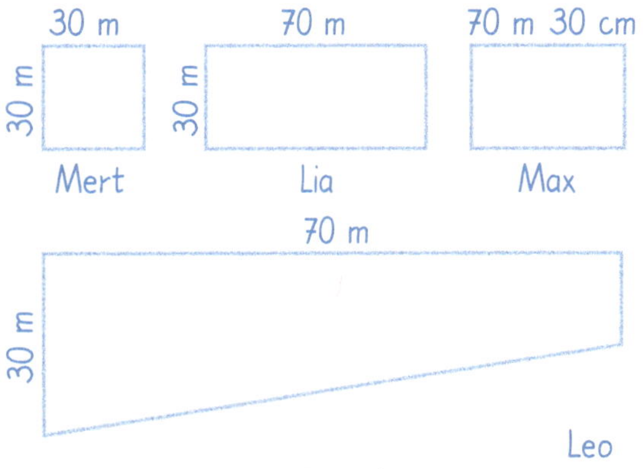

b) Wie lang ist der Zaun? Beschreibt, wie ihr rechnet.

2 Der Schulgarten der Michaelschule wird neu eingezäunt. Die Klasse 3c hat die Länge 80 m und die Breite 25 m gemessen. Der Eingang ist 100 cm breit und bleibt frei. Wie viel Meter Zaun muss die Schule kaufen?

3 Was passt zusammen? Ordne zu und schreibe auf.

A Länge eines Radweges
B Länge eines Autos
C Länge eines Radiergummis
D Dicke einer Euromünze

4 m | 1 m | 4 km | $2\frac{1}{2}$ cm | 2 mm | 100 m | 4 cm | 10 cm

E Länge eines Klebestiftes
F Breite einer Tür
G Länge eines Spitzers
H Länge eines Fußballplatzes

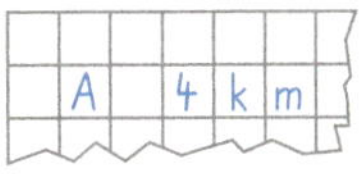

4

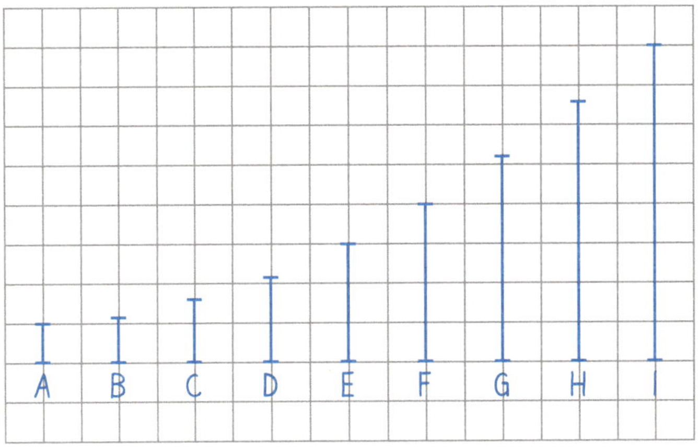

① Miss die Strecken und zeichne sie in dein Heft.
② Notiere die Längen.
③ Erkennst du die Regel?
④ Wie lang ist die nächste Strecke?
⑤ Setze fort.

5 Suche verschiedene Zerlegungen.

$\frac{1}{2}$ m | 1 m | 2 m | 8 m | 15 cm | 80 cm

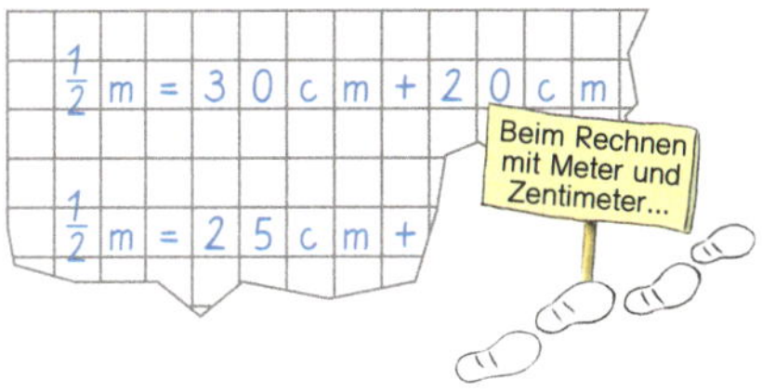

1 Begriffe Länge und Breite klären.
Diff.: Aufgaben zum eigenen Garten schreiben.

1 Wie groß ist der Höhenunterschied?

137 m hoch
Unterschied
62 m hoch

	137 m
−	62 m

62 m + 38 m = 100 m

100 m + 37 m = 137 m

2 Berechne die Höhenunterschiede.

a)

880 m	880 m	880 m	931 m	909 m
40 m				
840 m	845 m	867 m	975 m	975 m

b)

850 m	850 m	495 m	495 m	603 m
790 m	910 m	548 m	473 m	598 m

3 a)

500 m	520 m	525 m	199 m	199 m
m				
298 m	298 m	298 m	205 m	179 m

b)

685 m	99 m	182 m	785 m	946 m
317 m	146 m	355 m	376 m	847 m

6 m 20 m 47 m 99 m 173 m 202 m 222 m 227 m 368 m 409 m

4

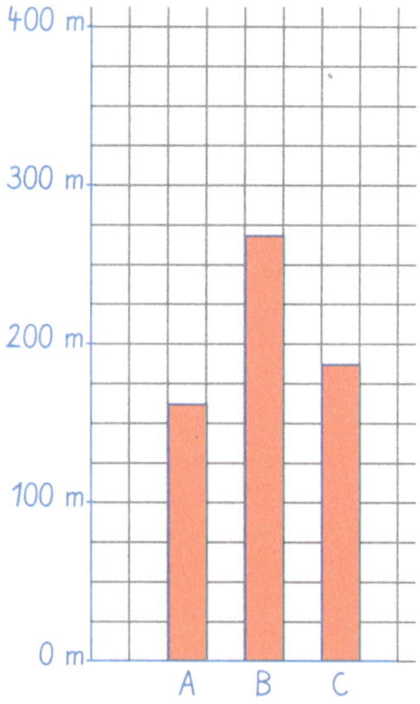

Gebäude in Deutschland und ihre Höhe.

a) Welche Gebäude sind im Diagramm dargestellt?

b) Ordne die abgebildeten Gebäude nach der Höhe und zeichne ein eigenes Diagramm. (10 m entsprechen 2 mm)

c) Welche Gebäude haben mehr als 100 m Höhenunterschied?

Messeturm Frankfurt 265 m

Frauenkirche München 99 m

Ulmer Münster 161 m

Olympia-Turm München 182 m

Fernsehturm Berlin 361 m

Funkturm Berlin 215 m

5 Berechne die fehlenden Lösungen.

Rechenkonferenz

Nebenflüsse der Donau

Iller	165 km
Lech	263 km
Isar	295 km
Inn	510 km
Altmühl	
Naab	
Regen	

Der Längenunterschied von Inn und Altmühl ist 290 km.

Dann ist die Altmühl 800 km lang.

Nein, nur 220 km.

a) Beide Kinder haben sich nicht verrechnet. Aber nur ein Kind hat Recht. Erklärt.

b) Der Längenunterschied von Naab und Iller ist 0 km.

c) Der Längenunterschied von Regen und Lech ist 98 km.

Beim Berechnen von Unterschieden...

5 Thematisieren, dass es für eine Differenz und eine Ausgangszahl zwei Möglichkeiten gibt. Sachlösung unter Verwendung der Landkarte plausibel erklären.

FERMI **1**

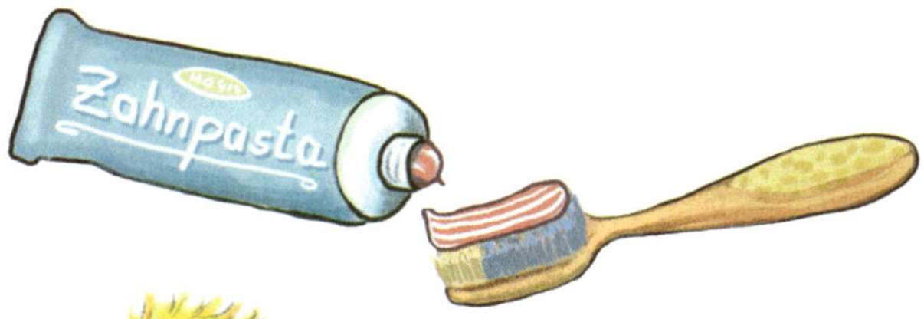

a) Verbrauche ich in einem Monat mehr als einen Meter Zahnpasta? Überlege.

Besprecht Ideen, wie ihr eine Lösung finden könnt.

Schreibt eure Lösungswege auf Plakate. Erklärt sie den anderen Gruppen.

b) Wie lange putzt du dir in einem Monat insgesamt die Zähne?

FERMI **2**

a) Wie viele Rollen Toiletten-Papier verbrauchst du in einem Jahr?

b) Wie viele Rollen Toiletten-Papier werden in eurer Schule in einem Monat verbraucht?

W

3 Ergänze auf einen Kilometer.

a)	b)	c)
850 m	200 m	990 m
550 m	100 m	870 m
350 m	400 m	905 m
		955 m
		959 m

a) 850 m + ___ m = 1 km

4 Ergänze auf einen halben Kilometer.

a)	b)	c)
400 m	450 m	495 m
200 m	250 m	490 m
100 m	150 m	180 m
10 m	190 m	320 m
5 m	110 m	335 m

5 **3 Tage Wandern: 87 km**

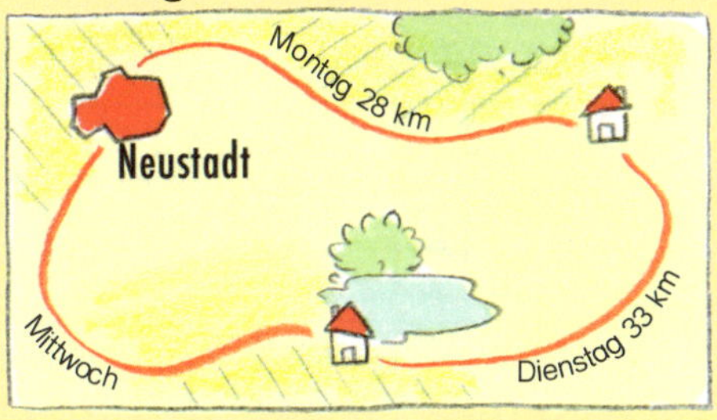

Wie viel Kilometer sind am Mittwoch zu wandern? Entscheide zunächst, wie du rechnest.

A Erst plus, dann plus.
B Erst minus, dann minus.
C Erst mal, dann minus.
D Erst plus, dann minus.

6 **4 Tage Radtour: 168 km**

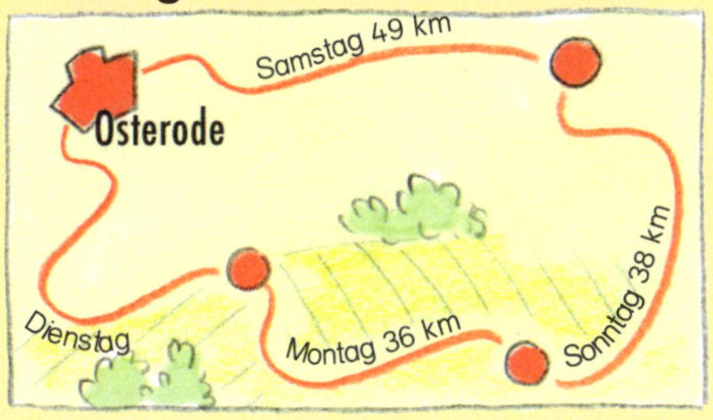

Wie viel Kilometer sind am Dienstag zu fahren? Entscheide zunächst, wie du rechnest.

A Erst minus, dann minus, dann minus.
B Erst drei Zahlen plus, dann mal.
C Erst durch drei teilen, dann minus.
D Erst drei Zahlen plus, dann minus.

1 und 2 Offene Sachsituation. Fehlende Daten sammeln oder abschätzen. Material bereithalten. Auf eigenen Wegen zum ungefähren Ergebnis kommen. Präsentieren.
5 und 6 Erst den Rechenweg überlegen, dann rechnen und antworten.

1	2	3	4	5	6	7	8	9	10
11	12	13	14	15	16	17	18	19	20
21	22	23	24	25	26	27	28	29	30
31	32	33	34	35	36	37	38	39	40
41	42	43	44	45	46	47	48	49	50
51	52	53	54	55	56	57	58	59	60
61	62	63	64	65	66	67	68	69	70
71	72	73	74	75	76	77	78	79	80
81	82	83	84	85	86	87	88	89	90
91	92	93	94	95	96	97	98	99	100

1

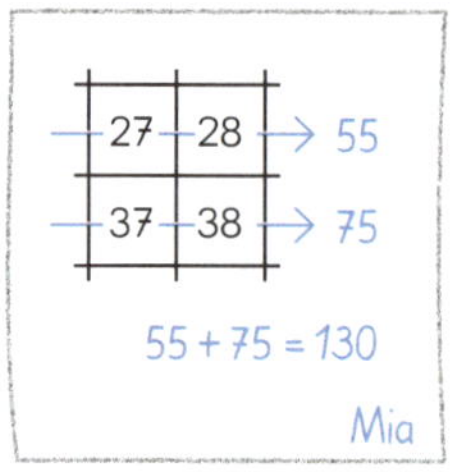

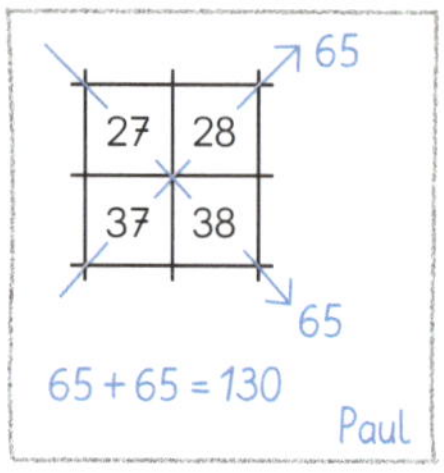

a) Mia und Paul haben die vier Zahlen im blauen Quadrat addiert. Schau dir an, wie die beiden gerechnet haben. Vergleicht ihre Rechenwege.

b) Warum hat Paul zwei gleiche Zwischenergebnisse?

2 Addiere die Zahlen. a) im gelben Quadrat b) im roten Quadrat c) im grünen Quadrat

3 Stellt euch gegenseitig weitere Aufgaben.

4 Suche immer das passende Quadrat.
a) Summe 26 b) Summe 46 c) Summe 106 d) Summe 198 e) Summe 378

5

1	2	3
11	12	13
21	22	23
31	32	33

1	2	3	4
11	12	13	14
21	22	23	24
31	32	33	34

1	2	3	4	5
11	12	13	14	15
21	22	23	24	25
31	32	33	34	35

1	2	3	4	5	6
11	12	13	14	15	16
21	22	23	24	25	26
31	32	33	34	35	36

a) Addiere jeweils die vier Zahlen. Vergleiche die Summen.

b) Kennst du schon die nächste Summe? Begründe.

6 Addiere jeweils die Zahlen einer Farbe. Wie verändern sich die Ergebnisse? Begründe.

a)

1	2	3	4	5	6	7	8	9	10
11	12	13	14	15	16	17	18	19	20
21	22	23	24	25	26	27	28	29	30
31	32	33	34	35	36	37	38	39	40
41	42	43	44	45	46	47	48	49	50
51	52	53	54	55	56	57	58	59	60
61	62	63	64	65	66	67	68	69	70
71	72	73	74	75	76	77	78	79	80
81	82	83	84	85	86	87	88	89	90
91	92	93	94	95	96	97	98	99	100

b)

1	2	3	4	5	6	7	8	9	10
11	12	13	14	15	16	17	18	19	20
21	22	23	24	25	26	27	28	29	30
31	32	33	34	35	36	37	38	39	40
41	42	43	44	45	46	47	48	49	50
51	52	53	54	55	56	57	58	59	60
61	62	63	64	65	66	67	68	69	70
71	72	73	74	75	76	77	78	79	80
81	82	83	84	85	86	87	88	89	90
91	92	93	94	95	96	97	98	99	100

W

7 a)

b)

1 a) Bilde aus den Ziffern 2 und 4 zwei dreistellige Zahlen, bei denen die Hunderter- und die Einerstelle immer gleich sind.
b) Finde zehn weitere IRI-Zahlenpaare.
c) Schreibe alle IRI-Zahlen, die mit 5 beginnen.
d) Schreibe alle IRI-Zahlen, die an der Zehnerstelle eine 0 haben.
e) Wie viele IRI-Zahlen gibt es?

Das sind IRI-Zahlen.

IRI-Zahlen	
323	878
787	191
919	232

2 Bilde wieder jeweils aus den beiden Ziffern zwei dreistellige IRI-Zahlen. Subtrahiere schriftlich.

a) 5 3 b) 1 7 c) 9 4 d) 2 1 e) 6 5 f) 3 8

a) 535
− 353

3 a) Subtrahiere. Was fällt dir auf?

313	424	535	646	757	868	979
−131	−242	−353	−464	−575	−686	−797

b) Vergleiche immer den Unterschied zwischen den Ziffern der beiden IRI-Zahlen.
c) Wie verändert sich die Quersumme der IRI-Zahlen von einer Minusaufgabe zur nächsten?

Wie verändern sich H, Z, E von Aufgabe zu Aufgabe?

H	Z	E
3	1	3
1	3	1

H	Z	E
4	2	4
2	4	2

4 Subtrahiert und setzt die Reihen fort. Was fällt euch auf? Beschreibt und erklärt.

a)

212	323	434	545
−121	−232	−343	−454

b)

414	525	636	747
−141	−252	−363	−474

5 a) Subtrahiert. Was fällt euch auf? Beschreibt und erklärt.

323	424	525	626	727	828	929
−232	−242	−252	−262	−272	−282	−292

Wie verändern sich H, Z, E von Aufgabe zu Aufgabe?

b) Berechnet die Quersumme aller Differenzen. Vergleicht.
c) Addiert bei allen Differenzen jeweils die Ziffern der Hunderter- und der Zehnerstelle.
d) Addiert bei allen Differenzen jeweils die Ziffern der Zehner- und der Einerstelle.
e) Berechnet von Differenz zu Differenz den Unterschied.

6 Bilde aus jeweils zwei Ziffern zwei IRI-Zahlen und subtrahiere sie schriftlich. Finde immer drei passende Aufgaben.

a) Die Differenz der beiden Zahlen ist 364.
b) Die Differenz der beiden Zahlen ist 637.
c) Die Differenz der beiden Zahlen ist 819.
d) Die Differenz der beiden Zahlen ist 455.
e) Die Differenz der beiden Zahlen ist 728.

a) 515
− 151

6 Forscherheft verwenden.

1

1 · 7
Das Einfache von 7 ist 7.

2 · 7
Das Zweifache von 7 ist 14.

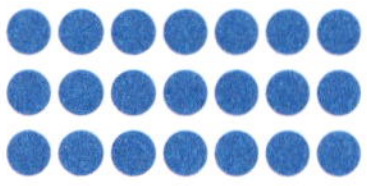

3 · 7
Das Dreifache von 7 ist 21.

> Die **Vielfachen** von 7 sind:
> 7, 14, 21, 28, 35, 42, 49, 56, 63, 70, 77, 84,...

2 Notiere zwölf Vielfache dieser Zahlen.

a) 2

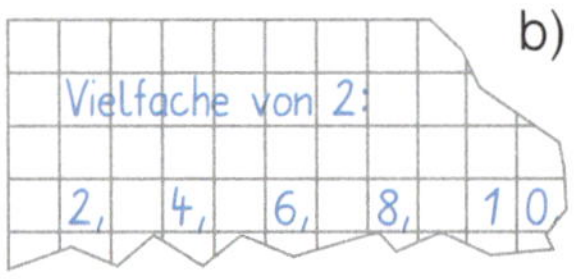

b) 4 c) 8 d) 5 e) 10 f) 6 g) 3

3

Vergleiche immer die Vielfachen von zwei Zahlen.
Kreise gemeinsame Vielfache ein. Erkläre.

a) Vielfache von 2 und 3
b) Vielfache von 4 und 5
c) Wähle selbst zwei Zahlen und vergleiche ihre Vielfachen.

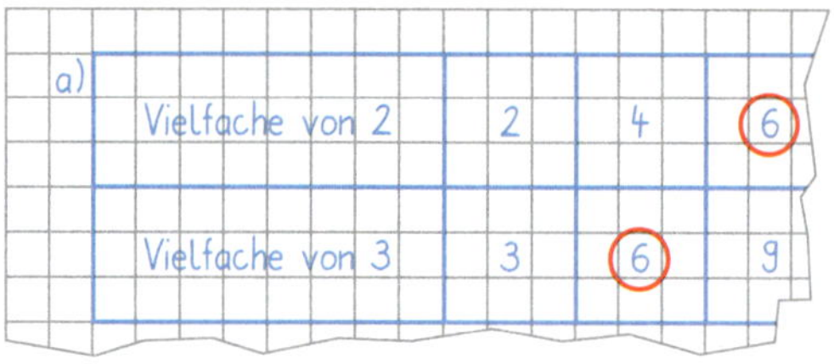

4

8 : 1 = 8
8 : 2 = 4
8 : 3 = 2 Rest 2
8 : 4 = 2
8 : 5 = 1 Rest 3
8 : 6 = 1 Rest 2
8 : 7 = 1 Rest 1
8 : 8 = 1

> Die **Teiler** von 8 sind:
> 1, 2, 4, und 8

Du findest die Teiler auch, wenn du die Malaufgaben mit dem Ergebnis 8 suchst.

1 · 8 = 8 2 · 4 = 8

Die Teiler sind 1, 8, 2 und 4.

5 Suche die Teiler dieser Zahlen.

a) 20 b) 16 c) 10 d) 18 e) 12 f) 15 g) 30

6 a) 12 ist ein Vielfaches von ___, ___, ___ und ___. b) 5 ist ein Teiler von ___, ___ und ___.
c) Finde weitere Aufgaben.

7

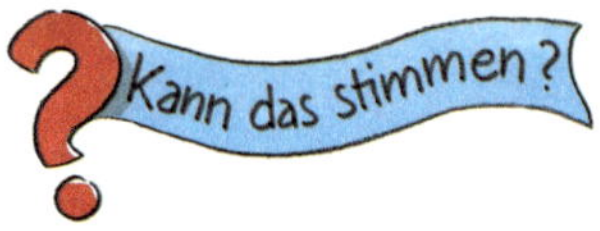

a) Gerade Zahlen sind durch 2 teilbar.

b) 24 ist ein Vielfaches von 1, 2, 3, 4, 5, 6, 8.

c) Alle Vielfachen von 9 sind auch Vielfache von 3.

d) Wenn 12 ein Vielfaches von 3 ist, dann ist 3 auch ein Teiler von 12.

e) 16 ist teilbar durch 1, 2, 3, 4 und 8.

f) Jede Zahl ist durch 1 und durch sich selbst teilbar.

g) Alle Zahlen mit dem Teiler 2 haben auch den Teiler 4.

1

2 Lege Rechtecke aus 7 Quadraten. Schreibe die Malaufgaben. Finde die Teiler. Was fällt dir auf?

> Zahlen, die nur zwei Teiler haben, 1 und die Zahl selbst, heißen **Primzahlen**.

3 Suche weitere Primzahlen. Probiere mit Plättchen.

4 Ordne die Zahlen den Kästchen zu. Manche Zahlen passen in mehrere Kästchen.

63 40 54 5 44 9 13 72 16 25 33 8 15

5 Kann das stimmen?

a) Meine Zahl ist eine Primzahl und ein Teiler von 35.

b) Meine Zahl liegt zwischen 60 und 70 und ist ein gemeinsames Vielfaches von 4 und 8.

c) Meine Zahl ist ungerade und sie ist ein Teiler von 12.

d) Meine Zahl ist die kleinste Primzahl.

e) Meine Zahl liegt zwischen 20 und 30 und ist ein gemeinsames Vielfaches von 4 und 8.

f) Meine Zahl ist ein Teiler von allen Zahlen.

g) Meine Zahl ist gerade und sie ist eine Primzahl.

h) Meine Zahl ist ungerade und sie ist ein Teiler von 24.

Evt. Würfel verwenden.
5 b) und d) Zwei Lösungen möglich.

1 Paul hat die Kombination seines Zahlenschlosses vergessen.
Er weiß nur noch, dass die Ziffern 2, 4, 6 vorkommen.
a) Zeichne das Baumdiagramm vollständig.

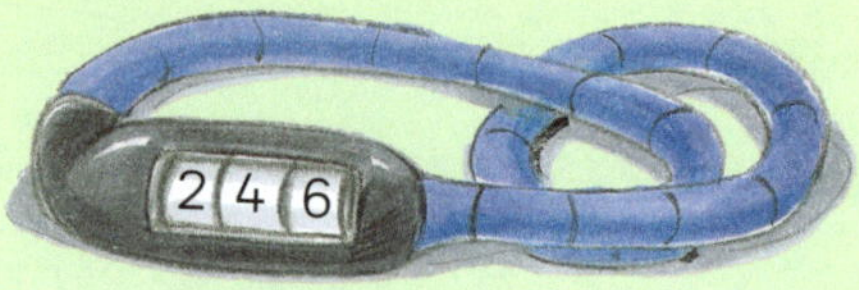

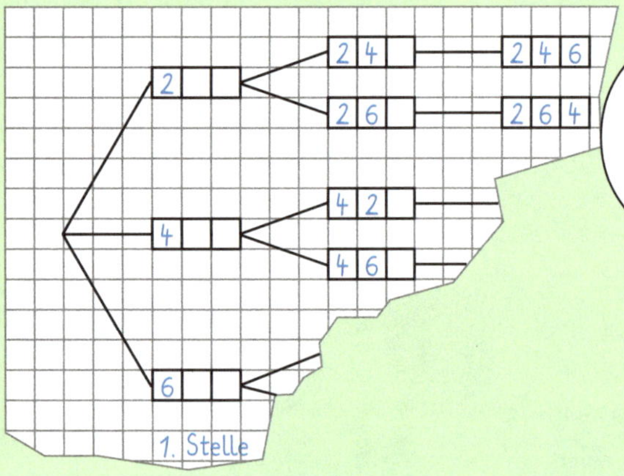

b) Wie oft muss Paul höchstens probieren, bis er das Zahlenschloss offen hat?

2 Bei Lenis Zahlenschloss kommen die Ziffern 3, 6, 9 jeweils einmal vor.
Stelle die verschiedenen Möglichkeiten mit einem Baumdiagramm dar.

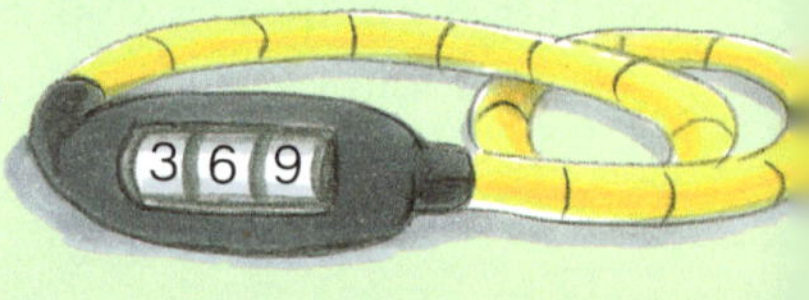

3 Johannes hat ein vierstelliges Zahlenschloss,
bei dem die Ziffern 1, 3, 5, 7 jeweils einmal vorkommen.
Stelle die verschiedenen Möglichkeiten
mit einem Baumdiagramm dar.

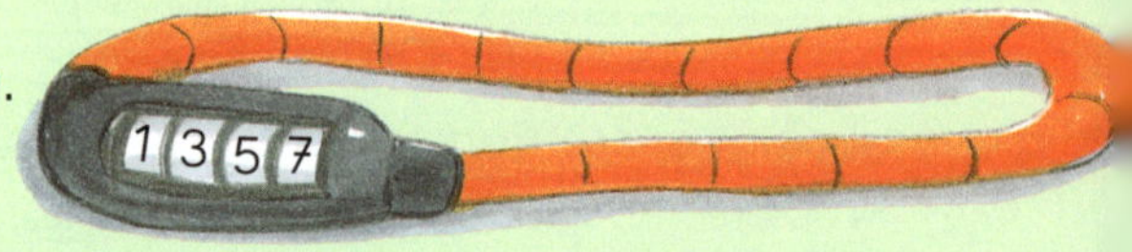

4 Denke dir weitere Aufgaben mit Zahlenschlössern aus.

5 Wie viele verschiedene Möglichkeiten gibt es?

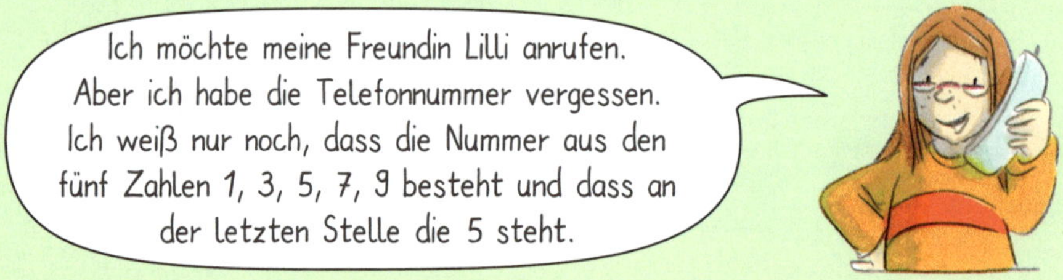

W

6 Zu welcher Einmaleinsreihe gehören die Zahlen? Schreibe die Malaufgaben.

a) 10 15 25 — a) 2 · 5 = 10
b) 18 36 27
c) 14 28 63
d) 7 5 3

7 Schreibe die Einmaleinsreihe mit 7, 8 und 9 auf.

8 Welche Zahlen sind Vielfache von 4 und 6? Schreibe die Aufgabe

12 — 3 · 4 = 12, 2 · 6 = 12

14 24 26 28 32 48 34 40 36

Mit Zahlenkärtchen legen lassen.

1 a)

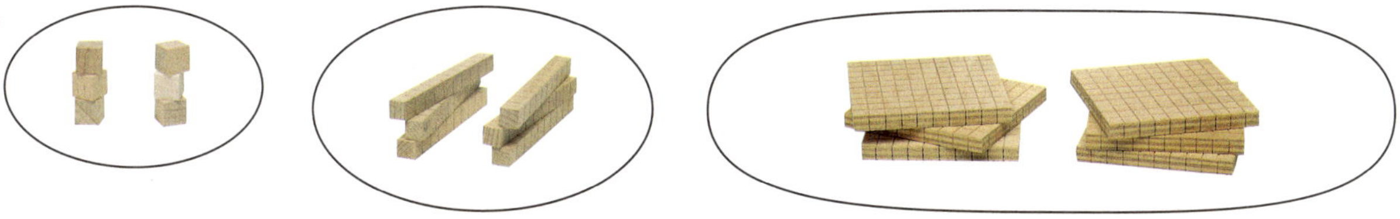

2 · **3** = ▭	2 · **30** = ▭	2 · **300** = ▭
Grundaufgabe	**das Zehnfache**	**das Hundertfache**

b)

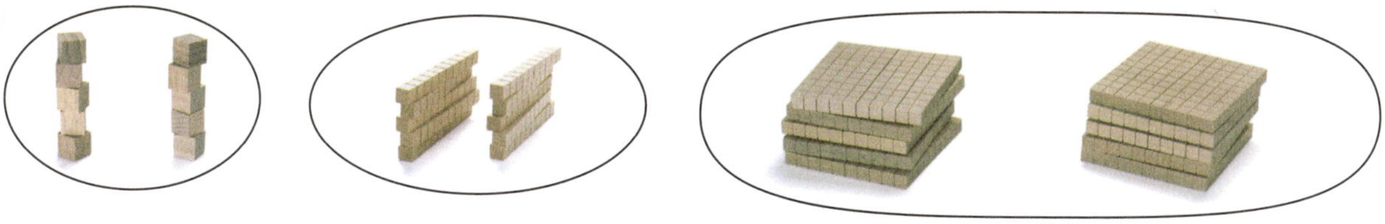

2 · 5 ▭ ▭

c)

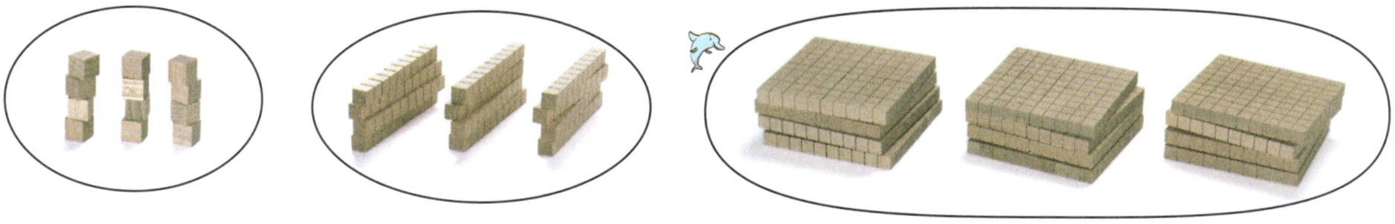

3 · 4 ▭ ▭

2 Legt und rechnet. Erklärt die Regel.

a) 3 · 3, 3 · 30, 3 · 300
b) 4 · 2, 4 · 20, 4 · 200
c) 2 · 4, 2 · 40, 2 · 400
d) 5 · 2, 5 · 20, 5 · 200
e) 6 · 1, 6 · 10, 6 · 100
f) 3 · 5, 3 · 50, 3 · 500

3

a) 2 · 70, 4 · 70, 8 · 70
b) 3 · 80, 6 · 80, 9 · 80
c) 2 · 50, 5 · 50, 7 · 50
d) 4 · 60, 6 · 60, 8 · 60
e) 3 · 70, 6 · 70, 9 · 70
f) 1 · 80, 10 · 80, 11 · 80

4 Rechne mit der Tauschaufgabe.

a) 70 · 3, 80 · 4, 90 · 5, 100 · 6
b) 80 · 8, 70 · 7, 50 · 6, 40 · 5
c) 20 · 8, 40 · 6, 40 · 4, 80 · 2
d) 70 · 5, 60 · 5, 60 · 6, 30 · 6
e) 70 · 0, 70 · 1, 70 · 10, 70 · 9
f) 150 · 5, 120 · 5, 200 · 5, 300 · 5

5 In jeder Rechentafel sind fünf Fehler. Schreibe diese Aufgaben richtig ins Heft.

a)

·	10	20	40
2	12	40	60
3	30	60	120
4	44	80	160
5	50	10	120

b)

·	20	30	70
1	20	30	70
6	120	160	460
7	140	230	490
9	190	270	610

c)

·	3	6	8
50	150	350	400
60	160	360	460
80	320	480	640
40	140	240	320

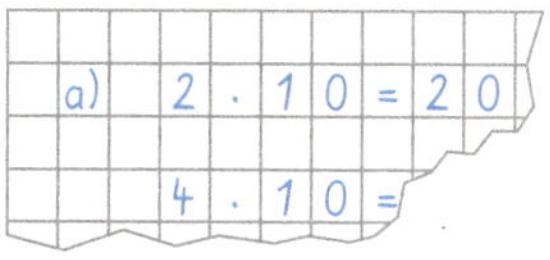

1 Wie rechnest du? Vergleicht und besprecht die Rechenwege.

180 : 60

Paul:
18 : 6 = 3
180 : 60 = 3

Johannes:
3 · 60 = 180

Carina:
$180 \xrightarrow{:10} 18 \xrightarrow{:6} 3$

Mia:
60 + 60 + 60 = 180

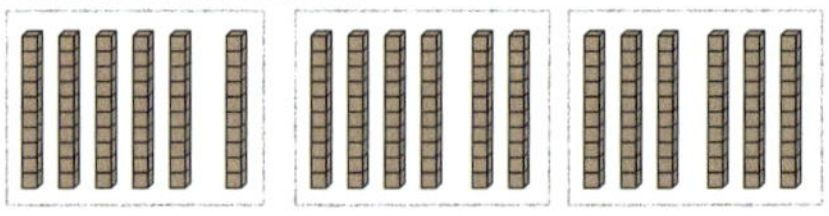

2

a) 21 : 3 210 : 30	b) 42 : 6 420 : 60	c) 16 : 4 160 : 40	d) 32 : 8 320 : 80	e) 18 : 3 180 : 30	f) 36 : 6 360 : 60
g) 49 : 7 490 : 70	h) 50 : 5 500 : 50	i) 56 : 8 560 : 80	j) 72 : 9 720 : 90	k) 28 : 7 280 : 70	l) 20 : 4 200 : 40

3 Rechne auf deine Weise. Prüfe mit der Umkehraufgabe.

a) 210 : 70
420 : 70
490 : 70

a) 210 : 70 = 3
3 · 70 = 210

b) 180 : 90
360 : 90
720 : 90

c) 160 : 40
200 : 40
240 : 40

d) 150 : 30
210 : 30
270 : 30

4 Vergleiche die Ergebnisse.

a) 240 : 60 480 : 60	b) 200 : 50 400 : 50	c) 80 : 20 160 : 20	d) 350 : 70 700 : 70	e) 240 : 80 480 : 80
f) 160 : 40 320 : 40	g) 150 : 30 300 : 30	h) 360 : 90 720 : 90	i) 180 : 60 360 : 60	j) 280 : 70 560 : 70

5

8 · 30 = 240

a) 240 : __ = 8	b) 120 : __ = 4	c) 480 : __ = 8	d) 360 : __ = 9	e) 600 : __ = 10
240 : __ = 3	120 : __ = 2	480 : __ = 6	360 : __ = 4	600 : __ = 20
240 : __ = 6	120 : __ = 3	280 : __ = 7	360 : __ = 6	600 : __ = 30
240 : __ = 4	120 : __ = 6	280 : __ = 4	360 : __ = 12	600 : __ = 60

6

a)

Wenn ich meine Zahl mit 60 multipliziere, erhalte ich 540.

b)

Wenn ich meine Zahl mit 40 multipliziere, erhalte ich das Doppelte von 160.

c)
Wenn du den 80. Teil von 480 nimmst und das Ergebnis halbierst, erhältst du meine Zahl.

d)

Wenn ich meine Zahl mit 20 multipliziere, erhalte ich 200.

e)

Wenn ich meine Zahl mit 40 multipliziere, erhalte ich die Hälfte von 400.

f)
Wenn ich meine Zahl durch 60 dividiere, erhalte ich das Doppelte von 3.

1 Bäcker Meier kauft Paletten mit je 30 Eiern.
Wie viele Eier braucht er an den verschiedenen Tagen?

a) Für Montag kauft er 3 Paletten.
b) Am Dienstag braucht er 5 Paletten.
c) Am Mittwoch nimmt er 6 Paletten.
d) Für Donnerstag kauft er 4 Paletten.
e) Am Freitag braucht er 7 Paletten und noch 4 einzelne Eier.

2 a) 2 · 30 + 8
9 · 30 + 6
5 · 30 + 9
4 · 30 + 15

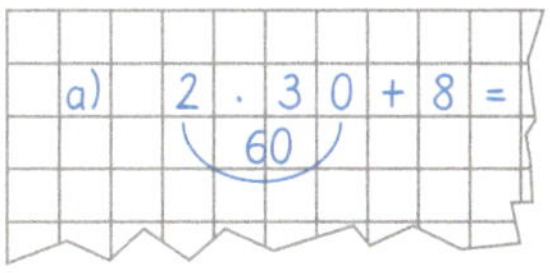

b) 3 · 30 + 27
6 · 30 + 25
7 · 30 + 13
8 · 30 + 20

c) ___ · 30 + 7 = 157
___ · 30 + 4 = 124
___ · 30 + 8 = 188
___ · 30 + 9 = 69

3 Wie viele Paletten werden für die Eier gebraucht? Rechne und antworte.

a) 60 Eier
90 Eier
180 Eier

b) 120 Eier
240 Eier
360 Eier

c) 150 Eier
300 Eier
600 Eier

4 

Die Pension Huber bekommt doppelt so viele braune wie weiße Eier.
a) Es wird eine Palette geliefert.
b) Es werden fünf Paletten geliefert.

> **Tipp**
> Überlege zuerst die Gesamtzahl der Eier.

5 

a)	b)	c)	d)	e)
140 : 70	180 : 90	160 : 40	90 : 30	320 : 80
280 : 70	360 : 90	200 : 40	150 : 30	640 : 80
420 : 70	540 : 90	240 : 40	210 : 30	400 : 80
560 : 70	720 : 90	280 : 40	270 : 30	480 : 80
700 : 70	810 : 90	320 : 40	300 : 30	560 : 80

6 a) 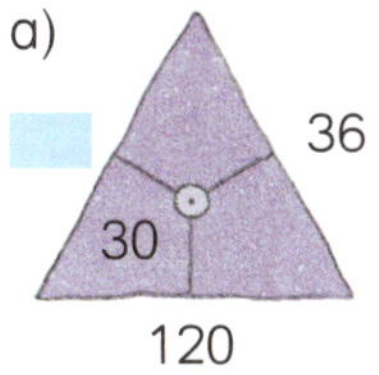

b) 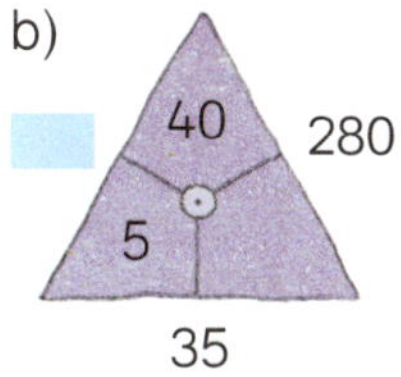

c) 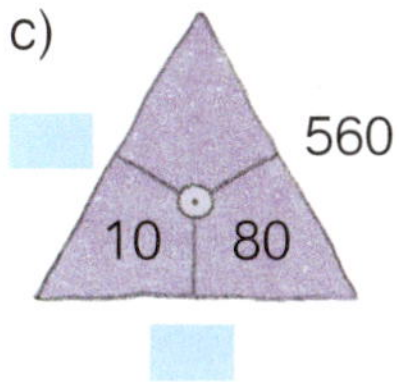

d) 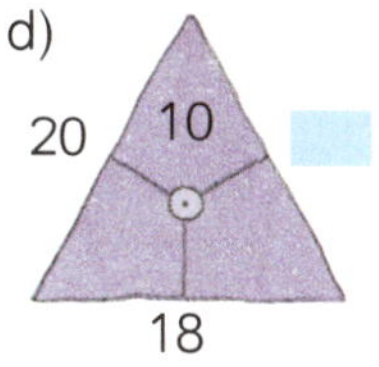

e) 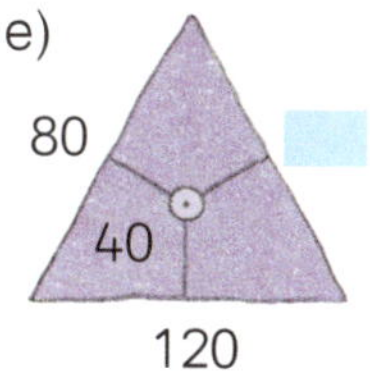

7 
Sucht zu jedem Rechendreieck mehrere Lösungen.

a) 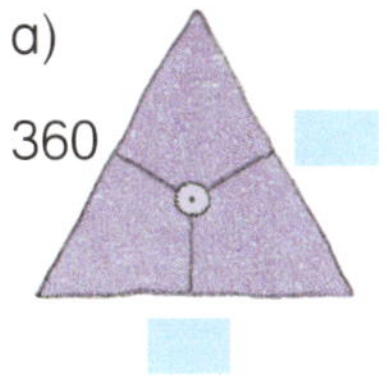

b) 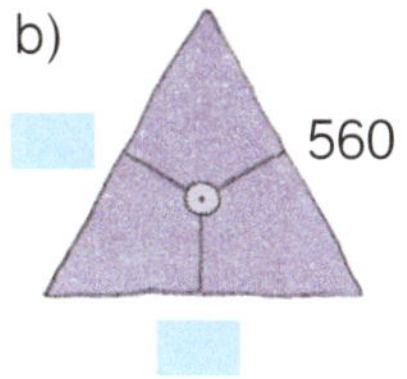

c) 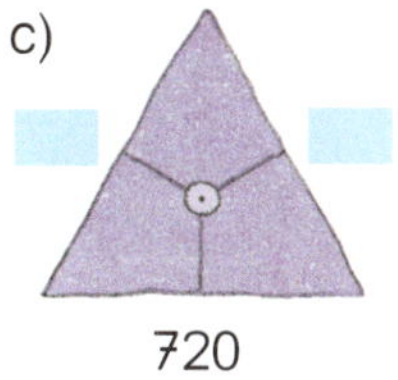

d) Welche Zahlen
könnt ihr jeweils wählen?
Besprecht und erklärt.

1

Herr Horn fährt Bücherpakete zu den Schulen. Ein Paket wiegt 40 kg. Er darf bis zu 350 kg laden.

1 · 40 kg < 350 kg (40 kg)
2 · 40 kg < 350 kg (80 kg)

Wie viele Pakete darf er einladen? Finde alle Möglichkeiten.

☐ · 40 kg < 350 kg

2 Ein anderes Auto darf bis zu 500 kg laden. Wie viele Kisten sind das jeweils?

a) 80-kg-Kisten
60-kg-Kisten

a) 1 · 80 kg < 500 kg (80 kg)
2 · 80 kg

b) 50-kg-Kisten
90-kg-Kisten

c) 25-kg-Kisten
120-kg-Kisten

3 Schreibe alle Zahlen auf, die du einsetzen kannst.

a) ☐ · 40 < 100
☐ · 30 < 100
☐ · 50 < 100

a) 0, 1, 2,

b) ☐ · 80 < 600
☐ · 80 < 200
☐ · 80 < 300

c) ☐ · 80 < 700
☐ · 60 < 600
☐ · 70 < 300

d) ☐ · 90 < 400
☐ · 70 < 500
☐ · 50 < 300

e) ☐ · 40 < 400
☐ · 30 < 300
☐ · 20 < 100

f) ☐ · 70 < 700
☐ · 60 < 800
☐ · 90 < 1 000

g) ☐ · 250 < 250
☐ · 250 < 1 000
☐ · 125 < 1 000

4 Vergleiche. > < =

a) 3 · 90 ◯ 300
8 · 30 ◯ 240
9 · 20 ◯ 180
7 · 50 ◯ 360

b) 9 · 80 ◯ 720
6 · 60 ◯ 350
4 · 70 ◯ 270
3 · 60 ◯ 450

c) 8 · 60 ◯ 7 · 70
6 · 70 ◯ 8 · 50
4 · 80 ◯ 5 · 60
2 · 90 ◯ 3 · 70

d) 3 · 30 ◯ 5 · 20
5 · 30 ◯ 4 · 40
9 · 70 ◯ 8 · 90
6 · 40 ◯ 8 · 30

5 a)

Meine Zahl ist das Dreifache von 90.

b)

Meine Zahl ist der vierte Teil von 200.

c)

Ich habe mir eine Zehnerzahl ausgedacht. Sie ist größer als das Dreifache von 50 und kleiner als 170.

d)

Meine Zahl ist ein Vielfaches von 70. Sie ist kleiner als 700. Sie ist auch ein Vielfaches von 80.

e)

Meine Zahl ist ein Vielfaches von 60. Sie ist auch ein Vielfaches von 30, von 40 und ein Vielfaches von 20. Sie ist kleiner als 150.

f)

Meine Zahl ist ein Vielfaches von 40. Sie ist auch ein Vielfaches von 60. Sie ist größer als 240 und kleiner als 400.

g) Schreibe eigene Zahlenrätsel.

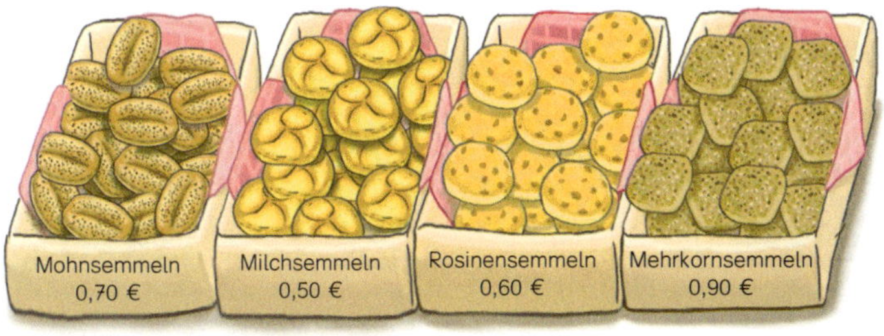

1

2 Lege jeweils eine Preistabelle an.

a)

Milch-semmeln	Preis
1	0,50 €
2	1,00 €
3	
5	
7	

b)

Mohn-semmeln	Preis
1	
2	
4	
6	
10	

c)

Rosinen-semmeln	Preis
1	
3	
5	
7	
9	

d)

Mehrkorn-semmeln	Preis
1	
2	
3	
6	
10	

3 Frau Mayr hat acht gleiche Semmeln gekauft.
a) Wie viel hat sie mindestens bezahlt?
b) Wie viel hat sie höchstens bezahlt?

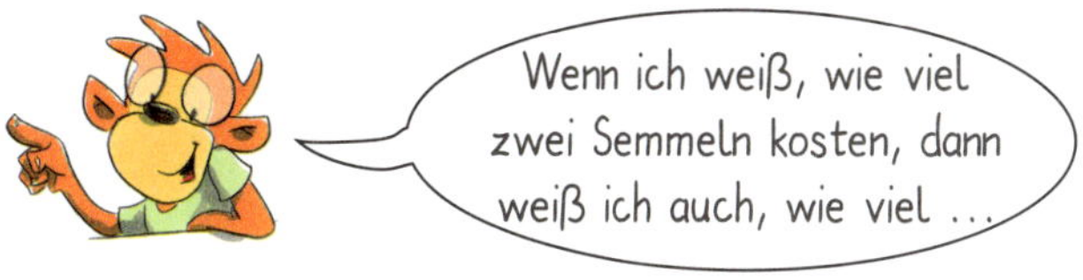

4
a) 4 · 0,50 €
8 · 0,50 €
3 · 0,70 €
6 · 0,70 €

a) 4 · 50 ct =

b) 9 · 0,50 €
9 · 0,05 €
9 · 0,70 €
9 · 0,07 €

c) 7 · 0,03 €
7 · 0,30 €
8 · 0,90 €
8 · 0,09 €

d) 4 · 0,60 €
8 · 0,06 €
4 · 0,08 €
8 · 0,80 €

5 Wie teuer ist jeweils eine Semmel?
a) 4 Roggensemmeln kosten 1,20 €.
b) 10 Fitnesssemmeln kosten 5,00 €.
c) 6 Käsesemmeln kosten 3,60 €.
d) 8 Kraftkornsemmeln kosten 3,20 €.
e) 5 Laugensemmeln kosten 2,00 €.
f) 7 Sesamstangen kosten 3,50 €.

W

6

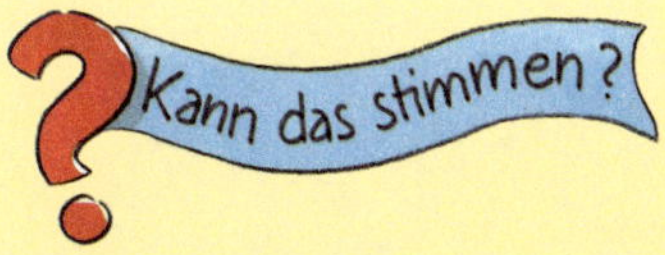

Erkennst du es, ohne zu rechnen?

a) 927 + 386 = 613
b) 700 + 189 = 900
c) 526 + 29 = 645
d) 328 + 328 = 656
e) 750 + 250 = 100

7

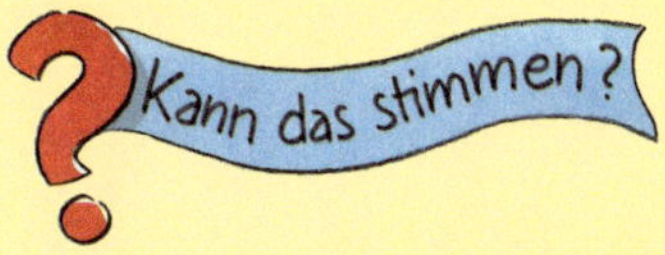

Erkennst du es, ohne zu rechnen?

a) 345 − 567 = 222
b) 356 − 156 = 256
c) 777 − 444 = 333
d) 987 − 987 = 1
e) 567 − 560 = 6

6 und 7 Schülerfehler erklären, jeweils eine Aufgabe ist richtig gerechnet.

1

a) Beschreibe das Bandornament.

b) Suche in deiner Umwelt weitere Beispiele.

Bandornamente entstehen durch wiederholtes Verschieben einer Figur.

2 So entsteht ein Bandornament. Erkläre, zeichne und setze fort.

a)

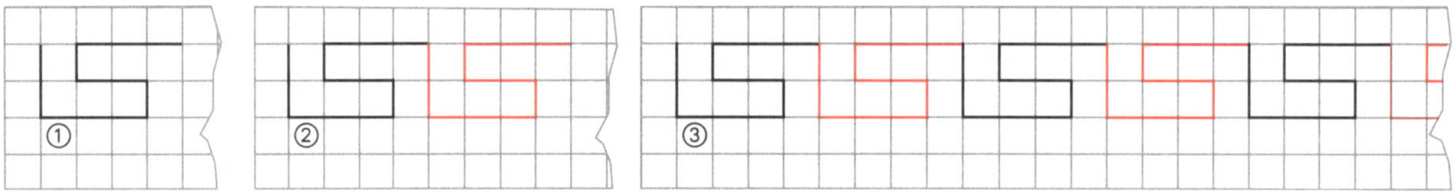

b)

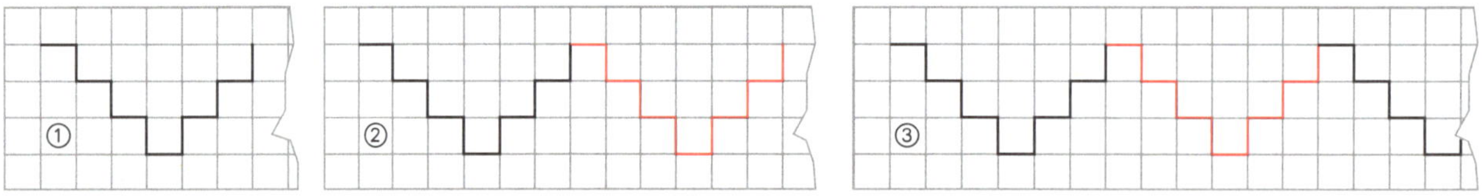

3 Zeichne das Bandornament ab. Setze fort.

a)

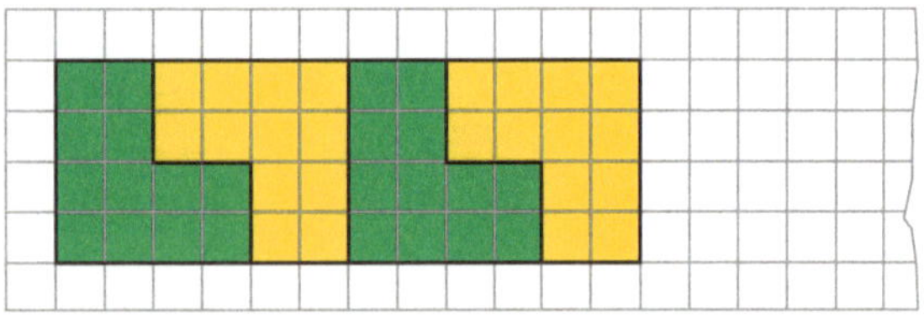

b)

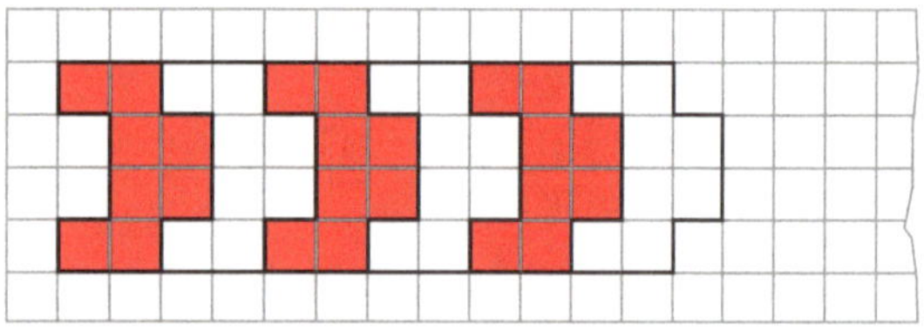

c)

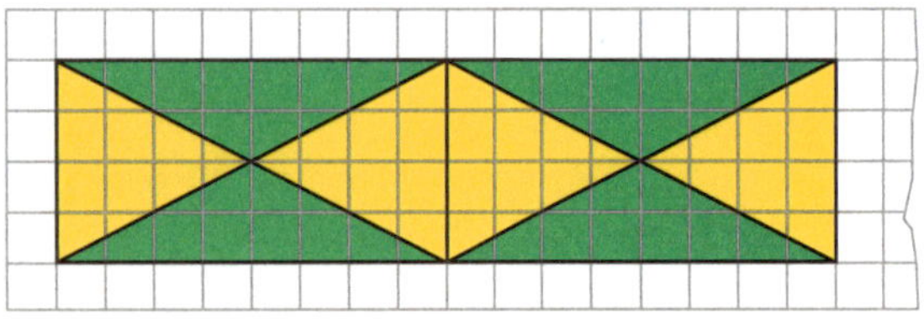

d) Erfinde eigene Bandornamente.

4 Die Kinder haben die Bandornamente fortgesetzt. Zeigt die Fehler und erklärt sie.

A

B

1 a) Beschreibt die Formen und das Muster.
b) Zeichne das Muster ohne Lineal.

2 a) Erklärt, wie die Muster entstehen
b) Zeichne die Parkettmuster mit Lineal in die Mitte einer Heftseite. Setze in alle Richtungen fort.

A

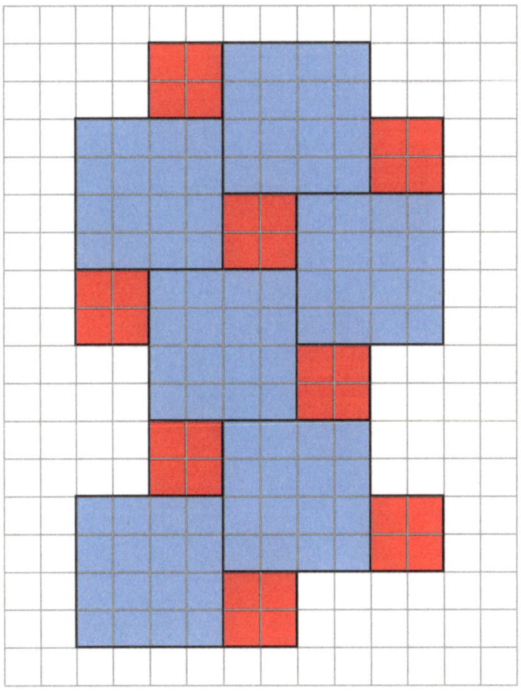

B

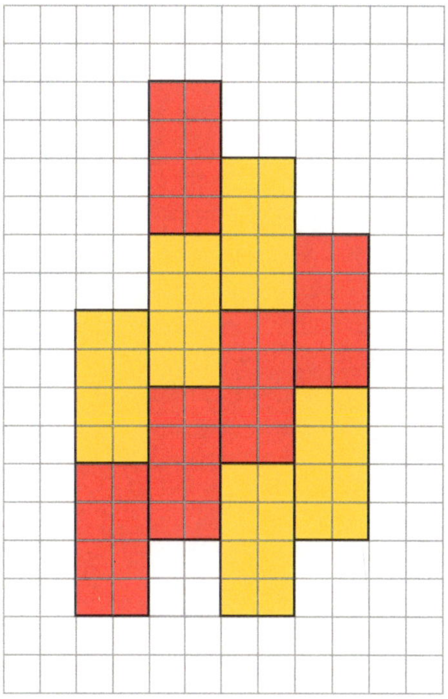

3 Könnt ihr mit Formen der Schablone ein Parkettmuster zeichnen?

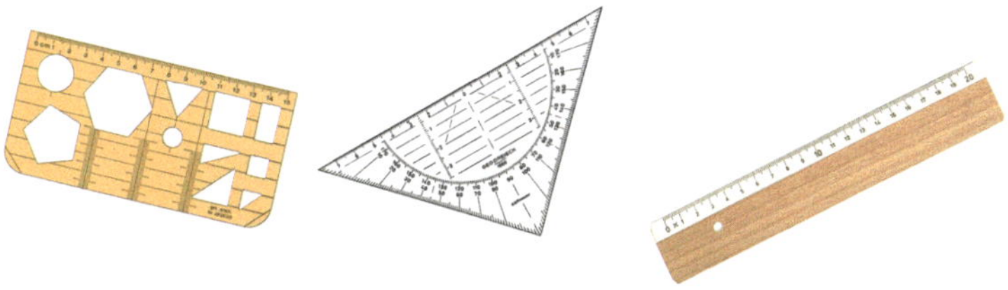

4 a) Findet ihr Parkettmuster in eurer Umgebung? Zeichnet sie.
b) Erfindet eigene Parkettmuster.
c) Gestaltet mit den Mustern eine Ausstellung.

3 Forscherheft verwenden.

1

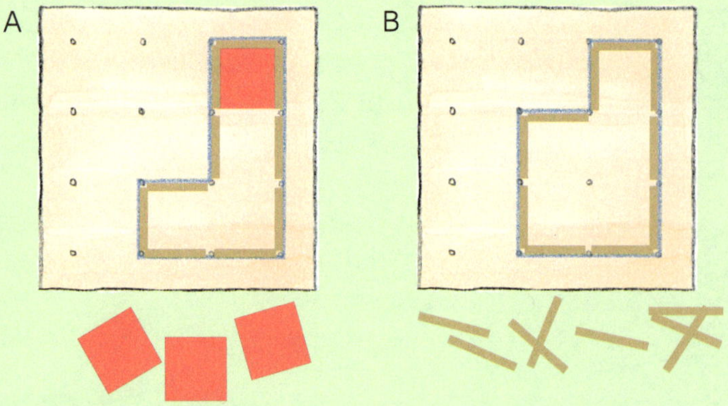

a) Spannt die Figuren.
b) Wie groß ist der **Flächeninhalt**? Prüft mit Maßquadraten.
c) Wie groß ist der **Umfang**? Prüft mit Holzstäben.

	Fläche in Maßquadraten	Umfang in Holzstäbchen
A	4	10
B		

d) Tragt die Ergebnisse in eine Tabelle ein und vergleicht.

2 Forschungsauftrag

a) Der Flächeninhalt wird immer größer. Wie verändert sich der Umfang?
Tragt in eine Tabelle ein. Findet weitere Beispiele. Spannt weiter. Setzt die Tabelle fort.

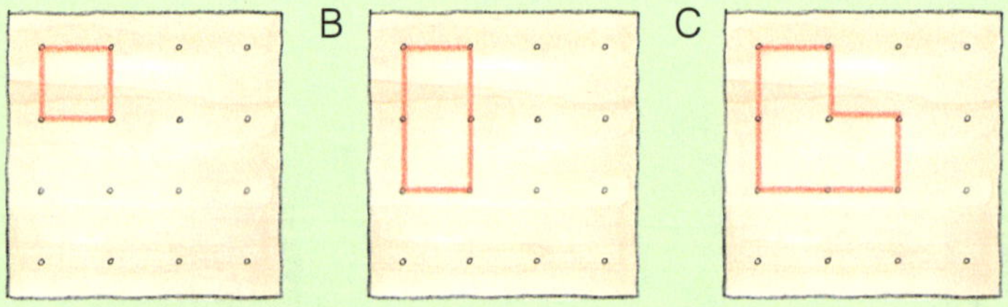

Fläche in	Umfang in
1	4
2	
3	

b) Vergleicht eure Ergebnisse.

3 Forschungsauftrag

a) Der Flächeninhalt ist immer gleich groß. Wie verändert sich der Umfang?
Tragt in eine Tabelle ein. Findet weitere Beispiele. Setzt die Tabelle fort.

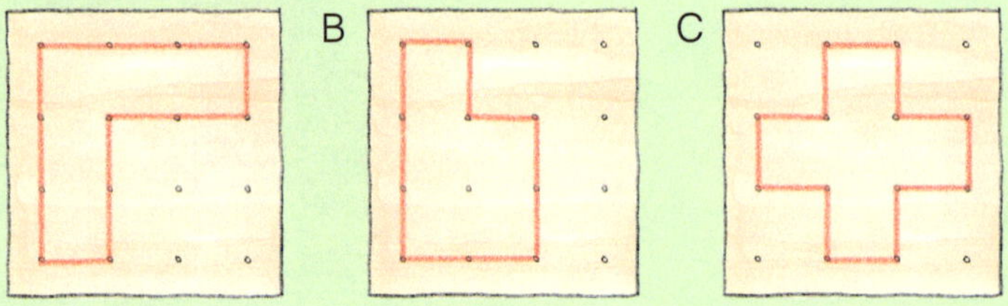

Fläche in	
5	12
5	
5	

b) Vergleicht eure Ergebnisse.

4 Kann das stimmen?

Umfang: 10 Holzstäbe

Umfang: 3 Holzstäbe

Flächeninhalt: 5 Maßquadrate

Umfang: 8 Holzstäbe

Flächeninhalt: 9 Maßquadrate

Umfang: 12 Holzstäbe

5 zum Knobeln

a) Spannt eine Figur mit einem Flächeninhalt von 7 Maßquadraten und einem Umfang von 12 Holzstäben.

b) Spannt eine Figur mit einem Umfang von 12 Holzstäben und einem Flächeninhalt von 9 Maßquadraten.

2 und 3 Forscherheft verwenden.

6 A

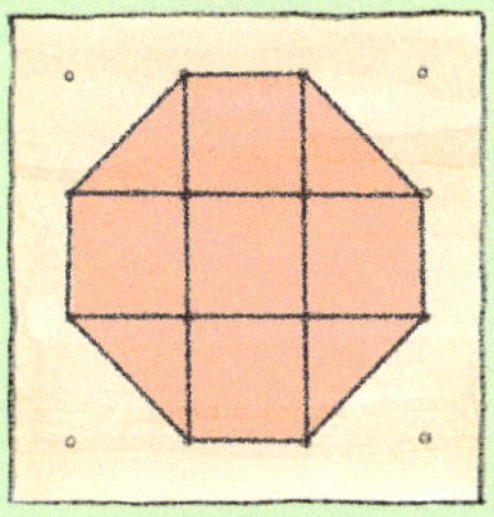

B

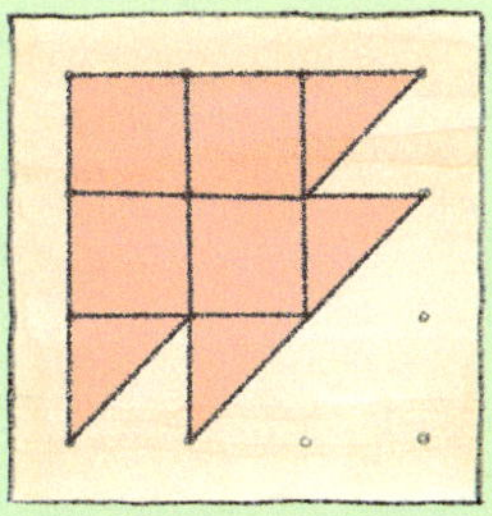

Wie groß sind die Flächeninhalte der Figuren?
Spanne nach und lege mit Maßquadraten und Maßdreiecken aus.
Vergleicht und besprecht eure Lösungen.

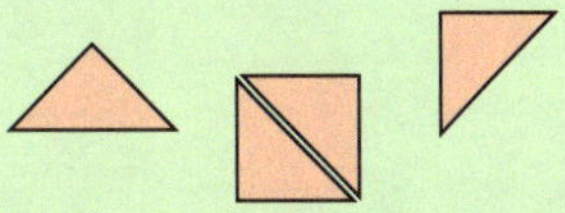

7 Welche Lösungen sind richtig? Überlege. Vergleicht und besprecht eure Lösungen.

a)

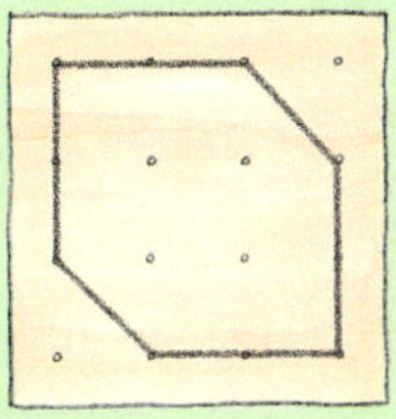

Toni: 7 Maßquadrate und 2 Maßdreiecke

Eva: 8 □ und 2 ◺

Jasper: 8 □

Anna: 2 ◺ und 7 □

Selin: 2 □ und 7 ◺

b)

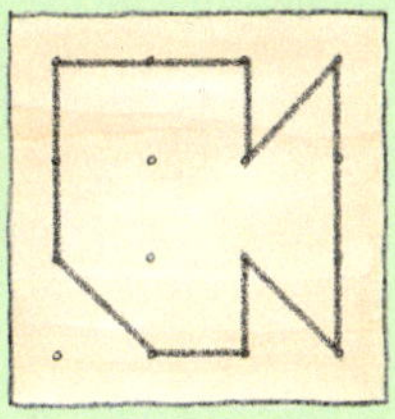

Toni: 7 □ und 1 ◺

Eva: 6 □ und 3 ◺

Jasper: 7 □ und 3 ◺

Anna: 15 ◺

Selin: 3 ◺ und 6 □

8 Die Flächeninhalte der Figuren in einer Reihe sollen gleich groß sein.
Eine Figur passt nicht. Welche?

a) A

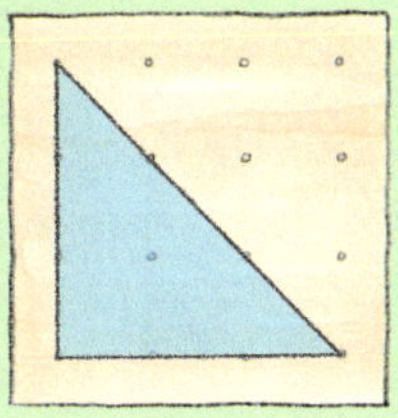

B

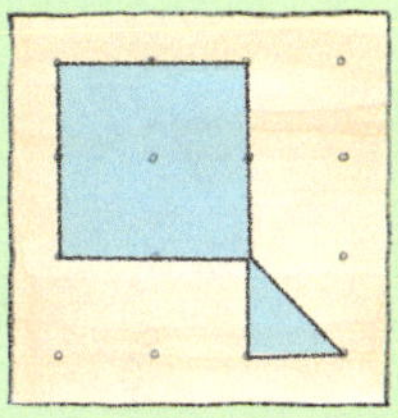

C

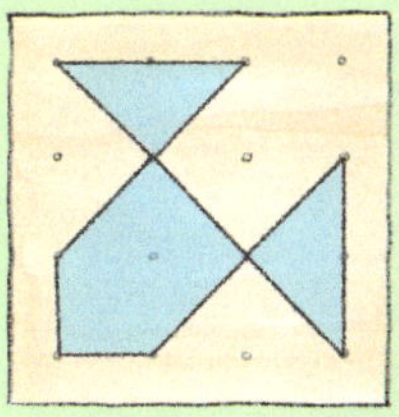

D

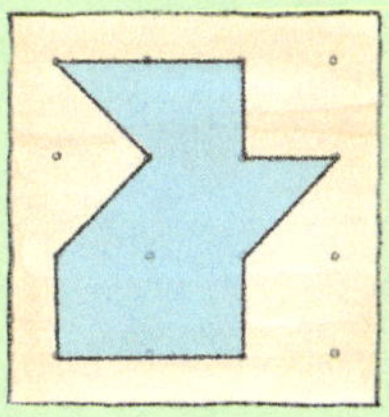

E

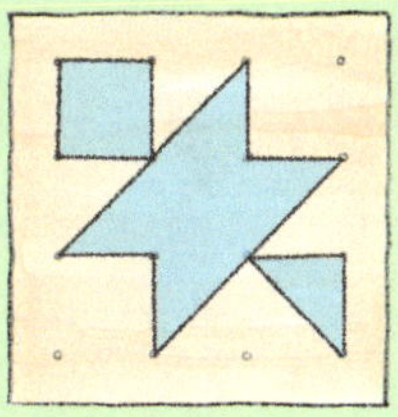

b) A

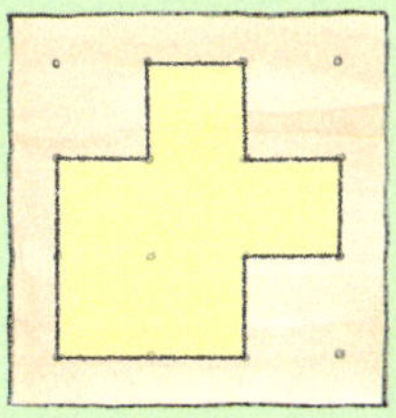

B

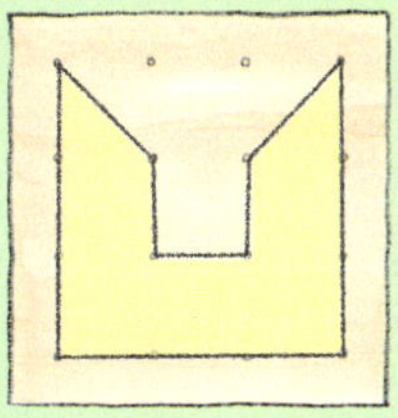

C

D

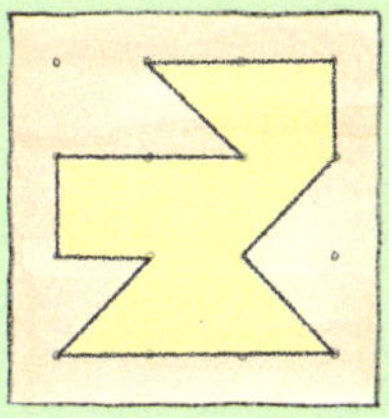

E

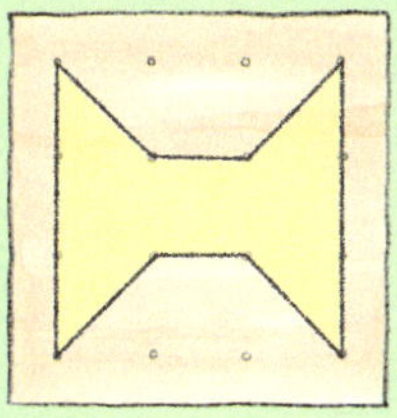

9 a) Spanne Figuren. Verwende die angegebenen Maßquadrate und Maßdreiecke.

4 Maßquadrate und 2 Maßdreiecke

2 Maßquadrate und 4 Maßdreiecke

5 Maßquadrate und 3 Maßdreiecke

3 Maßquadrate und 5 Maßdreiecke

8 Diff.: Die Lösung im Kopf finden oder die Figuren spannen.

Dieses Bild hat Paul Klee 1928 gemalt.

Er nannte es „Burg und Sonne“.

1 a) Welche Formen hat der Künstler für das Bild verwendet?
b) Stellt euch weitere Suchaufgaben.

2 Diese Ausschnitte sind vergrößert. Sucht sie im Bild. Beschreibt ihre Lage.

A

B

C

D

3 Suche die Ausschnitte im Bild. Zeichne ab und male sie entsprechend an.

A
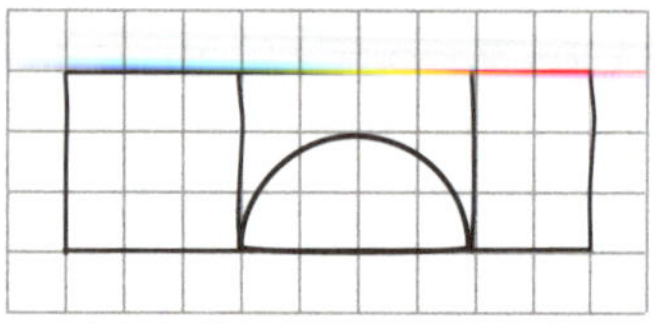

B
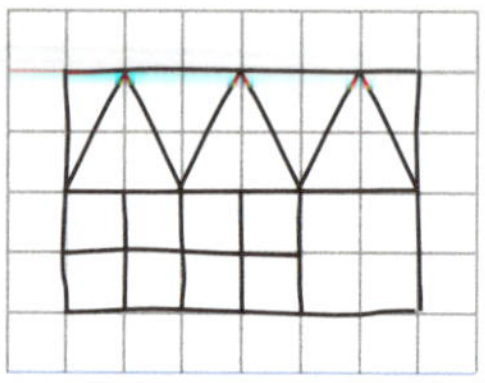

C
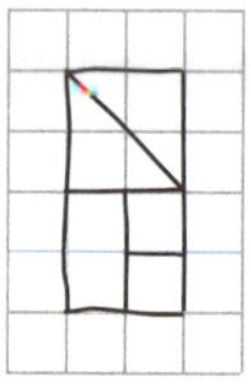

D
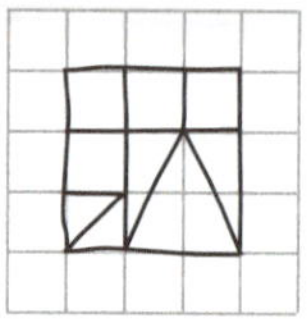

E

F
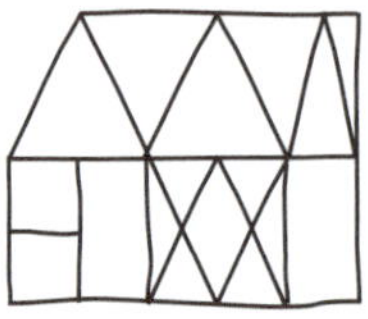

G
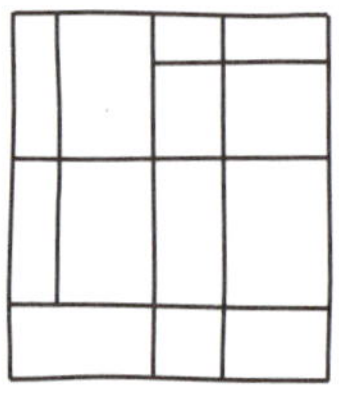

H
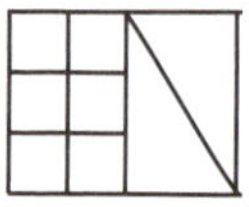

3 Freihandzeichnung: Karo- oder Blankopapier verwenden.
Geoschablone nutzen, mit Kartoffeln oder Schwämmen drucken.
Ausstellung machen.

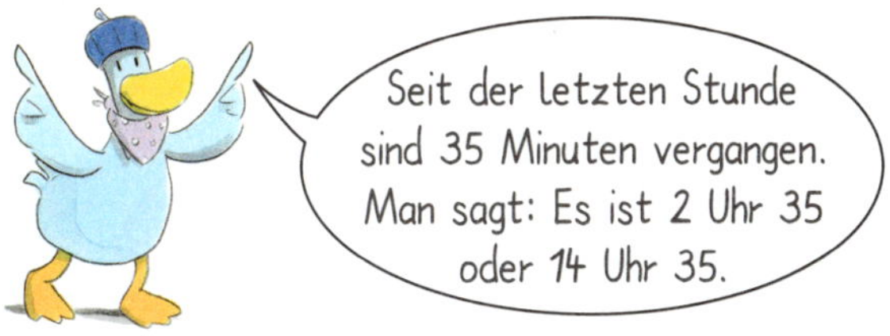

1 Wie spät ist es?

Wie spät ist es in zwei Stunden?

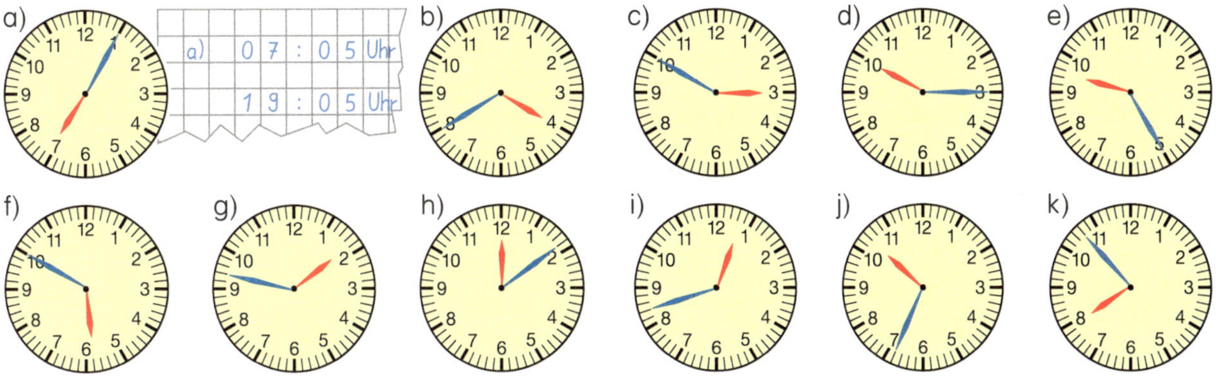

2 Wie spät ist es?

Wie spät war es vor einer Stunde?

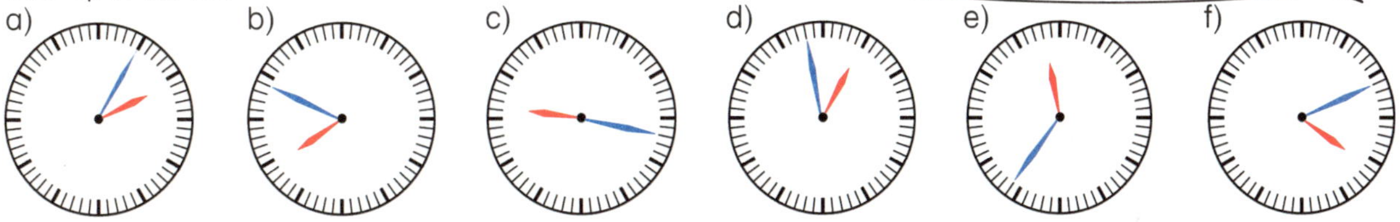

3 

a) Auf meiner Uhr ist es 14:63 Uhr.

b) Die Kindersendung „Lilaleo“ startet um 23:45 Uhr.

c) Unsere Schule beginnt mit dem Unterricht um 07:55 Uhr.

d) Die Klasse 3a hat um 00:37 Uhr Schwimmunterricht.

e) Jetzt ist es 45 Minuten.

f) 00:00 Uhr und 12:00 Uhr ist dasselbe.

g) Ein Tag hat 24 Stunden.

W

4

a)	b)	c)
27 : 3	21 : 5	32 : 8
28 : 3	23 : 5	37 : 8
29 : 3	26 : 5	58 : 8
21 : 3	25 : 5	72 : 8
20 : 3	32 : 5	77 : 8
19 : 3	30 : 5	81 : 8

5

a)	b)	c)
22 : 7	13 : 4	27 : 9
34 : 7	18 : 4	28 : 9
42 : 7	21 : 4	39 : 9
52 : 7	30 : 4	63 : 9
56 : 7	43 : 4	64 : 9
59 : 7	36 : 4	74 : 9

1 Stunde hat 60 Minuten
1 h = 60 min

1 Wie viele Minuten sind seit 10:00 Uhr jeweils vergangen?

$\frac{1}{4}$ h = ☐ min $\frac{1}{2}$ h = ☐ min $\frac{3}{4}$ h = ☐ min 1 h = ☐ min

2 Wie viel Zeit ist jeweils vergangen?

a)

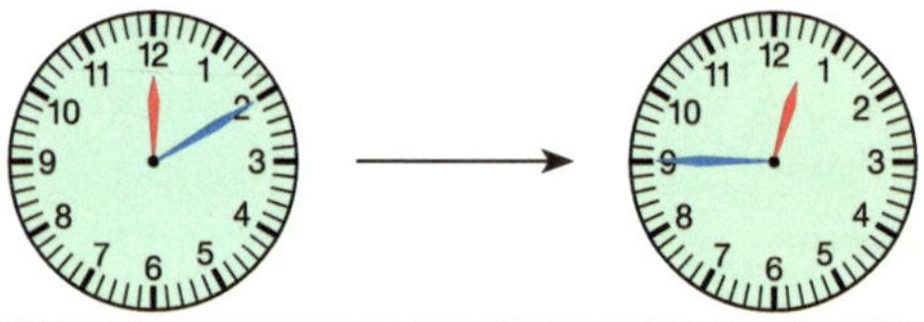

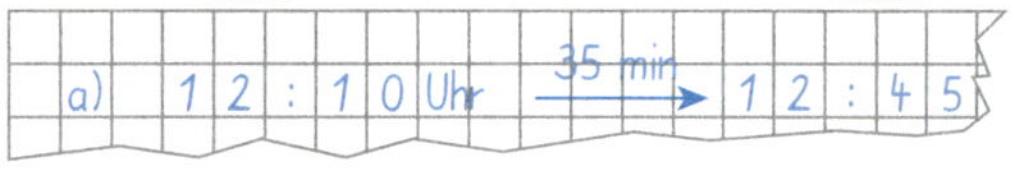

b) 13:20 Uhr bis 13:55 Uhr
c) 07:05 Uhr bis 07:35 Uhr
d) 20:25 Uhr bis 20:53 Uhr
e) 17:11 Uhr bis 17:59 Uhr

3 a)

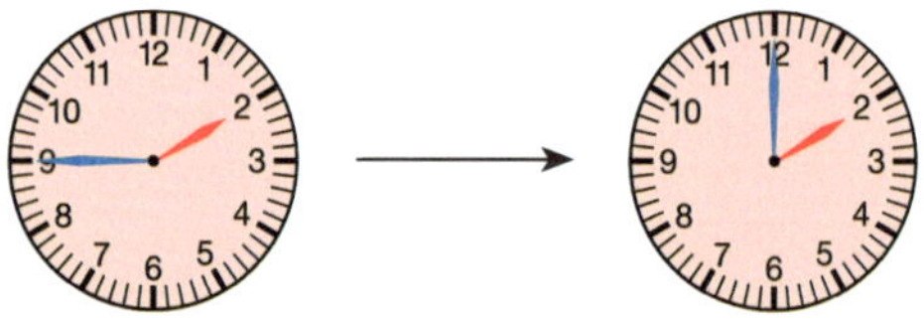

b) 03:10 Uhr bis 04:00 Uhr
c) 17:20 Uhr bis 18:00 Uhr
d) 22:07 Uhr bis 23:00 Uhr
e) 15:13 Uhr bis 16:00 Uhr

4 a)

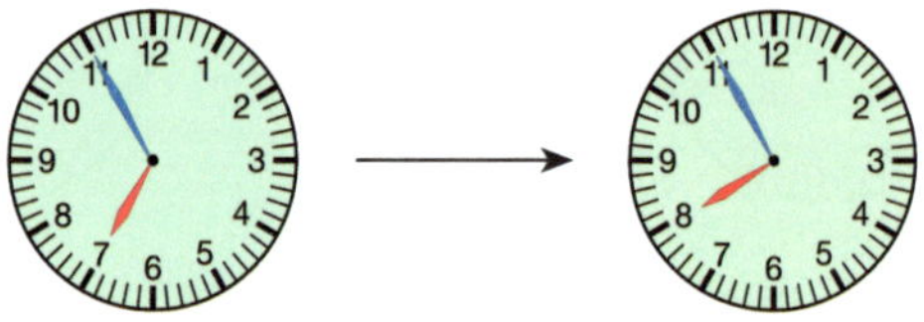

b) 15:11 Uhr bis 16:11 Uhr
c) 07:23 Uhr bis 08:23 Uhr
d) 06:31 Uhr bis 07:38 Uhr
e) 11:49 Uhr bis 12:53 Uhr

5 Wie lange dauern die Trainingsstunden?

		von	bis
a)	Mutter-Vater-Kind-Turnen	16:00 Uhr	17:15 Uhr
b)	Fit durchs ganze Jahr	17:00 Uhr	18:30 Uhr
c)	Fußball F-Jugend	15:30 Uhr	17:00 Uhr
d)	Judo	18:15 Uhr	19:30 Uhr
e)	Ballett für Anfänger	15:15 Uhr	16:15 Uhr
f)	Gerätturnen Mädchen	18:30 Uhr	19:00 Uhr

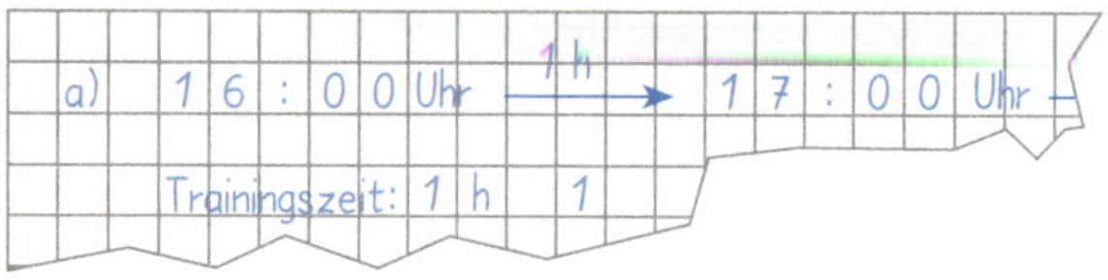

6 Wie viele Minuten sind es? Wandle um.

a) 1 h 10 min
2 h 20 min
3 h 30 min
6 h

b) $1\frac{1}{4}$ h
$1\frac{1}{2}$ h
$1\frac{3}{4}$ h
$2\frac{1}{4}$ h

c) $2\frac{1}{2}$ h
$3\frac{1}{4}$ h
$3\frac{1}{2}$ h
$3\frac{3}{4}$ h

7 Wie viele Stunden und Minuten sind es? Wandle um.

a) 120 min
90 min
240 min
60 min

b) 300 min
180 min
600 min
100 min

1 Minute hat 60 Sekunden
1 min = 60 s
$\frac{1}{2}$ min = 30 s

1 Wie schnell sind die Kinder geschwommen? Ordne.

Finn Rica Anna Jan Lars Oliver

2 Wie viele Sekunden sind es?

a)	b)	c)
2 min	1 min 10 s	$1\frac{1}{2}$ min
5 min	2 min 30 s	$2\frac{1}{2}$ min
10 min	5 min 20 s	$3\frac{1}{2}$ min
3 min	4 min 5 s	$5\frac{1}{2}$ min

3 Wie viele Minuten und Sekunden sind es?

a)	b)	c)
120 s	240 s	360 s
100 s	300 s	400 s
90 s	130 s	420 s
150 s	250 s	600 s

4 Wie viele Sekunden sind seit der letzten vollen Minunte vergangen?

a) b) c) d) e) f)

5 Wer schafft die 20 cm am schnellsten?

6

a) Schätzt zuerst. Messt dann mit der Stoppuhr, wie lange ihr dafür braucht.
b) Findet weitere Tätigkeiten, die ihr in wenigen Sekunden erledigen könnt.

1 und 5 Die Begriffe weniger/mehr bzw. kürzer/länger verwenden.

1

Bamberg Hbf → Bad Staffelstein 28 km		
ab	Zug	an
04:41	RE	06:09
06:41	RE	07:09
07:41	RE, RB	08:14
08:41	RE	09:17
09:41	RE, RB	10:18
10:41	RE	11:09
11:41	RE, RB	12:15

Frau Brendl aus Bamberg möchte mit ihren Kindern zur Radtour nach Bad Staffelstein. Sie will um 07:41 Uhr starten. Wie lange dauert die Bahnfahrt nach Bad Staffelstein?

Tipp
Rechne schrittweise

07:41 Uhr —[ ] min→ 08:00 Uhr —[ ] min→ 08:14 Uhr

Zeichne die Skizze. Berechne die Dauer der Bahnfahrt.

2 Frau Gröger nimmt den Zug um 10:41 Uhr ab Bamberg.
Wie lange dauert ihre Fahrt nach Bad Staffelstein? Zeichne eine Skizze und löse.

3 Lies aus dem Fahrplan ab.
a) Welcher Zug braucht am längsten?
b) Welche Züge benötigen die wenigste Zeit?
c) Welche Züge kann Frau Mayr nehmen, wenn sie spätestens um 10:00 Uhr in Bad Staffelstein sein will?

4 a) Herr Müller hat den Zug um 06:41 Uhr genommen. Auf der Strecke legt die Bahn einen unvorhergesehenen Halt von 7 Minuten ein. Wann kommt der Zug in Bad Staffelstein an?

b)

Suche eine passende Frage, rechne und beantworte sie.

5 Welche Rechengeschichte passt zu dieser Skizze? Rechne und antworte.

17:12 Uhr —[ ] h→ 18:12 Uhr —[ ] min→ 18:27 Uhr

A Der RE fährt um 17:12 Uhr in Coburg ab und kommt um 18:27 Uhr in Bamberg an. Wie lange dauert die Fahrt?

B Der IC fährt um 17:12 Uhr in Lichtenfels ab und kommt um 18:12 Uhr in Nürnberg an. Wie lange dauert die Fahrt?

C Lisa ist um 17:12 Uhr am Bahnhof. Der Zug fährt mit Verspätung um 18:12 Uhr ab. Wie lange hat Lisa gewartet?

6 Lies aus dem Plan ab.

a) Wo beginnt die Tour? Wo endet sie?

b) Wo wird an den einzelnen Tagen übernachtet?

c) Wie lang ist die Strecke zwischen Kronach und Neustadt b. Coburg?

d) Schätze die Entfernung von Kronach nach Mitwitz.

e) Wie viele Übernachtungen muss Frau Brendl buchen, wenn sie in Bamberg wohnt?

f) Wie lang ist die Tour, wenn man mit dem Uhrzeigersinn fährt?

7 Wie weit ist die Strecke von Coburg bis Bamberg?

Tipp
Streifenbild zeichnen

Gesamtstrecke 231 km				
1. Tag 35 km	2. Tag 39 km	3. Tag 40 km	4. Tag 60 km	5. Tag

8 Am zweiten Abend in Kronach rechnet Oliver aus, wie viel Kilometer es noch bis zum Ende der Fahrt sind. Zeichne eine Skizze und rechne.

9 Am vierten Tag kann Herr Mayr nicht mehr im Sattel sitzen. Er radelt nur die Hälfte der Tagesstrecke mit. Wie viel Kilometer fährt er mit dem Bus?

10 Lars fährt nur zwei aufeinanderfolgende Tage bei der Tour mit. Er möchte möglichst weit radeln.

11 Auf der Strecke von Bad Staffelstein nach Kronach besichtigen Rica und Jan Schloss Banz und Vierzehnheiligen. Sie brauchen dazu 1 h 10 min und fahren einen Umweg von 10 km. Wie lange brauchen sie für ihre Tagesstrecke, wenn sie in einer Stunde 7 km fahren?

Tipp:
Rechne schrittweise

1. Schritt:
Länge der Strecke: 39 km
Umweg dazu: + 10 km

2. Schritt:
1 h → 7 km
→ 49 km

3. Schritt:
Fahrtdauer
Besichtigungsdauer dazu

Beim Rechnen mit Zeitspannen...

1 In jeder Rechentafel sind drei Ergebnisse falsch. Schreibe diese Aufgaben richtig ins Heft.

a)

·	2	4	8
5	10	24	40
7	12	27	56

b)

·	3	6	9
2	9	12	11
4	12	22	36

c)

·	7	5	10
3	24	15	30
8	65	38	80

d)

·	7	0	4
7	49	7	28
9	56	0	34

2

a) ☐ · 5 = 20
☐ · 5 = 35
☐ · 5 = 45

b) ☐ · 7 = 21
☐ · 9 = 36
☐ · 3 = 27

c) 4 · ☐ = 16
6 · ☐ = 36
7 · ☐ = 49

d) 8 · ☐ = 64
10 · ☐ = 100
9 · ☐ = 72

3

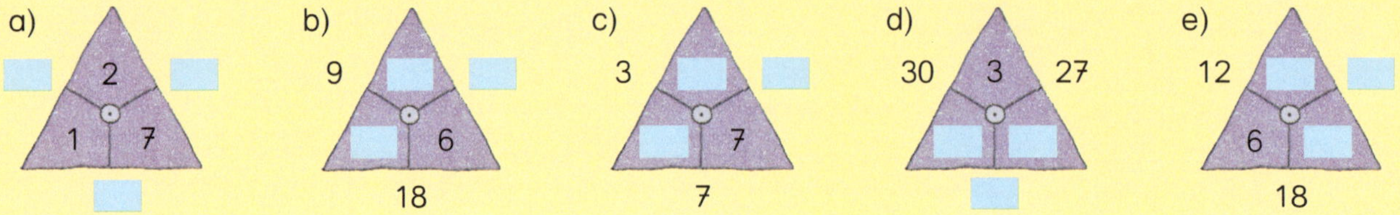

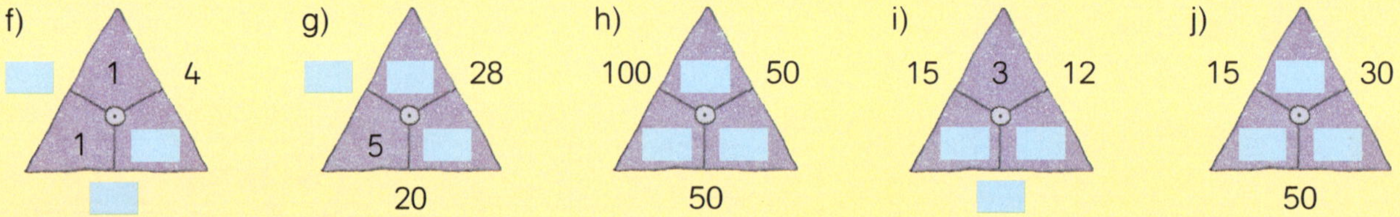

4 Wie heißt die Zahl?

5

a) 36 : 4
28 : 4
16 : 4

b) 81 : 9
27 : 9
45 : 9

c) 24 : 6
42 : 6
48 : 6

d) 49 : 7
35 : 7
63 : 7

e) 32 : 8
64 : 8
0 : 8

f) 56 : 8
42 : 7
54 : 6

6 Rechne nur die Aufgaben mit Rest.

a) 35 : 7
35 : 8
35 : 9

b) 42 : 8
42 : 6
42 : 9

c) 72 : 10
72 : 8
72 : 7

d) 28 : 7
28 : 4
28 : 8

e) 36 : 6
36 : 9
36 : 7

f) 45 : 7
45 : 8
45 : 9

7 Schreibe viele Aufgaben mit dem angegebenen Rest.

Rest 2 Rest 5 Rest 3

8 Welche Rechenzeichen passen? + − · :

a) 7 ◯ 5 = 35
7 ◯ 5 = 2
7 ◯ 5 = 12

b) 8 ◯ 8 = 0
8 ◯ 8 = 64
8 ◯ 8 = 1

c) 12 ◯ 2 = 6
12 ◯ 2 = 10
12 ◯ 2 = 14

d) 27 ◯ 9 = 18
27 ◯ 9 = 3
27 ◯ 9 = 36

1 Vergrößere. Zeichne jede Linie **doppelt so lang**.

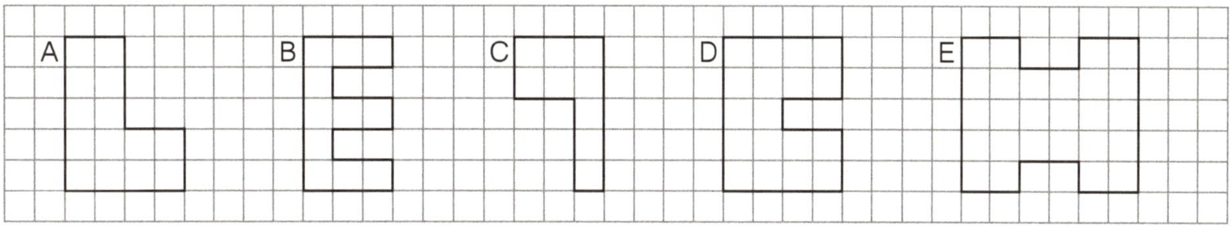

2 Verkleinere. Zeichne jede Linie **halb so lang**.

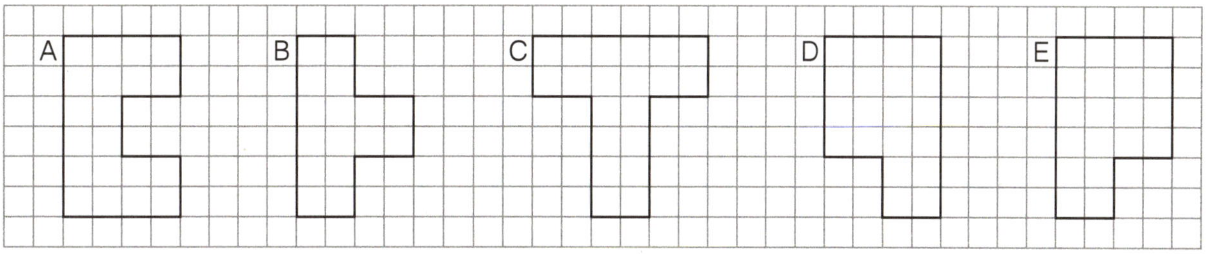

3 Kinder haben versucht die Linien der Figur halb so lang zu zeichnen. Beschreibe die Fehler.

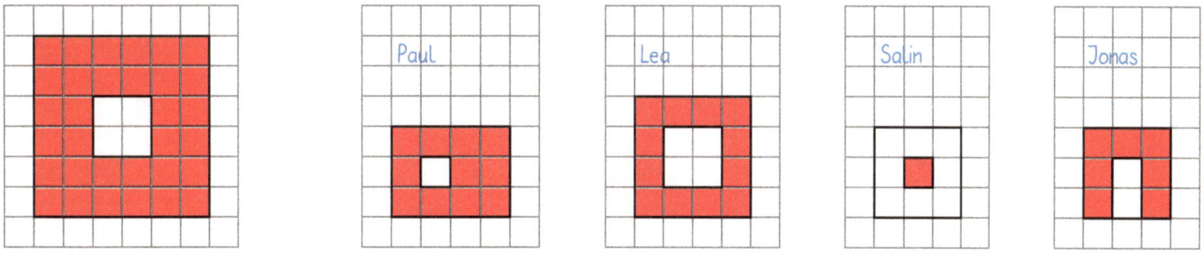

4 Zeichne die Figur.

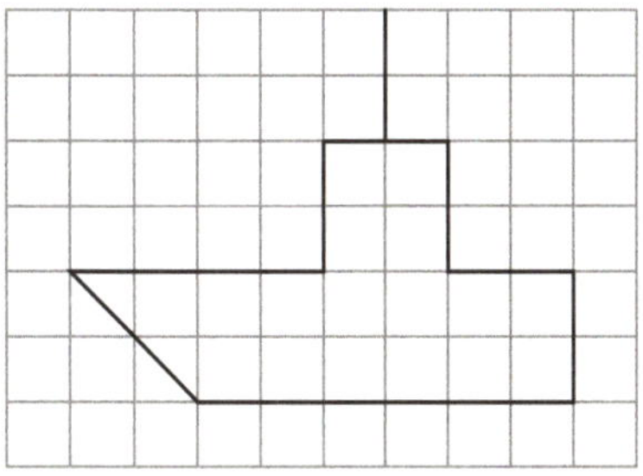

a) doppelt so groß

b) halb so groß

c) viel kleiner

d) viel größer

e) Wie oft kannst du die Figur vergrößern, dass sie gerade noch in dein Heft passt?

4e) Forscherheft verwenden.

1 In diesem Stadtplan siehst du viele Zeichen. Welche davon kennst du? Erzähle.

2 Schreibe auf, was im **Planquadrat** B1 abgebildet ist.

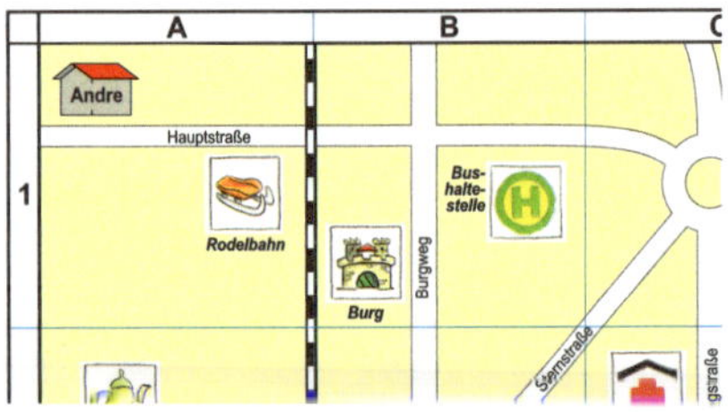

3 Suche die Planquadrate.
Notiere die Spalten und Reihen.
Was ist dort abgebildet?

a) 

b) 

c) 

d) 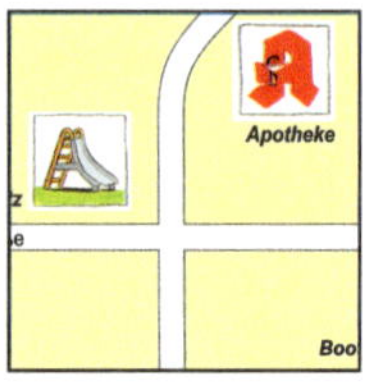

e) 

4 Suche die Gebäude und Orte im Plan.
Schreibe die Planquadrate auf, in denen du sie findest.

a) Burg a) Burg B 1

b) Mühle
c) Tankstelle
d) Schule
e) Café
f) Apotheke
g) Polizei
h) Frisör
i) Museum
j) Ponyhof
k) Post
l) Fahrradverleih
m) Bushaltestelle
n) Park

5 Schreibe die Planquadrate auf.

a) für den Verlauf der Bahnlinie a) A 1 – A 2 – A

b) für den Verlauf der Ringstraße

c) für den Verlauf der Mühlenstraße

d) für den Verlauf der Hauptstraße

6 Beschreibe die Schulwege der Kinder. Schreibe die Straßennamen auf.

a) Linas Weg

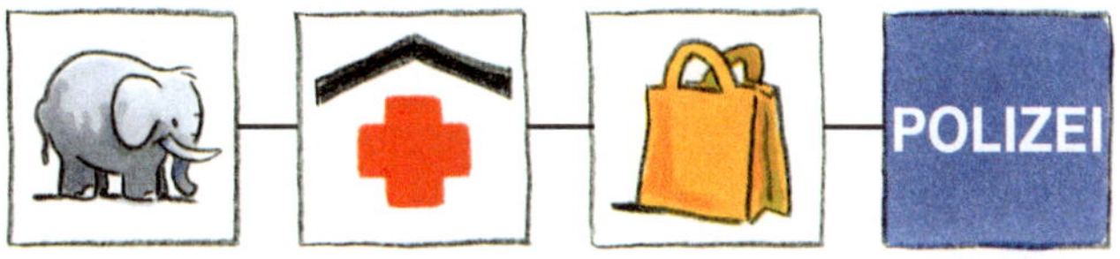

a) Ostenstraße, Ringstraße,

b) Andres Weg

c) Marie kann verschiedene Wege zur Schule gehen. Beschreibe sie im Heft.

7 Aufgaben der Kinder.

Tim wohnt in der Poststraße. Er geht nach rechts in die Sternstraße. Am Kreisverkehr geht er in die 2. Straße nach rechts, dann in die 1. Straße links und wendet sich sofort nach rechts. Was sieht er?

Felix

Charlotte wohnt neben der Rodelbahn in der Hauptstraße. Sie biegt in die 1. Straße rechts ein, überquert eine Straße und kommt in die Poststraße. Dann geht sie nach links in den Urvogelweg. Das nächste Gebäude auf der linken Seite ist ihr Ziel.

Romy

Annas Vater wohnt im Urvogelweg. Auf dem Weg zur Arbeit biegt er hinter dem Café rechts ab. Er überquert die folgende Straße und fährt die nächste Straße links. Gleich hinter der übernächsten Kreuzung befindet sich auf der rechten Seite seine Arbeitsstelle.

Lena

Luca will vom Bootshaus nach Hause. Er geht zunächst immer geradeaus, an der 2. Kreuzung nach rechts, dann an der nächsten Kreuzung nach links. In welcher Straße wohnt er?

Justin

6 Diff: Eigene Aufgaben schreiben.

1 Kannst du das Ergebnis 100 erreichen? Vermute und erkläre.

a) Du darfst nur die Zahlen 2 und 22 addieren.

2 + 2 + 2 + 22 + 2 + 22 + … 22 + 22 + 2 + 2 + 22 + …

b) Du darfst nur die Zahlen 4 und 44 addieren.
c) Du darfst nur die Zahlen 5 und 55 addieren.
d) Du darfst nur die Zahlen 3 und 33 addieren.
e) Du darfst nur die Zahlen 6 und 66 addieren.

2 

3 + 4 + 5 = 12
12 : 3 =

Probiere mit verschiedenen aufeinanderfolgenden Zahlen. Achte auf die mittlere Zahl.

3 

a) Schreibt zu den Ergebnissen Plusaufgaben mit drei aufeinanderfolgenden Zahlen.

Ergebnis 9 | 2 + 3 + … | Ergebnis 15 | Ergebnis 21 | Ergebnis 30

b) Wie könnt ihr die drei passenden Zahlen schnell finden?
c) Könnt ihr zu den Ergebnissen Plusaufgaben mit drei aufeinanderfolgenden Zahlen bilden? Vermutet zuerst und erklärt dann.

18 24 16 20 32

4 

a) Addiert fünf aufeinanderfolgende Zahlen. Probiert mehrere Möglichkeiten.
b) Erklärt, wie ihr das Ergebnis schnell finden könnt.
c) Könnt ihr zu den Ergebnissen Plusaufgaben mit fünf aufeinanderfolgenden Zahlen bilden? Vermutet zuerst und erklärt dann.

a) 2 + 3 + 4 + 5 + 6 = 20

17 27 35 41 50

5 a) Finde alle Plusaufgaben mit aufeinanderfolgenden Zahlen, bei denen das Ergebnis kleiner als 26 ist.
b) Wie viele aufeinanderfolgende Zahlen kannst du höchstens addieren?

6 Addiert und setzt die Reihen um drei Aufgaben fort.

a)
11 + 12
11 + 12 + 13
11 + 12 + 13 + 14

b)
34 + 35
34 + 35 + 36
34 + 35 + 36 + 37

c)
90 + 91
90 + 91 + 92
90 + 91 + 92 + 93

1 Forscherheft verwenden.
5 Mindestens drei aufeinanderfolgende Zahlen verwenden.

Ergebnisse vom 23. Spieltag			
SC Freiburg	–	Eintracht Frankfurt	0:0
FC Bayern München	–	Werder Bremen	6:1
VfB Stuttgart	–	1. FC Nürnberg	1:1
FC Augsburg	–	1899 Hoffenheim	2:1
Hannover 96	–	Hamburger SV	5:1
1. FSV Mainz 05	–	VfL Wolfsburg	1:1
Fortuna Düsseldorf	–	FC Schalke 04	1:2
Borussia Mönchengladbach	–	Borussia Dortmund	1:1
SpVgg Greuther Fürth	–	Bayer Leverkusen	0:0

1 a) Welche Fragen könnt ihr beantworten? Notiert die passenden Antworten.

A Bei welchen Spielen wurden die wenigsten Tore geschossen?

B Welche Mannschaften haben am 23. Spieltag gewonnen?

C Wie viele Mannschaften haben gespielt?

D Welche Mannschaft hat die meisten Tore geschossen?

E Welcher Spieler hat die meisten Tore geschossen?

F Wie viele Spiele endeten unentschieden?

b) Sucht weitere Fragen, die ihr beantworten könnt.

Regeln für die Vergabe der Punkte:

Wenn eine Mannschaft gewinnt, bekommt sie **drei Punkte.**

Wenn eine Mannschaft unentschieden spielt, erhält sie **einen Punkt.**

Wenn eine Mannschaft verliert, bekommt sie **null Punkte.**

2 Die Klasse stellt Vermutungen über die nächsten fünf Spiele von Bayern München an.

a) Bayern gewinnt drei Spiele und spielt einmal unentschieden. Ein Spiel werden sie verlieren.

Wie viele Punkte erhält Bayern München dann?

b) Überlegt andere Möglichkeiten.

c) Bayern erreicht in den nächsten fünf Spielen 13 Punkte.

Wie müssten die Ergebnisse sein?

3 a) Der 1. FC Nürnberg hat in den letzten zehn Spielen 17 Punkte erreicht.

Wie könnte der 1. FC Nürnberg gespielt haben?

b) Der SC Freiburg hat in 30 Spielen 45 Punkte erreicht.

Wie könnte der SC Freiburg gespielt haben?

1 Lege eine Preistabelle für die Fahrten mit dem Kinderkarussell an.
Erkläre, wie du die Preise berechnest.

Übertrage die Tabelle in dein Heft und fülle sie vollständig aus.

Kinderkarussell	
Fahrten	Preis
1	2 €
2	4 €
4	
5	
6	
10	

$4 \cdot 2\ € =$ ___

$4\ € + 4\ € =$ ___

2 Übertrage die Preistabellen in dein Heft und fülle sie vollständig aus.

a)

Riesenrad	
Fahrten	Preis
1	6 €
2	
3	
4	
5	
10	

b)

Lolli	
Stück	Preis
1	0,50 €
2	
3	
4	
5	
10	

c)

Ponyreiten	
Zeit	Preis
5 min	4 €
10 min	
15 min	
20 min	
30 min	
1 h	

3 Robbis Vater kauft für den Auto-Scooter eine Fünferkarte. Wie viel günstiger ist die Fünferkarte als fünf Einzelfahrten?

Überlege den dritten Schritt und rechne.

Moritz hat die Rechenschritte überlegt.

Wie viel kosten 5 Einzelkarten? $5 \cdot 3\ € = 15\ €$

Wie viel kostet eine Fünferkarte? 12 €

4

Historisches Kinderkarussell	
eine Fahrt	2 €
Dreierkarte	5 €
Fünferkarte	8 €

Berechne den günstigsten Preis.

a) Tim fährt viermal.

b) Anna fährt sechsmal.

c) Jonas fährt achtmal.

d) Annika und Benni fahren jeder sechsmal.

Tipp
schrittweise vorgehen

5 

Verändert die Fahrpreise für eines der Karussells.
Erfindet mit den geänderten Preisen eigene Rechengeschichten.

6

Der Besitzer des Süßigkeiten-Standes hat vier Kartons mit Lebkuchen-Herzen bestellt. In jedem Karton sind sechs Herzen. Außerdem hat er fünf Beutel mit jeweils zehn Lollis erhalten. Er dekoriert damit seinen Stand.
Wie viele Süßigkeiten-Stücke kann er ausstellen?

Schreibe die wichtigen Angaben aus der Rechengeschichte auf. Rechne dann.

4 Kartons mit 6 Herzen: 24 Stück
5 Beutel mit 10 Lollis:
zusammen:

Tipp Lesen und Erzählen

Tipp Wichtige Daten

7 Schreibe immer die wichtigen Daten auf. Rechne dann.

a) Die Preise in der Schießbude werden mit Plastikhülsen befestigt. Herr Bauer von der Schießbude hat noch 150 Hülsen.
Er befestigt 85 Plastikblumen, immer mit einer Hülse und acht Kuscheltiere, jedes mit drei Hülsen.
Wie viele Hülsen hat er noch übrig?

b) Für das Ponyreiten müssen 3 Säcke zu je 40 kg Kraftfutter und 8 Strohballen mit je 10 kg geholt werden.
In seinem Transporter kann der Ponybesitzer 500 kg transportieren.
Wie viele Säcke mit 50 kg Hafer kann er noch mitbringen?

c) Bei der Losbude gibt es diese Preise:

Kuscheltier	für 25 Punkte
Modellauto	für 15 Punkte
Lebkuchenherz	für 6 Punkte
Zauberstift	für 3 Punkte
Trostpreis	für 1 Punkt

Toni hat mit seinen Losen 32 Punkte erreicht. Welche Preise kann er auswählen?

8

Die vier Ponys vom Ponyreiten bekommen in einer Woche 105 kg Kraftfutter. Davon bekommen sie am Montag 18 kg und am Dienstag 17 kg.
Wie viel ist für die restliche Woche übrig?

Das Streifenbild hilft bei der Lösung.

Futter für eine Woche: 105 kg		
Mo: 18 kg	Di: 17 kg	Rest:

Tipp Streifenbild

9 Zeichne jeweils ein Streifenbild. Löse dann.

a) Familie Sieber ist mit der Bahn, dann mit dem Bus und zum Schluss zu Fuß gekommen. Sie haben 1 h 20 min für den Weg gebraucht. Davon fuhren sie 35 min mit der Bahn und eine halbe Stunde mit dem Bus. Wie lange mussten sie zu Fuß gehen?

b) Erkan hat von seinem Opa 20 € bekommen. Er kauft eine Dreierkarte fürs historische Kinderkarussell und reitet mit den Ponys zehn Minuten. Was kann er mit dem restlichen Geld machen?

c)  Elena hat 15 €. Sie will mit dem Riesenrad fahren. Für das restliche Geld möchte sie Ponyreiten.
Wie lange kann sie Ponyreiten?

1 In der Klasse 3a sind 24 Kinder. Es wurde ein Klassensprecher gewählt. Das **Kreisdiagramm** zeigt das Ergebnis.

Wir wählen einen Klassensprecher. Jedes Kind hat eine Stimme.
Wer die meisten Stimmen erhalten hat, ist Klassensprecher.

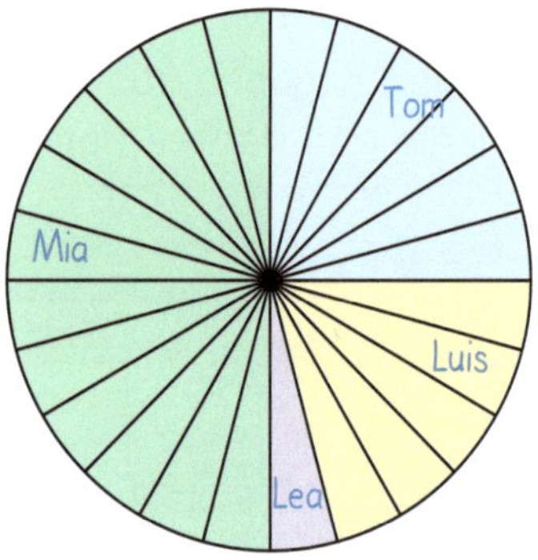

a) Erstelle mithilfe des Kreisdiagramms eine Strichliste.

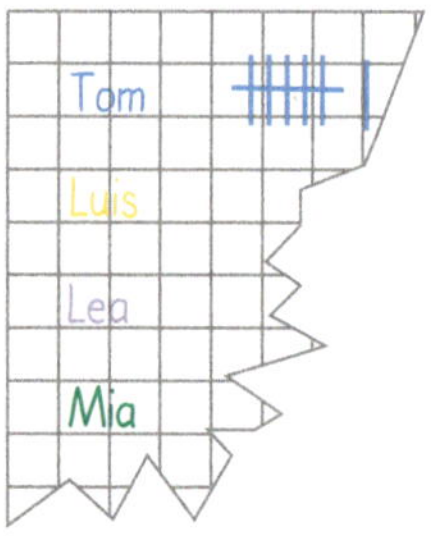

b) Beantworte die Fragen.

Welche Kinder standen zur Wahl?

Wer erhielt die wenigsten Stimmen?

Wer wurde Klassensprecher?

Wer erhielt mehr Stimmen als Luis?

Wer bekam halb so viele Stimmen wie Mia?

24 Kinder haben gewählt. Wie viele Stimmen erhielt Tom?

2 Auch in der Klasse 3b wurde ein Klassensprecher gewählt.

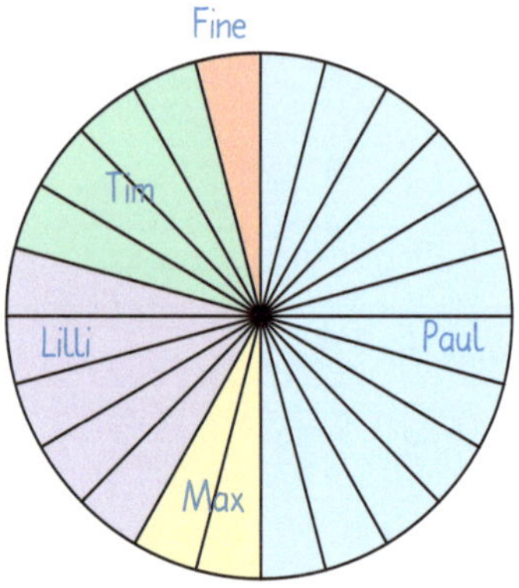

a) Erstelle mithilfe des Kreisdiagramms ein Säulendiagramm.

b) Beantworte die Fragen.

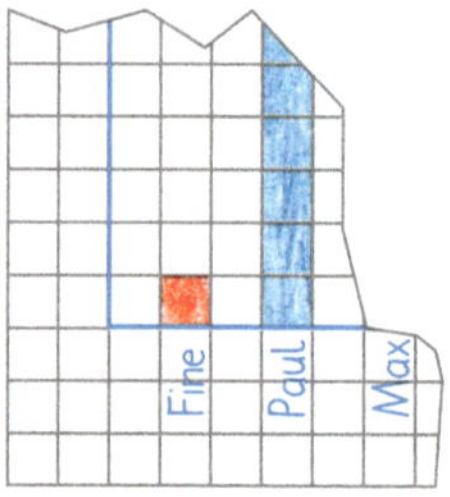

Welche Kinder standen zur Wahl und wie viele Stimmen hat jeder bekommen?

Wie viele Kinder haben insgesamt gewählt?

Wer wurde Klassensprecher?

Wer erhielt die wenigsten Stimmen?

Wer bekam halb so viele Stimmen wie Tim?

Wer bekam doppelt so viele Stimmen wie Fine?

3 Die Klasse 3c hat ebenfalls einen neuen Klassensprecher gewählt.

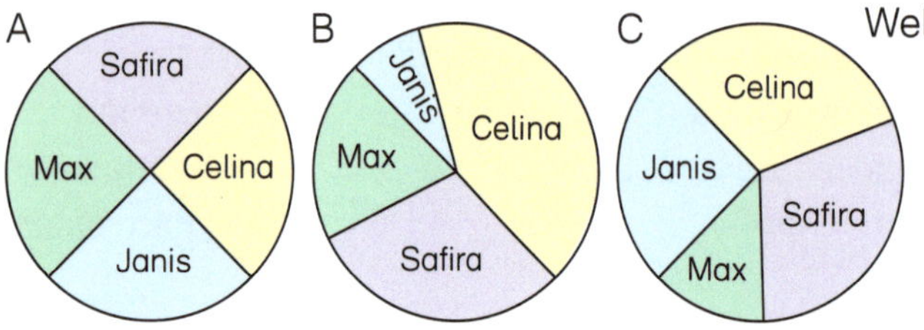

Welches Kreisdiagramm passt zu allen Aussagen?

Celina hat die meisten Stimmen.
Max bekam weniger Stimmen als Safira.
Janis erhielt die wenigsten Stimmen.

1 Wie viele Zentimeter sind es?

a) 1 m 30 cm; 1 m 3 cm; 3 m 10 cm
b) 4 m 35 cm; 4 m 5 cm; 5 m 3 cm
c) 3,02 m; 2,30 m; 2,13 m
d) 7,70 m; 7,17 m; 7,07 m
e) $\frac{1}{2}$ m; $1\frac{1}{2}$ m; $3\frac{1}{2}$ m

2 Zeichne alle Strecken und schreibe die Längen in cm und mm.
Wähle anschließend drei Strecken aus und zeichne diese noch einmal doppelt so lang.

a) 76 mm b) 52 mm c) 42 mm d) 87 mm e) 9 mm f) 17 mm g) 120 mm

3 Die Kinder der Klasse 3a haben ein Säulendiagramm erstellt.

a) Welche Säule beschreibt Mia, welche Anna und welche Lukas?

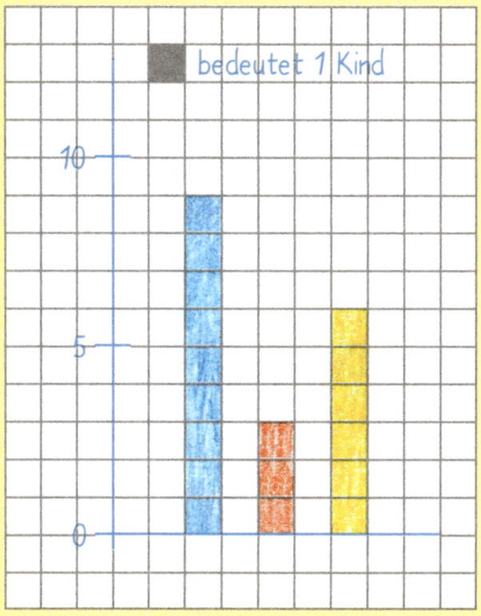

b) Wie viele Kinder sind größer als 1 m 20 cm?
c) Wie viele Kinder sind kleiner als 1 m 20 cm?
d) Wie viele Kinder sind genau 1 m 20 cm?
e) Wie viele Kinder sind in der Klasse 3a?

4 Acht Aufgaben sind falsch gelöst. Berichtige sie im Heft.

a) 238 + 26 + 113 = 367
b) 479 + 6 + 56 = 541 (Übertrag: 1 2)
c) 506 + 213 + 222 = 941 (Übertrag: 1)
d) 424 + 155 + 265 = 744 (Übertrag: 1)
e) 127 + 58 + 666 = 841 (Übertrag: 1 1)
f) 400 + 199 + 244 = 733

g) 705 − 243 = 462
h) 423 − 333 = 150
i) 621 − 308 = 323
j) 922 − 735 = 187
k) 510 − 305 = 215
l) 317 − 95 = 322

5 Addiere schriftlich.

a) 324 + 182; 423 + 281; 234 + 612
b) 381 + 284; 183 + 482; 831 + 121
c) 554 + 246; 455 + 426; 545 + 264
d) 436 + 237; 634 + 272; 346 + 327
e) 164 + 548; 746 + 165; 628 + 286

6 Subtrahiere schriftlich.

a) 324 − 182; 824 − 182; 524 − 382
b) 672 − 388; 682 − 398; 652 − 368
c) 554 − 246; 556 − 248; 551 − 243
d) 436 − 237; 446 − 247; 448 − 249
e) 755 − 478; 753 − 476

4 Die Fehler durch Nachrechnen, Probe (Addieren in der Gegenrichtung) oder Überschlagen finden und erklären.

1 a) Bitte einen Zebrabärbling und einen Schwertträger.

a)	Zebrabärbling	2,40 €
	Schwertträger	+ 2,55 €
	zusammen:	

Tipp
Schreibe die Einkäufe untereinander und addiere schriftlich.

b) Ich hätte gern ein Aquarium mit Zubehör, ein Bündel Pflanzen und einen Beutel Wasserflöhe.

c) Welche Fische suche ich mir für meine 10 € aus?

d) Reichen 20 € für einen Zebrabärbling und ein Bündel Pflanzen?

e) Was würdest du kaufen? Rechne.

2 a) **RECHNUNG**

1	Aquarium	63,75 €
1	Heizung	26,18 €
2	Guppypaare	

b) **RECHNUNG**

3	Zebrabärbling
2	Schwertträger
2	Bündel Pflanzen

c) **RECHNUNG**

1	Aquarium ohne Zubehör	32,00 €
2	Beutel Wasserflöhe	
1	Guppypaar	

W

3 Wie viel wiegt der Würfel? Rechne und antworte.

zum Knobeln

4 Welches Tier gehört wem? Ordne das passende Gewicht zu.

zum Knobeln

Tim, Lena und Kai haben jeder ein Haustier.
Tims Tier ist doppelt so schwer wie das von Kai.
Lenas Tier wiegt so viele Gramm wie Tims Tier in Kilogramm.
Die Katze wiegt 8 kg.

A

B

C

Die Waldgrundschule hat sechs Klassen. Wie lang wäre die Autoschlange, wenn alle Kinder gleichzeitig mit dem Auto abgeholt werden?

Wie viele Kinder sind in unserer Schule?

Wie lang ist ein Auto ungefähr?

Wie groß ist die Lücke zwischen zwei Autos?

Sind alle Spaghetti einer Packung aneinandergelegt länger als 100 Meter?

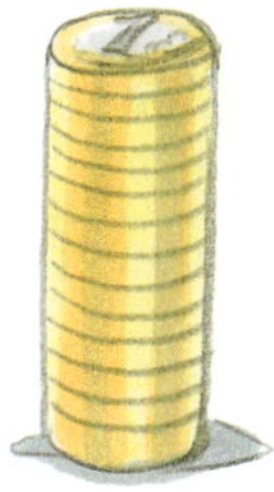

Wie hoch wird der Turm, wenn 1000 1-Euro-Stücke aufeinandergestapelt werden?

Wie viele Arbeitsblätter bearbeitet ein Kind des dritten Schuljahrs in einem Schuljahr ungefähr?

Wie viel Geld ergibt eine 6 Meter lange Geldschlange, wenn immer ein 2-Euro-Stück und zwei 1-Cent-Stücke aneinandergelgt werden?

FERMI

1 Wähle eine Fermi-Aufgabe aus. Überlege, wie du eine Lösung finden kannst. Finde passende Fragen. Erkläre deinem Partner deine Fragen und findet gemeinsam einen Lösungsweg.
Schreibt eure Lösungswege auf Plakate und stellt sie der Klasse vor.

FERMI

2 Denkt euch eigene Fermi-Aufgaben aus.

W

3 Rechne um in Zentimeter.

a)	b)	c)	d)	e)
1 m	0,50 m	0,01 m	7,00 m	10,02 m
3 m	0,05 m	1,10 m	0,70 m	20,90 m
10 m	0,77 m	2,09 m	0,07 m	22,99 m

4 Rechne um in Sekunden.

a)	b)	c)	d)	e)
3 min	2 min 10 s	$\frac{1}{2}$ min	1 min 7 s	$4\frac{1}{2}$ min
6 min	7 min 15 s	$2\frac{1}{2}$ min	5 min 58 s	$5\frac{1}{2}$ min
11 min	9 min 38 s	6 min	10 min 12 s	$14\frac{1}{2}$ min

1

Lisa fliegt mit ihrem Vater nach Mallorca. Das Flugzeug startet um 14:15 Uhr.
Der Flug dauert $2\frac{1}{2}$ Stunden.

Tipp
schrittweise rechnen

2

Daniel hat montags von 07:55 Uhr bis 13:05 Uhr Unterricht.
Wie viel Stunden und Minuten ist er in der Schule?

3

Bello wird am Tag dreimal ausgeführt. Jeder Spaziergang dauert eine halbe Stunde.
Wie lange wird Bello insgesamt in einer Woche ausgeführt?

4

Lina geht mit ihren Eltern ins Kino. Der Eintritt kostet für Erwachsene 8,50 €, Kinder zahlen die Hälfte.
Wie viel kostet der Kinobesuch insgesamt?

5

Herr Grün pflanzt Obstbäume. Der Abstand zwischen dem ersten und dem letzten Baum beträgt 21 m.
Alle 3 m wird ein Baum gepflanzt. Wie viele Bäume benötigt er?

Tipp
mit einer Skizze lösen

6

Bauer Otto zäunt seine rechteckige Wiese ein. Die Wiese ist 150 m lang und 120 m breit.
Das Tor ist 3 m breit.
Wie viel Meter Zaun braucht er?

7

Frau Vogel kauft für den Winter drei Beutel mit je zwölf Hirsestangen.
Wie lange kann sie füttern, wenn die Vögel jede Woche vier Hirsestangen vertilgen?

Tipp
Tabelle verwenden

8

Lisa und Lara wiegen zusammen 70 kg.
Lisa wiegt 4 kg mehr als Lara.

Lisa	Lara
30 kg	40 kg

9

Tom kauft drei Tennisbälle zu je 5 €, einen Tennisschläger und Turnschuhe.
Er muss 240 € bezahlen.
Der Tennisschläger ist doppelt so teuer wie die Schuhe.

10

Anna, Tim und Esra sind zusammen 30 Jahre alt. Esra ist zwei Jahre jünger und Anna fünf Jahre älter als Tim. Wie alt sind die Kinder?

Eigene Sachaufgabenkartei erstellen.

Die Kinder der 3. Klassen wollen zusammen einen Schulausflug machen. In Strichlisten haben sie ihr Lieblingsziel eingetragen.

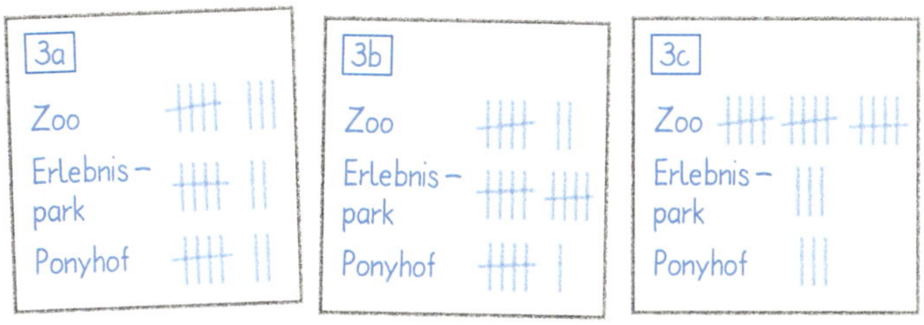

1 Übertrage die Daten in eine Tabelle.

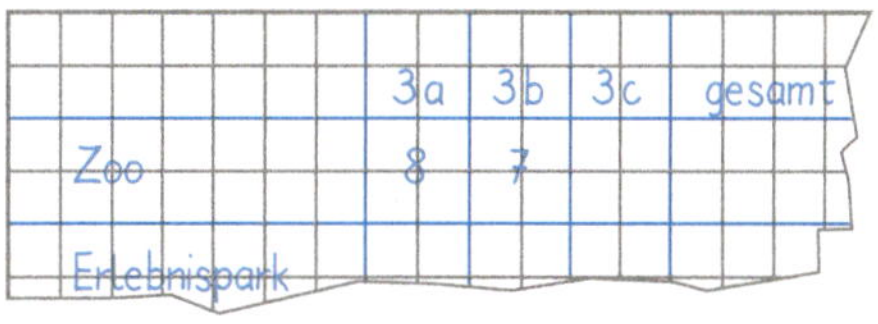

2 Übertrage die Daten in **Säulendiagramme**.

3 a) Beantworte die Fragen. Welche Darstellung hilft dir dabei? Vergleicht und besprecht.

- Wohin wollen die meisten Kinder?
- Wohin wollen die wenigsten Kinder?
- Wie viele Kinder der 3c wollen in den Zoo?
- Welches Ausflugsziel wählen die meisten Kinder der 3b?
- Wollen mehr Kinder der 3c in den Erlebnispark oder zum Ponyhof?

b) Überlegt euch weitere Fragen und beantwortet sie.

4 Welches Kreisdiagramm passt zum Ergebnis der Abstimmung aller Klassen?

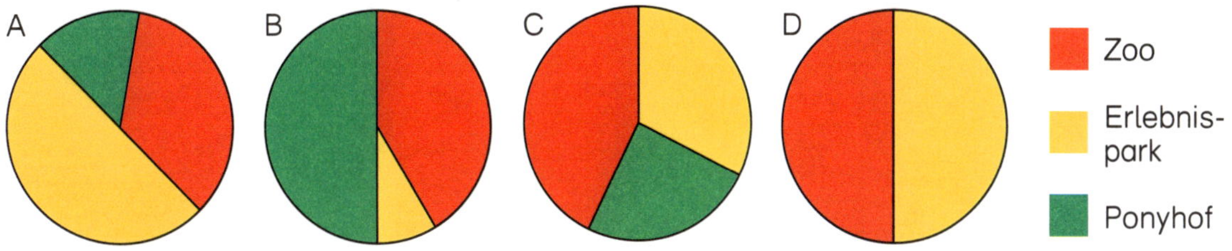

5 Wählt Ziele für euren nächsten Ausflug. Macht dazu eine Umfrage in eurer Jahrgangsstufe.

Darüber sprechen welche Darstellung genutzt wurde.

Die Zahlen bis 1 000

7	6	2		700	60	2

762 bedeutet 700 + 60 + 2

5	0	4		500	4

504 bedeutet 500 + 4

Nachbarzahlen

761	762	763

Nachbarzehner

760	762	770

Nachbarhunderter

700	762	800

Schriftlich addieren

	H	Z	E
	2	3	5
+	3	5	4
	5	8	9

Einer: 4 plus 5 gleich 9
Zehner: 5 plus 3 gleich 8
Hunderter: 3 plus 2 gleich 5

	H	Z	E
	5	7	8
+	1	4	6
	1	1	
	7	2	4

Einer: 6 plus 8 gleich 14
4 an, 1 gemerkt
Zehner: 5 plus 7 gleich 12
2 an, 1 gemerkt
Hunderter: 2 plus 5 gleich 7

Zahlen runden

Beim Runden **auf Hunderter** werden die Zahlen durch die näher gelegenen Nachbarhunderter ersetzt.

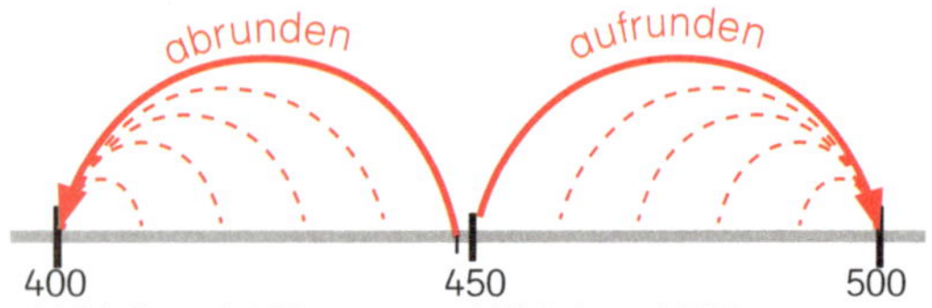

449 ist rund 400
450 ist rund 500

Beim Runden **auf Zehner** werden die Zahlen durch die näher gelegenen Nachbarzehner ersetzt.

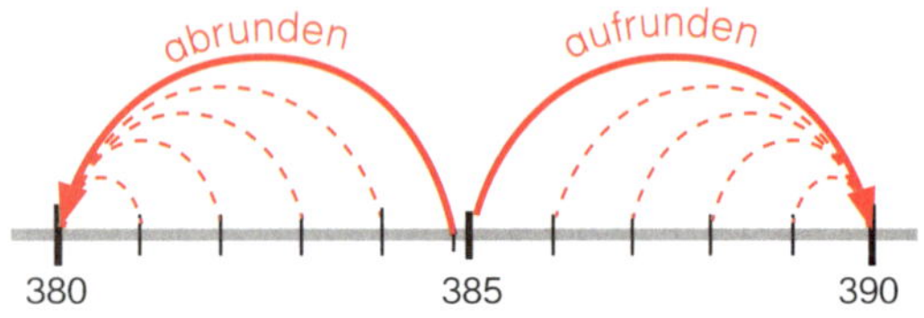

384 ist rund 380
385 ist rund 390

Schriftlich subtrahieren

	H	Z	E
	7	5	9
−	2	1	7
	5	4	2

Einer: 9 minus 7 gleich 2
Zehner: 5 minus 1 gleich 4
Hunderter: 7 minus 2 gleich 5

	H	Z	E
	6	5	2
		1	
−	2	1	7
	4	3	5

Einer: 2 minus 7 geht nicht,
eins entbündeln;
12 minus 7 gleich 5
Zehner: 5 minus 1 minus 1 gleich 3
Hunderter: 6 minus 2 gleich 4

Überschlagsrechnungen

Beispiele:

564 + 328
vereinfachen zu
560 + 330 = 890

oder zu
600 + 300 = 900
(genau 892)

824 − 331
vereinfachen zu
820 − 330 = 490

oder zu
800 − 300 = 500
(genau 493)

Lösungstipps für Sachaufgaben

Tipp 1:
Lesen und Erzählen

- Lies genau.
- Erzähle deinem Partner.

Hier kostet der Eintritt 10 € für ein Kind.

Tipp 2:
Wichtige Daten

- Angaben notieren

Der Altmühlweg ist 208 km lang.

Tipp 3:
Schrittweise vorgehen

1. Gesamtpreis
2. Gegeben
3. Rückgeld

Tipp 4:
Hilfsmittel verwenden

- Tabelle
- Streifenbild

Bücher	Preis
1 Buch	3,50 €
2 Bücher	7,00 €
3 Bücher	10,50 €

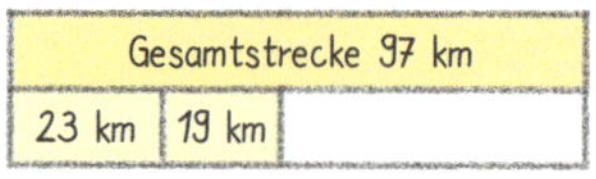

Tipp 5:
Ergebnis prüfen

Längen

10 mm	=	1 cm
100 cm	=	1 m
1000 m	=	1 km
500 m	=	$\frac{1}{2}$ km
250 m	=	$\frac{1}{4}$ km

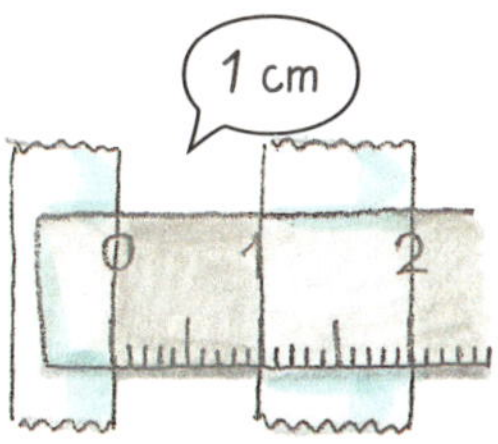

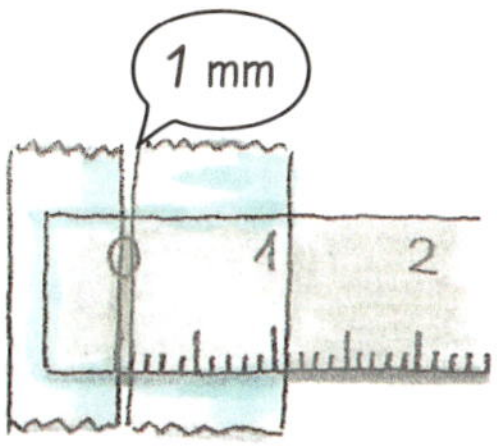

Körper

Name	Ecken	Spitzen	Kanten	Flächen
Kugel	/	/	/	1
Zylinder	/	/	2	3
Quader	8	/	12	6
Kegel	/	1	1	2
Würfel	8	/	12	6
Prisma	6	/	9	5
Pyramide	5	/	8	5

Mal und geteilt mit Zehnerzahlen

Beispiel:

6 · 30
Ich denke an die Grundaufgabe.
6 · 3

Beispiel:

240 : 80
Ich denke an die Grundaufgabe.
24 : 8

Würfelnetze

Beispiele:

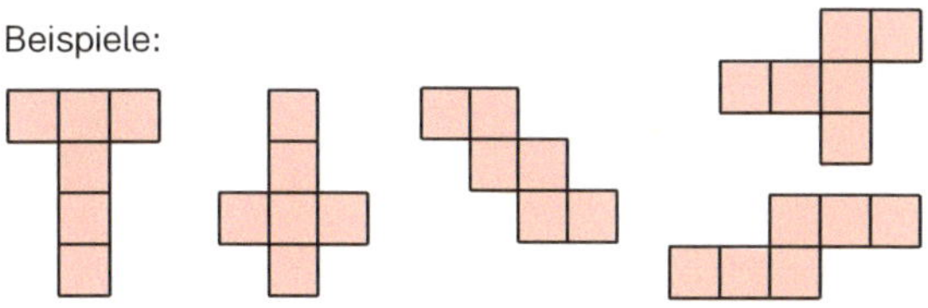

Gewichte

1000 g	=	1 kg
500 g	=	$\frac{1}{2}$ kg

etwa 1 g

etwa 1 000 kg

etwa 1 kg

Zeit

60 s	=	1 min
60 min	=	1 h
24 h	=	1 Tag
30 min	=	$\frac{1}{2}$ h
15 min	=	$\frac{1}{4}$ h

9:12 Uhr
vormittags
oder
21:12 Uhr
abends

14:47 Uhr
nachmittags
oder
2:47 Uhr
nachts

19:24 Uhr
abends
oder
7:24 Uhr
morgens

Symmetrische Figuren

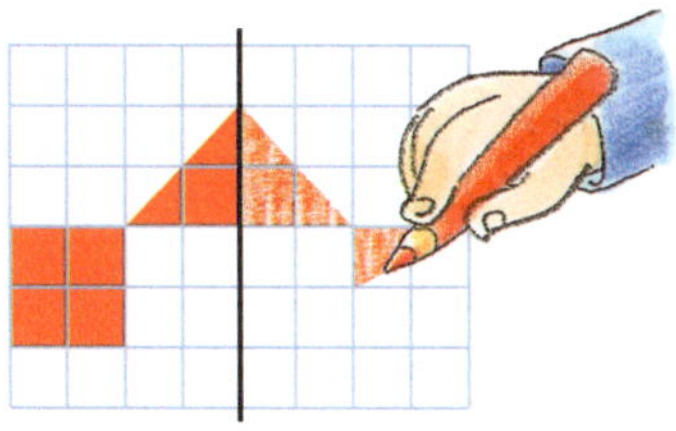

- deckungsgleiche Hälften
- mindestens eine Symmetrieachse

Sudoku-Regeln:

Jede Zahl darf immer nur einmal vorkommen:
- in jeder Zeile
- in jeder Spalte
- in jedem Block

1 Sudoku mit den Zahlen 1 bis 6.

In diesem Block fehlt nur eine Zahl.

a)

3		1		2	5
	2			3	4
	5	3		6	
	6		3	5	
5	3	4		1	
2	1		5		3

b)

3	4		6		2
5		2		3	
	2		3		6
6		4		1	
	1		5		4
4		6		2	

2 a) Artur, Tom und Marie haben zusammen sieben Geschwister. Artur hat doppelt so viele wie Tom, aber nur halb so viele wie Marie. Wie viele Geschwister hat jeder?

Tipp
Eine Zeichnung kann dir helfen.

b) Nina, Lisa und Jens haben zusammen zehn Geschwister. Nina hat dreimal so viele wie Lisa, aber nur halb so viele wie Jens. Wie viele Geschwister hat jeder?

3 a) Nina und Tilo färben Eier. Nina braucht fünf Minuten für ein Ei, Tilo nur zwei Minuten. Nach einer halben Stunde sind alle Eier gefärbt. Wie viele Eier hat Nina bemalt? Wie viele hat Tilo bemalt?

Tipp
Zeiche eine Tabelle.

b) Mona und Anna färben eine Stunde lang Eier. Mona braucht sechs Minuten für ein Ei, Anna nur vier Minuten. Wie viele Eier färben beide zusammen in einer Stunde?

4 a) Laura zählt bei ihren Tieren 24 Beine. Es sind Enten und mehr als drei Katzen.

Tipp
Zeiche eine Tabelle.

b) Auf einem Bauernhof leben neun Pferde, mehrere Schafe und Hühner. Die Kinder zählen zusammen 76 Beine. Wie viele Schafe und Hühner können es sein?

5 20 Sänger brauchen für ein Lied sieben Minuten. Wie lange benötigen 40 Sänger?

6 Ein Läufer schafft 100 Meter in zehn Sekunden. Wie lange brauchen drei Läufer?

4 a) Zwei Lösungen. b) Acht Lösungen.
5 und 6 Scherzaufgaben.